उत्तरआधुनिकता : कुछ विचार

उत्तरआधुनिकता : कुछ विचार

सम्पादन

देव शंकर नवीन

सुशान्त कुमार मिश्र

वाणी प्रकाशन

वाणी प्रकाशन
4695, 21-ए, दरियागंज, नयी दिल्ली 110 002

शाखा

अशोक राजपथ, पटना 800 004

फ़ोनः +91 11 23273167 फ़ैक्सः +91 11 23275710

www.vaniprakashan.in
vaniprakashan@gmail.com
sales@vaniprakashan.in

UTTARAADHUNIKTA : KUCHH VICHAR
Edited by Deo Shankar Navin, Sushant Kumar Mishra

ISBN : 978-93-5000-942-0
Criticism

संस्करण : 2000, 2012
आवृत्ति 2017
मूल्य : ₹ 395

आर.टेक ऑफसेट, दिल्ली-110 032 में मुद्रित

वाणी प्रकाशन का लोगो मक़बूल फ़िदा हुसेन की कूची से

डॉ. पाउलोस मार ग्रेगोरिओस
की पुण्य स्मृति में

पूर्वकथ्य

उत्तरआधुनिकता एक निश्चित विचार या दर्शन से अधिक एक प्रवृत्ति का नाम है जिसका जन्म मुख्यतः बीसवीं सदी के उत्तरार्द्ध में यूरोप में हुआ है। साहित्य, समाज-विज्ञान एवं आम जीवन के अनेक क्षेत्रों में इस प्रवृत्ति के लक्षण दीख पड़े। वैसे अलग-अलग क्षेत्रों में उत्तरआधुनिकता के अलग-अलग आयाम हैं, किंतु लगभग सभी क्षेत्रों में इसकी एक मुख्य पहचान यह बनी कि यह आधुनिकता की चेतना के साथ पूर्व-आधुनिकता की ओर देखता है। यह आवश्यक नहीं कि पूर्व-आधुनिकता की ओर देखने के लिए हमें पंद्रहवी-सोलहवीं शताब्दी में लौटना पड़े। यूरोप को इस पूर्व-आधुनिक युग की झलक तृतीय विश्व के अनेक देशों में मिली। और, साथ ही, अंधाधुंध उद्योगीकरण ने यूरोपीय समाज से जो बहुत कुछ छीन लिया था—उसमें से कुछ को पुनः प्राप्त करने की इच्छा उत्तरआधुनिकता में दीख पड़ी। एक तरह से यह जीवन के हर क्षेत्र में हुई उद्योगीकरण की पैठ के प्रति यूरोपीय धनी समाज की प्रतिक्रिया थी। औद्योगिक उत्पादों की एकरूपता ने जीवन में उबाऊ एकरसता ला दी थी। इसलिए यूरोपीय समाज में गैर-औद्योगिक उत्पादों को जमा करने या उनका उपयोग करने का फैशन चल पड़ा। यही वह प्रवृत्ति थी जो वृद्ध या उत्तर-पूंजीवादी युग का सांस्कृतिक तर्क बनी। यहां यह स्पष्ट है कि इस तर्क की मूल चेतना आधुनिक ही है क्योंकि इसका विकास एवं इसकी अस्मिता का आधार वही उद्योग है जो आधुनिकता की देन है। इस उद्योग ने जो यातायात एवं संचार के साधन विकसित किए, वे ही इस सांस्कृतिक प्रवृत्ति के उत्प्रेरक बने। संचार के विकसित माध्यमों ने एक 'विश्व-ग्राम' की सी स्थिति पैदा की। इससे यूरोप के धनी देशों को पूर्व-आधुनिक परिस्थितियों की झलक तृतीय विश्व के देशों में मिली। इन परिस्थितियों में पर्यटन को भी बढ़ावा मिला। पर्यटन के माध्यम से लोग उस 'पुराने' को जानने निकल पड़े जो पश्चिमी समाजों में अब 'नोस्टैल्जिया' के रूप में भी नहीं बचा था। औद्योगिक संस्कृति से ऊबे हुए लोग ग्रामोद्योगों के उत्पादों के प्रति आकर्षित होने लगे। इन उत्पादों में उन्हें सौंदर्य दीखने लगा। न्यूयार्क, पेरिस में बसनेवाले उन्नत अर्थव्यवस्था के लोग प्रकृति के सौंदर्य पर

मंत्रमुग्ध होने लगे। इस तरह एक सांस्कृतिक परिवेश का जन्म हुआ जो आधुनिकता की औद्योगिक एकसत्तात्मक संस्कृति से अलग है किंतु जिसका आधार आधुनिकता की चेतना में है।

यह उत्तरआधुनिक संस्कृति का एक पक्ष है। आधुनिकता के दौरान पैदा हुए सामाजिक संस्थानों, जिनमें राष्ट्र-राज्य भी एक है, की एक खास बात यह थी कि इनमें व्यक्ति की अहमियत कम हो गई। इन संस्थानों में 'व्यक्तियों' का एक सामूहिक अस्तित्व बन गया। हर सामाजिक संस्थान में एक साथ दो विरोधी बातें कही जाने लगी–

1. इस संस्थान की उन्नति आपके (यानी कि हर एक व्यक्ति के) श्रम पर निर्भर है। इस तरह के संवाद में व्यक्ति का महत्त्व बढ़ जाता है।
2. कोई भी व्यक्ति अपने-आप में कुछ नहीं है बल्कि उसका अस्तित्व उस तंत्र में है जिसका वह भाग है। और इस सामाजिक तंत्र की संरचना बहुत ही जटिल है। कभी-कभी तो बच्चे के जन्म से पहले ही समाज द्वारा किया गया नामकरण उस बच्चे की पूरी जीवन-धारा का निर्णायक हो जाता है।

सामाजिक संस्थानों में व्याप्त इन परस्पर विरोधी परिस्थितियों की विडंबना तब और भी बढ़ जाती है जब समाज की संचार पद्धति में प्रायः व्यक्ति का महत्त्व बढ़ जाता है। हर व्यक्ति अपनी अस्मिता की तलाश करता है। व्यक्ति संस्थागत सामाजिक संबंधों की सीमा को तोड़कर समाज में अपना स्थान खोजता है। ऐसी स्थिति में स्वीकृत सामाजिक मूल्यों को कई बार चुनौती मिल जाती है। प्रत्येक रचनात्मक प्रतिभा को अपना दर्शन प्रतिपादित करने का अधिकार मिल जाता है। ज्ञान लक्ष्य न होकर लक्ष्य साधन का मार्ग बन जाता है और इसे सामाजिक मान्यता भी मिलती है–यहां 'आदर्श' का आख्यान समाप्त हो जाता है। हर व्यक्ति या समाज का हर तबका अपना आदर्श निर्धारित करने की स्थिति में होता है। यहां स्पष्ट होना चाहिए कि उत्तरआधुनिकता की स्थिति में किसी भी आदर्श एवं ज्ञान का आधार 'मानवता' की 'आधुनिक' चेतना होती है और यही उसे वैधता प्रदान करती है। ल्योतार ने अपनी पुस्तक में लिखा है–

"...knowledge finds its validity not within itself, not in a subject that develops by actualizing its learning possibilities, but in a practical subject –humanity. The principle of the movement animating the people is not the self-legitimation of knowledge, but the self-grounding of freedom or, if preferred, its self-management." (*The Postmodern Conditions - A Report of Knowledge,* 1984, page 35)

इस तरह उत्तरआधुनिकता व्यक्ति या सामाजिक इकाइयों की स्वतंत्रता के पक्ष में तर्क करती है और साथ ही इस स्वतंत्रता की वैध सीमा भी निर्धारित करती

है। उत्तरआधुनिकता व्यक्ति को विशाल सामाजिक तंत्र का मात्र एक पुर्जा न मानकर उसे एक अस्मितापूर्ण अस्तित्व प्रदान करती है। इस तरह उत्तरआधुनिकता आधुनिकता के 'पूर्णतावादी रवैये' (Holistic Attitude) का विरोध करती है। आधुनिकता के इस 'पूर्णतावादी रवैये' में विपक्षी एवं भिन्न स्वरों के दमन की एक गुंजाइश है जिसे उत्तरआधुनिकता अस्वीकार करती है। लगभग ये ही वे समाज एवं ज्ञान की परिस्थितियां हैं जिनके संबंध में उत्तरआधुनिकता के समर्थकों एवं विरोधियों ने अपने विचार एवं सिद्धांत प्रतिपादित किए हैं।

जैसा कि हम सबके सामने अब तक स्पष्ट हो चुका है कि उत्तरआधुनिकता को कुछ शब्दों में परिभाषित करना प्रायः असंभव है। यह एक शब्द अनेक दार्शनिकों के विचारों को अपने में समेटे हुए है। और इसीलिए इस पुस्तक के लेखों द्वारा हमने प्रयास किया है कि कतिपय उत्तरआधुनिक विचारकों एवं विचारों से हमारा सामान्य परिचय हो सके। यदि यह पुस्तक उत्तरआधुनिकता का साधारण परिचय करा पाती है तो हम अपना प्रयास सफल मानेंगे। यही कारण है कि इस पुस्तक के अधिकांश लेखों में उत्तरआधुनिकता को भिन्न-भिन्न परिप्रेक्ष्यों में समझने मात्र का प्रयास किया गया है। हमारा उद्देश्य उत्तरआधुनिकता के पक्ष या विपक्ष में तर्क करना न होकर केवल इसकी मूल बातों को समझना है। इसी उद्देश्य को ध्यान में रखते हुए हमने विद्वान लेखकों से आग्रह किया कि वे इस विषय पर हमें अपने लेख दें। वैसे विद्वान लेखकों को पक्ष या विपक्ष में अपने विचार प्रस्तुत करने की पूरी छूट थी। हम उन विद्वानों के आभारी हैं जिन्होंने हमें ऐसा महत्त्वपूर्ण सहयोग दिया।

हमारी समस्या थी कि हम पुस्तक हिंदी में चाहते थे और इस पुस्तक के दो आलेखों के अतिरिक्त सारे लेख हमें अंग्रेजी में मिले। हमने अनुवाद शुरू किया। यह अत्यंत दुरूह कार्य था। अंग्रेजी के अनेक ऐसे उत्तरआधुनिकता संबंधी तकनीकी शब्द थे जिनका हिंदी पर्याय हमें कहीं मिलता नहीं था। ऐसी स्थिति में कई बार हमने शब्द गढ़े और कई बार प्रचलित शब्दों को नया अर्थ दिया। हालांकि भाषा को सरल बनाए रखने का हर संभव प्रयास हमने किया। फिर भी संभव है कि पाठकों को कई बार भाषा दुरूह लगे। तकनीकी शब्दों के अर्थ को स्पष्ट करने के लिए उनके अंग्रेजी मूल कोष्ठ में दिए गए हैं। कई बार दर्शनशास्त्रीय पुस्तकों के वाक्यों की तरह के अंग्रेजी के बहुत लंबे-लंबे वाक्यों का सामना करना पड़ा। डॉ. राघवेन्द्र प्रताप सिंह ने अपने लेखों में कई ऐसे उद्धरण दिए हैं जिनके अनुवाद में वाक्य संरचना की समस्याएं हमारे सामने आईं। ऐसी स्थिति में वाक्यों को छोटा कर जहां तक हो सका हमने अर्थ स्पष्ट करने की कोशिश की है। पूरे उद्धरणों के अंग्रेजी मूल हमने नहीं दिए। जिज्ञासु पाठक उद्धरणों को अंग्रेजी में संबद्ध पुस्तकों में ढूंढ़ सकते हैं। उद्धरणों का विवरण हमने ठीक उसी तरह दिया है जैसा अंग्रेजी

के मूल लेख में था। ऐसा करना हमने इसलिए भी बेहतर समझा कि प्रायः उन पुस्तकों का हिंदी अनुवाद उपलब्ध नहीं है जिनसे लेखों में उद्धरण लिये गए हैं।

भाषाई दुरूहता के अलावा इस पुस्तक की एक बहुत बड़ी सीमा है हमारे जैसे अल्पज्ञों का इसके साथ जुड़ा होना। अव्वल तो प्रस्तुत विषय पर हम किसी तरह के अधिकार का दावा नहीं कर सकते। दूसरी बात यह कि कई विद्वानों तक हमारी पहुंच नहीं हो पाई। आशा है कि दूसरी ऐसी पुस्तकें शीघ्र प्रकाशित होंगी जिनमें हमें उत्तरआधुनिकता पर इन विद्वानों के अमूल्य विचार हिंदी में पढ़ने को मिलेंगे।

आदरणीय प्रो. नामवर सिंह, प्रो. मैनेजर पाण्डेय एवं डॉ. पुरुषोत्तम अग्रवाल की प्रभूत वैचारिक मदद से ही इस पुस्तक की तैयारी का प्रारंभ हुआ। हम इनके प्रति बहुत-बहुत आभारी हैं। सुश्री शबनम एवं डॉ. राघवेन्द्र प्रताप सिंह का सहयोग एवं प्रोत्साहन हमारे लिए अमूल्य रहा है और इसके लिए आभार प्रकट करना उनके सहयोग को शब्दों में आंक लेना होगा। मित्रवर डॉ. रमेश कुमार, सूर्यनाथ, विभूति, वागीश, दीपक चौधरी से ऐसे रिश्ते हैं कि इनके किसी भी सहयोग के लिए हम औपचारिकता नहीं करते, फिर आज ही क्यों करें ? पांडुलिपि के टंकक श्री आनन्द सिंह नेगी के प्रचुर सहयोग के लिए हम उनके आभारी हैं।

अब, जैसी भी बन पड़ी, यह पुस्तक आपके समक्ष है।

अनुक्रम

विरचना : एक काव्य-चिंता-तंत्र जो पूर्णतः संगत नहीं है

❑ कपिल कपूर

1. हालांकि देरिदा के विचारों का मूल आवेग साहित्य एवं साहित्यिक शब्दावली तथा उनकी विरचनीय (Deconstructive) व्याख्या में ही है, यहां हम उनकी समीक्षा अधिक बड़े कैनवस पर करेंगे क्योंकि देरिदा के विचार एक विशेष सामाजिक-राजनीतिक संदर्भ से प्रेरित, दर्शन में आधारित तथा पाठों की टीका द्वारा प्रतिपादित हैं।
2. यह सारा आंदोलन यथार्थ का वर्णन करने की भाषा की क्षमता और साहित्य द्वारा सत्तामूलक सत्य की रचना एवं उनकी अभिव्यक्ति की संभावनाओं में विश्वास समाप्त हो जाने (बेचारा अरस्तू !) के प्रति एकाएक उत्पन्न हुई जागरूकता है। बहुत समय से दृष्टिगोचर लिपि/वर्णाक्षर के आधार पर शब्दों के अर्थ का धनात्मक अस्तित्व (Positive Existence) प्रश्नों की परिधि से परे था और इसलिए यथार्थ इन धनात्मक अस्तित्वों का कुलयोग था। पाश्चात्य सभ्यता में शब्द का इतना महत्त्व था कि उस समाज को शब्दवाद (Logocracy) कहा जा सकता है।

   सौभाग्य की बात है कि भारतीय सभ्यता इस भ्रम से पीड़ित नहीं है--सत्य को व्याकरण संकेत से तुलना करने से बहुत हटकर, कम-से-कम योग और बौद्ध इन दो मुख्य दर्शन तंत्रों (Philosophical Systems) ने भाषा को यथार्थ पर डाले गए पर्दे की तरह समझा है। ब्राह्मण—वैय्याकरणों ने भाषा तथा ज्ञान के बीच द्विदिश (Bi-directional) संबंध माना है और भाषा के प्रति रचनात्मक दृष्टिकोण (Constructivist View) रखते हुए 'जगत', जो भाषा द्वारा रचित यथार्थ है, को विकल्प (यानी 'एक विशेष अवधारणा') कहा है। यहां तक कि दार्शनिक विमर्श (Philosophic Discourse) में भी 'जो है' और भाषा इसे 'जैसा प्रस्तुत करती है' में अंतर किया गया है। इन विमर्शों में विभिन्न विचारतंत्रों

को यथार्थ को समझने का, जिसके बारे में हम यह कभी निश्चित रूप से नहीं कह सकते कि हमने इसे समझ लिया है, अलग-अलग प्रयास माना गया है। और, भारतीय साहित्य सिद्धांत में साहित्यिक पाठ (Literary Text) में समांतर विश्व की द्वितीयक रचना (Secondary Order of the Parallel World) के अस्तित्व पर कभी कोई संदेह नहीं रहा और सदा ही यह कहा गया कि विश्व के ज्ञान के लिए आप शास्त्र की ओर उन्मुख हों।

3. किंतु पश्चिम में साहित्यकार (Poet) और दार्शनिक दोनों की सीमा समान रूप से अस्पष्ट है (अरस्तू एवं प्लेटो का विवाद देखा जा सकता है) और 'साहित्य' गंभीर कार्य है तथा सत्य का संधानक (Purveyor) है और इसलिए शक्ति प्राप्त करने का उपकरण है। फलस्वरूप यह विमर्श का एक महत्त्वपूर्ण प्रवर्ग है।
4. श्रेष्ठजनगणता (Elitism), अभिप्रायत्व (Intentionality), सौंदर्यबोधता आदि के आधार पर सामान्य प्रवर्गीय संशयवाद (Categorial Scepticism) के एक भाग के रूप में साहित्य भी आलोचना का लक्ष्य बनता है। इस आलोचना का आधार एक विशेष अवधारणा (लिपीय या स्क्रिप्टल) तथा भाषा पर 'अविश्वास' है।
5. इस 'अविश्वास' का एक इतिहास है। यह पूरी तरह से नया तो नहीं है किंतु यह आलोचना बहुत गंभीर है। और यह पहले से होती रही है। (जॉयस की रचनाएं इसका साक्षी हैं)। वैसे अब ऐसा जरूर कहा जाने लगा है कि 'उपस्थिति' (Presence) का प्रवर्ग, जो पाश्चात्य दर्शन के इतिहास का प्रधान भ्रम है, भाषा से ही निकलता है और यह वस्तुतः भाषा यानी वाचक में, अर्थ में और जो वाचक के मन में है, उसमें अंतर्निहित है।
6. देरिदा की आलोचना की मुख्य शर्तें–

(i) 'उपस्थिति' की परिकल्पना अमान्य है क्योंकि अनुपस्थितियों की एक अंतर्ग्रथित संरचना है।

(ii) निम्नलिखित बातों में 'अनुपस्थितियों' की इस अभिधारणा के बहुत सारे निहितार्थ हैं–

0.	कोई यथार्थ	(नृजाति वर्णन)
1.	तत्वमीमांसा	(ईश्वर...आदि)
2.	भाषा	(वाचन...पर काम करना) (Speech)
3.	तर्क	(शब्दावली की प्रधानता)
4.	व्यवस्था (Order)	(अपखंडन)

5. ध्वनि (बनाम लिपि/वर्णाक्षर)
6. व्यक्ति ('मैं' का विकेंद्रन)
7. तंत्र (Systems) (अपखंडन या Fragmentation)

(iii) यह सिद्धांत हमें सूचित करता है–

(क) पाश्चात्य मानसिकता से धार्मिक सत्तामीमांसा (Religious Ontology) को निकालने की इच्छा।

(ख) भौतिकवाद/अनुभववाद का एक और दावा।

(ग) पाश्चात्य इतिहास और भाषा के दर्शन में सोस्यूर (Saussure) द्वारा लाया गया क्रमभंग।

यह सिद्धांत निम्नलिखित से निकला है–

(क) द्विआधारित (Bi-narism)/द्विविभाजक (Dichotomonus) विश्वदर्शन

(ख) विशिष्ट चिंता ('रहस्योद्घाटन') ('Apocalypse')

(ग) विशिष्ट अहं मात्रवाद (Solipsism)

(घ) युद्धोत्तर अनिश्चितता एवं कटुता (Cynicism)

इस सिद्धांत ने एक (स्थापित) शब्दावली के भय को दूर किया (किंतु अपनी एक शब्दावली तैयार कर ली)।

(iv) इस सिद्धांत के निम्नलिखित परिणाम हैं–

(क) निष्कर्ष रूप में निकाले गए यथार्थ/पूर्वधारणाओं का महत्त्व कम होना। यह केवल इतना प्रमाणित करता है कि ऐसा यथार्थ संदेहास्पद है। विचार के स्तर पर इसकी ओर ध्यान आकृष्ट करना आवश्यक था।

(ख) शब्दों के एक समुच्चय ने (यथार्थवाद, कल्पना, मनोभावना, सत्य आदि) शब्दों को दुर्बल (Emasculate) बना दिया है। किंतु शब्द मरते नहीं हैं।

(ग) इसने विरोधाभासों का एक नया समुच्चय तैयार किया है। ('मैं' किंतु रचित 'मैं', आत्मपरकता किंतु संकल्पशक्ति (Volition) तर्क, धर्म एवं सिद्धांतों की साहित्यिक आलोचना में चर्चा।)

7. कुल मिलाकर, विरचना पाश्चात्य दर्शन के इस प्रधान भ्रम के विरोध में एक आंदोलन है कि "जो शब्दों द्वारा निरूपित होता है वह अस्तित्व में होता है।" यह वस्तुनिष्ठ तत्त्ववाद (Objective Idealism) की सत्तामीमांसा, ज्ञानमीमांसा और इसके मूल्यों की रचना पर एक आक्रमण है, जो व्यक्तिपरक तत्त्ववादियों (Subjective Idealists) द्वारा किया गया है। यह शब्दों के अर्थ की एक विशेष व्याख्या पर आधारित है–धनात्मक अस्तित्व का नहीं बल्कि एक-दूसरे से संबद्ध निषेधों के पूरे

एक समूह का शब्दार्थ द्वारा अभिधान होता है। किंतु धनात्मक अस्तित्व को बिना जाँच-पड़ताल के स्वीकार कर लिया जाता है। यह अस्तित्व (Being) का भ्रम उत्पन्न करता है जिसे फिर (भाषावैज्ञानिक) प्रवर्गों की ओर उन्मुख किया जाता है जिससे उन्हें मानव मस्तिष्क में विशेष स्थान मिल सके। और इसलिए 'प्रवर्गों' से विवाद, जिसमें साहित्य एवं उसके उपप्रवर्ग जैसे कल्पना, मनोभाव, सौंदर्य, रूपविधान (Form) आदि एवं आश्चर्यजनक स्तर की उग्रता से सौंदर्यबोधता की समाप्ति (जे. हिलिस मिलर, बार्थ की रचनाओं में) करनेवाला यह विवाद जो प्रवर्गों के विरुद्ध हो रहा है लगभग उस आदमी द्वारा किया जानेवाला विवाद है जिसकी समझ में यह अचानक आता है कि वह बहुत समय तक मूर्ख बनता रहा है।

8. यह आंदोलन बहुत ठोस एवं अभिपुष्ट उद्यम नहीं है। एकाधिक कारणों के चलते पश्चिम में यह कमजोर भी पड़ चुका है–

(क) विचारों की 'संरचना' एवं 'अस्तित्व' में अंतर करने की आवश्यकता है। जब हम अर्थविधानों (Denotion) की परीक्षा करते हैं तो हम पाते हैं कि उनके धनात्मक अस्तित्व को यूं ही नहीं स्वीकार किया जा सकता है क्योंकि उनकी 'संरचना' अनुपस्थितियों का एक तंत्र है।

(ख) यह अनाक्रमणीय नहीं है–अस्तित्व का प्रश्न बहुत जटिल है–

(i) 'वस्तुओं' का धनात्मक अस्तित्व–शब्द इसके ज्ञान के एकमात्र माध्यम नहीं हैं।

(ii) 'अनुपस्थितियों' के सिद्धांत के समान विचार बौद्ध अपोहवाद में मिलते हैं। भारतीय वैय्याकरणों और अर्थ के दार्शनिकों (Philosophers of Meaning) द्वारा 'अपोहवाद' के विरोध में दिए गए सारे तर्क अनुपस्थितियों के सिद्धांत के विरोध में भी लागू होते हैं।

(i) एवं (ii) से संबंधित जितने तर्क दिए गए हैं उनको संक्षिप्त रूप में कुमारिल भट्ट ने *श्लोकवार्तिक* तथा *तंत्रवार्तिक* नामक पुस्तकों में प्रस्तुत किया है।

9. भाषा-यथार्थ (Linguistic Reality) तथा 'यथार्थ' में असंगतता के प्रति भारतीय कितने अवगत थे यह जानने के लिए भर्तृहरि का वाक्यपदीय (कांड-1) देखा जा सकता है–और विशेषकर उनकी दो अवधारणाएं द्रष्टव्य हैं–

(i) 'अ-क्रम, स-क्रम' एवं

(ii) भाषा के उत्पाद के रूप में 'घट-पट भेद'

उत्तरआधुनिकता और मार्क्स

❑ सुधीश पचौरी

'उत्तरआधुनिकता' आधुनिकता का विस्तार भी है और 'अंतिम बिंदु' भी है। वह अनुपस्थित की उपस्थिति है। वह 'प्रतिनिधित्व-रहित' की 'उपस्थिति' है।

उत्तरआधुनिकता आधुनिकता की तरह एक यूरोपीय 'इतिहास' है लेकिन आधुनिकता के दौर से काफी अलग। विकेंद्रित होता हुआ।

वह पश्चिम की आधुनिकता के जरायु हो उठने की पीड़ा है और अपना बोझ न संभाल पाने की विवशता है।

वह एक भूमंडलीय ज्ञान-अवस्था है जिसमें हम सब शामिल हैं। वह 'ज्ञान की अवस्था' के बदल जाने की आत्मस्वीकृति है। वह हमारे बोध के रूप में बदल जाने का लक्षण है। वह हमारे सांस्कृतिक व्यवसाय के बदल जाने का नाम है।

कहीं वह नीत्शे का (अथवा हिंदुओं का ?) पुनर्जन्मवाद (इटर्नल रिटर्न) है, कहीं वह महावृत्तांत (इतिहास) का अंत है, कहीं वह आधुनिकता के केंद्रवाद का अपकेंद्रण है, कहीं वह उत्पादन से उपभोक्ता की ओर अपसारण है, कहीं वह देश का अंत है, कहीं वह भूमंडलीय स्थिति है। कहीं वह राष्ट्र-राज्यों की सांस्कृतिक सीमाओं का विगलन है, कहीं वह एक साथ 'भूमंडलीय' और 'स्थानीयता' है, कहीं वह 'भूत' की जगह 'आत्म' का लौटना है। कहीं वह माध्यमीकृत यथार्थ है, कहीं वह 'बोध' न होने की 'अबोधता' है...वह नितांत चंचल श्रेणी है। इसीलिए उसकी एक निश्चित व्याख्या और संरचनावादी ढंग का ऐतिहासिक सूत्रीकरण असंभव है। वह खुद एक 'उत्तर' की उत्तर-संरचना है।

अनेक लोग उसे तकनीक के दबाव से आगे मनुष्य के पराजयबोध का पर्याय मानते हैं। कुछ उसे पश्चिम का नया वैचारिक अस्त्र मानते हैं जो आधुनिकता की जगह नई पुड़िया बेचने निकल पड़ा है। ऐसे लोग जब इसका विरोध करते हैं तो कुल मिलाकर वे पुराने ढंग के आधुनिक यानी यूरोपीय ही नजर आते हैं। हिंदी में ऐसे 'प्रतिक्रियावादियों' की कमी कभी नहीं रही।

यूरोपीय एवं अमरीकी बौद्धिक जगत में आज उत्तरआधुनिकता के आकलन पर सुदीर्घ बहसें जारी हैं। उत्तरआधुनिकता की अवस्था (युग) ने इतिहासबोध (देरिदा), संस्कृतिबोध (जेमेसन, बौद्रीआ) के प्रचलित औजारों को बदलना शुरू कर दिया है।

हिंदी में अभी तक कांट वाला 'तर्कवाद' ही स्वीकृत है और वहां तमाम बहसें आधुनिकता के भीतर ही केंद्रित हैं। हिंदी में जो मार्क्सवाद आया वह 'मार्क्स का' न होकर पश्चिम के अनेक पॉजिटिविस्ट समाजशास्त्रियों का था। वह मार्क्सवाद न था, न है। यों हिंदी में सभी मार्क्सवादी हैं क्योंकि हिंदी में कुछ होने के लिए कोई परीक्षा नहीं देनी पड़ती। यह हमारी अपनी तरह की आधुनिकता है, शुद्ध नकल पर चलती हुई।

इसलिए भी उत्तरआधुनिक स्थितियों के प्रति हिंदी में अधिक से अधिक एक फैशनेबुल उत्सुकता है। थोड़े दिन में हर कोई 'उत्तरआधुनिक' होना चाहेगा, यत्र-तत्र देखने में आ जाती टिप्पणियां उसे जाने बिना मारे गए हाथ-पैर नजर आते हैं। जिस तरह आधुनिकता, उसी तरह उत्तरआधुनिकता पश्चिम के समाज और दर्शन की एक इतिहासयात्रा है। उत्तरआधुनिकता के सूत्रों को समझे बिना हम अपने समय को नहीं समझ सकते क्योंकि हमारे न चाहने पर भी वह हमारे बोध में सक्रिय है। वह हमारी 'आक्-थू' से नष्ट नहीं होनेवाली।

तकनीक और भूमंडलीय पूंजीवाद ने दुनिया के तमाम देशों की भौगोलिक सीमाओं को हिलाना शुरू कर दिया है और सांस्कृतिक सीमाओं में घुसपैठ कर दी है। कल तक उपलब्ध हमारे ज्ञान के तमाम उपकरण पुराने पड़ चले हैं। संस्कृति के क्षेत्र में यह खास नजर आता है।

माध्यमों ने यथार्थ के साथ हमारे संबंध को बदल दिया है। हम सीधे ऐंद्रिक बोध से पुष्ट यथार्थ को ग्रहण नहीं करते, तनिक उसके माध्यमीकृत (दृश्य अथवा श्रव्य अथवा पाठ्य) रूप को ग्रहण करते हैं। तकनीक ने सूचना का अतिबोध बढ़ा दिया है, हम स्थानीय हो उठे हैं या भूमंडलीय। एक 'दूसरी प्रकृति' (संस्कृति) पहली प्रकृति को ढंके जा रही है। हमारी भाषा बदल रही है। हमारे प्रतीक बदल रहे हैं। हमारे ढंग बदल रहे हैं।

हमारे विकास के आधुनिक केंद्रीकृत तरीके बदल रहे हैं। कल्याणकारी राष्ट्र-राज्य अपनी जिम्मेदारियां छोड़ रहा है और निजी पूंजी जीवन के हर क्षेत्र में प्रवेश कर रही है। 'ज्ञान' की जगह 'उपभोग' विकास का औजार बन रहा है।

विचारधारात्मक केंद्रवाद विशृंखलित हो रहा है। नए केंद्र बन रहे हैं। कहीं वे धार्मिक रूपों के केंद्र हैं, कहीं जाति-रूपों के, कहीं स्त्री-रूपों के, कहीं सांस्कृतिक पहचान के। वे पुराने आधुनिक शक्ति-संतुलन को अपने ढंग से बदलने को उद्यत हैं।

हम ऐसे ही एक भव्यतारहित, महानतारहित नितांत चंचल और पकड़ में आकर फिसल जानेवाले अस्थिर अतियथार्थ में रह रहे हैं। ज्ञानोदय बाजार में आकर पण्य बनकर बिखर गया है। न दर्शन देख पा रहे हैं, न रचना अनुभव कर पा रहे हैं, न समीक्षा हो पा रही है।

कुछ लोग उत्तरआधुनिकता को 'अतीतोन्मुख' कहते हैं। वे नहीं समझते कि आधुनिकता अतीत की पुनर्व्याख्या कर उसे अपने अनुकूल बना सकती थी, उत्तरआधुनिकता इस पुनर्व्याख्या को भी एक 'खिलौना' बना डालती है। यह अतीत में जाने की छूट तो देती है लेकिन अतीत को मनोरंजक बनाते हुए, पण्य और उपभोग की सामग्री बनाने के लिए। वह अतीत का पुनरुत्पादन संभव करती है लेकिन उनकी भव्यता और महावृत्तांतता को नष्ट करते हुए।

उत्तरआधुनिकता हर महानता को विदाई देती है और एक सामान्यता या न्यूनतम्यता सबको संभव करती है। विचारों की समग्रता की जगह वह विखंडन संभव करती है, रचना को विज्ञापन बनाती है, समीक्षा को प्रायोजन बनाती है। आधुनिकता के तमाम महान मनोरथ यहां आकर दीन और आनंददायक बन जाते हैं। संरचनाएं खुल जाती हैं। शब्दार्थ में अनेकांत पैदा होते हैं। अनेक चैनल, अनेक अर्थ, अनेक सत्ताकेंद्र—एक निरंतर अनेकांतता ने आधुनिकता की नींव को हिला दिया है।

यह भूमंडलीय समय है। मनुष्य एक साथ ही विश्व नागरिक है और स्थानीय है।

अपने समाज में मौजूदा उपद्रव बहुत कुछ 'आधुनिक' और 'उत्तरआधुनिक' की टकराहटों का नतीजा है। अपने यहां बहुत कुछ पूर्वआधुनिक स्थितियां भी मौजूद हैं जो 'उत्तरआधुनिक स्थितियों में पण्य' बना रही हैं। यह तिहरी गांठ है जो तेजी से खुल रही है। आधुनिकीकरण की योजना अपने यहां अंग्रेजों के जमाने से शुरू हुई थी, जिसे आजादी के बाद भारतीय स्तर पर विकसित किया गया। आज उसके सामने स्वयं अपनी प्रकृति को पहचानने की चुनौती उठ खड़ी हुई है। बहुत से पूर्वआधुनिक क्षेत्र उसने नष्ट किए हैं और कर रही है। लेकिन इस विकास की पुड़िया को वह जहां से (पश्चिम से) लाती रही है वहीं अब विकास के नमूने पर प्रश्नचिह्न लग रहे हैं। अपनी आधुनिकता अचानक अनाथ हो उठी है। बुद्धिजीवियों की समकालीन हताशा इसी का प्रतिफलन है।

यह 'अनाथत्व' हमारी अपनी 'उत्तरआधुनिकता' का प्रस्थान बिंदु है जो विकास के समूचे नक्शे पर पुनर्विचार मांगता है, कभी खुले बाजार, कभी हाशियों में, स्थानीयतावाद में भटकता है। अब तक हमारी प्रतिश्रुति का क्षेत्र यूरोप था, अब समूचा भूमंडल है जिसमें हम भी शामिल हैं। वृद्ध पूंजीवाद अपने चरम पर पहुंच गया है, जहां उसने धरती के हर क्षेत्र को रौंद डाला है, वह हमारे अवचेतन

और प्रवृत्ति को भी नियंत्रित करने में संलग्न है। उत्तरआधुनिकता इस वृद्ध पूंजीवाद का एक सांस्कृतिक तर्क है। यहां से पूर्व पूंजीवाद में लौटा नहीं जा सकता और आगे जाने की राह उतनी ही बनती है जितनी की बनाई जा सके।

अरसे से हिंदी में उत्तरआधुनिकतावाद की अनुगूंजें सुनाई पड़ रही हैं। मनोहर श्याम जोशी के 'कसप' और 'कुरु कुरु स्वाहा'...को उत्तरआधुनिक कहकर विज्ञापित किया गया था। 'डूब' और 'मुझे चांद चाहिए' उसके अन्य नए उदाहरण कहे जा सकते हैं।

किसी उत्तरआधुनिक स्थिति की तरह ही उसका कोई स्थिर रूप नहीं है। न उसकी कोई एक व्याख्या है। उत्तरआधुनिक स्थितियों ने ज्ञान के निर्माण के लिए उत्तरसंरचनावाद को अपने साथ-साथ विकसित किया, जिस विखंडन को प्रेरित किया, वह किसी एक व्याख्या को असंभव करता है।

मार्क्स ने अपने 'ग्रंड्रिसे' ग्रंथ में भूमंडलीय पूंजीवाद का एक नक्शा बनाया था जिस पर पिछले डेढ़ सौ साल में बहुत कम सोच-विचार हुआ। लेकिन आज हम आश्चर्यजनक ढंग से उसे सत्य पाते हैं। आज का भूमंडलीय पूंजीवाद मार्क्स के उस भूमंडलीय पूंजीवाद से काफी मिलता-जुलता है जो उन्होंने सन् 1857 में सोचा था।

'ग्रंड्रिसे' विकसित आधुनिकता का एक नक्शा यों पेश करता है–

''विकसित आधुनिकता में जीवन श्रम-सघन होता है, व्यक्ति की चेतना और पूंजी एकमेक हो जाती है। धन एक समाज से स्वतंत्र एक प्रतीकात्मक संहिता बन जाता है, धन स्वयं एक संवाद बन जाता है। धन 'मूल्य' का एक स्वायत्त प्रतिनिधि बन जाता है। धन एक स्वायत्त गति प्राप्त कर लेता है। धन भाषा की तरह संवाद बन जाता है। स्वतंत्र और गतिमय। निर्बंध। वह एक भूमंडलीय बाजार को जन्म देता है। यह भूमंडलीय बाजार व्यक्तियों की इच्छा और ज्ञान से एकदम स्वायत्त स्वतंत्र हो उठता है। धन का पहला प्रकार्य मूल्य विनिमय है, आखिरी प्रकार्य में आते-आते वह समूह या व्यक्ति की जगह खुद बैठ जाता है।''

'ग्रंड्रिसे' में 'धन' पर विस्तार से मार्क्स के विचारों को पढ़ते हुए लगता है कि पूंजीवाद के भविष्य की कल्पना करते हुए और भविष्य के पूंजीवाद का नक्शा बनाते हुए मार्क्स उत्पादन संबंधों से सामाजिक संबंधों, सामाजिक रूपों की स्वायत्तता की परिकल्पना करने लगे थे। पुराने ढंग के मार्क्सवादियों के लिए इसका नया नक्शा खींचना असंभव लगता है।

जॉन रंडेल ने मार्क्स और समाज की उत्तरआधुनिक परिकल्पना (मार्क्स एण्ड द पोस्टमॉडर्न इमेज ऑफ सोसाइटी) में बताया है कि 'ग्रंड्रिसे' में मार्क्स द्वारा किए गए पूंजी के विश्लेषण में और बहुत से उत्तरआधुनिक व्याख्याताओं (यथा हैबरमास और जेमेसन, बौद्रीआ आदि) के विचारों में समानता नजर आती है। ये सभी

उत्तर-मार्क्सवादी हैं। ल्योतार भी उत्तर-मार्क्सवादी हैं। 'उत्तरआधुनिकता' का नया नक्शा ये ही बनाते हैं।

उत्तरआधुनिकता के केंद्र में बहुराष्ट्रीय आवारा पूंजी की भूमंडलीयता है, इस तरह पूंजीवाद ने स्वयं को एक विश्वव्यवस्था सिद्ध किया है। उत्तरआधुनिकता उसका एक विशेषण-भर है, उसके वृद्ध और विस्तृत होते जाने का। जाहिर है यहां आकर सृष्टि समाप्त नहीं हो जाती बल्कि नए ढंग से भविष्य में जाती है। नए ढंग के पूंजीवाद का विकल्प पुराने ढंग का समाजवाद नहीं हो सकता। वह नए ढंग का ही हो सकता है, उत्तरआधुनिक स्थितियां इसे संभव बनाती हैं। अब जो एक देश का सत्य है, वह विश्व का सत्य है। इस सत्य में एक सत्य ही नहीं है, अनेक तरह के सत्य हैं।

यही उत्तरआधुनिकता का भविष्यवाद है। अनिश्चित किंतु अनंत। यहीं से विश्व पूंजीवाद के बाबत 'नए समाजवाद' का सच्चा विचार शुरू होता है।

भाषा, शक्ति एवं बहुलता : बाख्तीन एवं देलूज़ का संदर्भ

❑ फ्रेन्सन डी. मंजली

भाषाएं, देशों की तरह, अति प्राचीन काल से शक्ति के साथ जुड़ी रही हैं। कोई भी देश अपने नागरिकों द्वारा राजनीतिक एवं भौतिक शक्ति के समुच्चय (Repository) की तरह देखा जाता है और कोई भी भाषा, इसके बोलनेवाले अनेक लोगों के लिए बौद्धिक, साहित्यिक और सांस्कृतिक शक्ति का वास्तविक या काल्पनिक गढ़ है। उन्नीसवीं शताब्दी के कुछ इतिहासवादी भाषावैज्ञानिकों (Historical Linguists) के अनुसार देशों की तरह भाषाएं भी शक्ति, गौरव एवं महत्त्व की चरम सीमा तक जा सकती हैं और फिर उनका ह्रास एवं उनकी मृत्यु हो सकती है। कोई भी भाषा बिना अपनी योग्य या अयोग्य परवर्ती भाषा छोड़े अपने वास्तविक प्रयोग से समाप्त नहीं हो सकती है।

भाषाओं का, देशों की तरह, एक-दूसरे से संवाद स्थापित होता है। एक भाषा बोलनेवालों का अन्य भाषाएं बोलनेवालों के साथ पूर्ण प्रभुत्व का संबंध हो सकता है। ग्रीस के निवासियों ने उन सभी लोगों की भाषा के अस्तित्व को ही नकार दिया जिन्हें वे 'बर्बर' कहते थे। शुरू में रोमन लोग बौद्धिक रूप से ग्रीस निवासियों पर आश्रित थे और फिर बाद में मध्यकाल के दौरान रोमनों ने बाकी पूरे यूरोप को अपनी लैटिन भाषा के प्रभावक्षेत्र में ले लिया। बाद में अंग्रेजी, फ्रेंच एवं अन्य यूरोपीय भाषाओं की अपने उपनिवेशों में यही भूमिका रही।

विरोध एवं संघर्ष के स्थान पर भाषाओं में सहायता का संबंध भी हो सकता है। इस सहायता के संबंध में मिश्रित भाषाएं (Pidgins and Creoles) उत्पन्न होती हैं। किसी 'पिजिन मिश्र भाषा' का जन्म तब होता है जब किसी मिलनेवाली भाषा के शब्दों एवं उसकी संरचना को मिलाने के लिए किसी भाषा की व्याकरणात्मक संरचना का अतिसाधारणीकरण होता है। ऐसा आमतौर पर व्यापारिक एवं सैनिक संदर्भों में होता है।

जिस तरह राष्ट्रों का सामान्यतः अखंड राजनीतिक अस्तित्व नहीं होता—अर्थात्

उनका बहुलतावादी संगठन होता है, उसी तरह ऐसा समुदाय भी खोजना कठिन है जो पूरी तरह एकभाषी (Monolingual) हो। राजनीतिक रूप से स्वीकृत एवं संरचनात्मक रूप से अलग भाषाओं में भाषावैज्ञानिक दृष्टि से अंतर होता है और इसके साथ ही किसी एक भाषा में भिन्नताएं मिलती हैं जो सामाजिक एवं भौगोलिक उपभाषाओं (Social and Geographical Dialects), विषय-विशेष की तकनीकी भाषाओं इत्यादि के रूप में परिलक्षित होती हैं। मिखाइल बाख्तीन ने ऐसी भिन्नताओं को क्रमशः बहुभाषास्थिति (Polyglossia) एवं विषमभाषास्थिति (Hetroglossia) की संज्ञा दी है।

बाख्तीन ने अपनी पुस्तक डिस्कोर्स इन द नोवेल (Discourse in the Novel) में लिखा है, "एक अनपढ़ किसान, जो किसी शहरी क्षेत्र से मीलों दूर अपनी साधारण एवं प्रायः अपरिवर्तनीय दुनिया में रहता है, भी अनेक भाषाओं में अपने अस्तित्व को जी चुका होता है : वह एक भाषा (चर्च स्लावोनिक) में भगवान से प्रार्थना करता है, दूसरी भाषा में गीत गाता है, अपने परिजनों से तीसरी भाषा में बोलता है और जब किसी लिपिक के माध्यम से स्थानीय अधिकारियों को अर्जी देता है तब वह एक अलग ही चौथी भाषा बोलने का प्रयास करता है (जो सरकारी तौर पर शिक्षित एवं कागजी भाषा है)।"[1]

बाख्तीन का कहना है कि "एक रूसी किसान इन सारी 'अलग-अलग भाषाओं' में एक साथ जीता था, हालांकि ये भाषाएं उसकी 'चेतना में एक-दूसरे से जुड़ी हुई थीं, वह स्वाभाविक रूप से बिना किसी प्रयास के एक भाषा से दूसरी भाषा में चला जाता था : हरेक भाषा अपने निश्चित स्थान पर थी और हरेक का स्थान सुनिश्चित था।"[2] बाख्तीन के ये कथन उनके उन तर्कों के अंश हैं जो वे इसके लिए देते हैं कि उपन्यास किसी साहित्यिक विमर्श (Literary Discourse) का सर्वाधिक प्रजातांत्रिक रूप है क्योंकि यह बहुत ही व्यवस्थित ढंग से अलग-अलग विषय-क्षेत्रों की भाषाओं को एकीकृत करता है–धर्म की उच्च भाषा से लेकर बाजारू धृष्ट भाषा तक को एक समरस साहित्यिक भाषा में एकीकृत करता है।

काफ्का पर लिखी अपनी कृति में, फ्रेंच दार्शनिक जिल देलूज़ ने बाख्तीन से अलग स्तर पर हमारा परिचय भाषा-प्रयोग में भिन्नता के एक अलग चतुर्भाषावैज्ञानिक व्यावहारिक मॉडल (Tetralinguistic Functional Model) से कराया है (हेनरी गोबार्ड ने यह मॉडल प्रस्तावित किया था)। किसी एक-भाषा-समुदाय में जिन भाषाओं का सहअस्तित्व संभव है वे हैं–

(1) देशी भाषा (Vernacular)–मातृभाषा या प्रादेशिक भाषा (Territorial Language) जिनका उपयोग ग्रामीण समुदाय में होता है या वे ग्रामीण मूल की होती हैं।

(2) संपर्क-माध्यम (Vehicular) की भाषा–शहरी, सरकारी भाषा ज़ो व्यापार,

वाणिज्य या नौकरशाही दस्तावेजों की विश्वस्तरीय भाषा भी हो सकती है।

(3) एक निर्देशात्मक भाषा (Referential Language), जो ज्ञान एवं संस्कृति की भाषा होती है।

(4) एक मिथकीय भाषा, जो धर्म या अध्यात्म के माध्यम से संस्कृतियों के क्षितिज पर स्थित होती है।

इस संबंध में देलूज़ कहते हैं, "इन भाषाओं के स्थान-कालिक प्रवर्गों (Spatio Temporal Categories) में स्पष्ट अंतर होता है : देशी भाषा 'यहां' की होती है, संपर्क-माध्यम की भाषा 'हर जगह' की होती है, निर्देशात्मक भाषा 'वहां' होती है और मिथकीय भाषा 'परे' होती है।[3]

यह समझना बहुत आसान है कि एक दिए हुए संदर्भ में ये अलग-अलग रिक्त-स्थान (Slots) किसी एक या दूसरी भाषा से कैसे भरे जाते हैं। साथ ही प्रयोग में आनेवाली भाषाओं का समुच्चय "एक समूह से दूसरे समूह में और एक ही समूह में एक कालावधि से दूसरी कालावधि में"[4] बदल सकता है। देलूज़ ने संकेत किया है कि यूरोपीय संदर्भ में लैटिन की भूमिका संपर्क-माध्यम से निर्देशात्मक और फिर मिथकीय भाषा में बदल गई। भारतीय संदर्भ में संस्कृत की भी कुछ ऐसी ही स्थिति है। आज अंग्रेजी लगभग सारे विश्व की संपर्क भाषा है।

इस प्रकार के भाषावैज्ञानिक अंतरों को रेखांकित करने में बाख्तीन एवं देलूज़ का ध्येय यह दिखाना है कि इन अंतरों एवं परिवर्तनों का साहित्य के ऐतिहासिक विकास में कैसा रचनात्मक एवं क्रांतिकारी प्रभाव हो सकता है। बाख्तीन के अनुसार साहित्यिक विमर्श शैलियों (Literary Discourse Styles) में परिवर्तन लोगों के (संभवतः लेखकों एवं पाठकों दोनों के) भाषाओं एवं भाषाओं में अंतर के प्रति वैचारिक परिवर्तन का नतीजा है। प्राचीन ग्रीक महाकाव्य एक 'मिथकीय एकीकृत भाषा' में लिखे गए थे। इस भाषा के प्रयोग का अर्थ था बहुभाषास्थिति एवं विषमभाषास्थिति—दोनों को नकार देना। बाद में ग्रीक साहित्य में 'अन्य' राष्ट्रीय भाषाओं के आने के साथ अपनी एक उत्कृष्ट एकीकृत भाषा का मिथक समाप्त हो गया। बाख्तीन दिखाते हैं कि प्रारंभ में ये अन्य भाषाएं बाह्य परिधि पर ही रहीं और उनका उपयोग केवल हास्य की उत्पत्ति के लिए किया गया। धीरे-धीरे हास्य की शक्ति व्यंग्य एवं पैरोडी के रूप में एकीकृत भाषा (Single Unified Language) का मजाक उड़ाने लगी और उसकी पवित्रता पर प्रश्न-चिह्न खड़ा करने लगी। 'अन्य भाषाओं' के अधिकाधिक प्रयोग ने प्राचीन ग्रीस की एकीकृत भाषा के मिथक को समाप्त कर दिया। बाख्तीन इस स्थिति की तुलना टॉलेमी के विश्व की धारणा के समाप्त होने से करते हैं, "जहां भाषाएं एवं संस्कृतियां एक-दूसरे को अनुप्राणित करती थीं, भाषा कुछ और ही चीज बन गई, इसका पूरा स्वरूप

ही बदल गया : एक साधारण, बंद भाषा की टॉलेमिक दुनिया के स्थान पर गैलीलियो की दुनिया सामने आई, जिसमें एक-दूसरे को अनुप्राणित करती हुई अनेक भाषाएं आईं।"[5]

एक बार अन्य भाषाओं के साथ अपनी भाषा की सापेक्षता स्वीकार कर लेने के बाद भाषा के आंतरिक विभेदों (Intralinguistic Difference) या विषमभाषास्थिति को साहित्य में स्वीकार करना आसान हो जाता है। उपन्यास के साहित्यिक विमर्श का रूप-विधान (Form) बनने की प्रक्रिया में कुछ ऐसा ही हुआ। उपन्यास भाषा की आंतरिक बहुलता का अधिकतम अन्वेषण कुछ इस तरह करता है जैसे कविता कभी नहीं कर सकती। अपनी आत्मीय एवं सघन अनुभूतियों को निष्ठा से संप्रेषित करने की प्रक्रिया में कवि मुख्यतः एकभाषी (Monoglot) रह जाता है। उपन्यास में यह क्षमता है कि वह लोगों के कई प्रतिनिधिक समूहों के विचारों एवं इन विचारों की भाषागत अभिव्यक्ति का वीक्षण कर सके। वास्तविक जीवन में, सभी समाज एवं संस्कृतियां विभिन्न दिशाओं में खिंचाव महसूस करते हैं। इस चिर उपस्थित सामाजिक बलों का क्रीड़ास्थल भाषा ही है। भाषा "वर्तमान एवं भूत में, भूतकाल की विभिन्न अवधियों में, वर्तमान में समाज के भिन्न वैचारिक समूहों, भिन्न प्रवृत्तियों, मतानुयायियों आदि में सामाजिक-वैचारिक विरोधाभास के सहअस्तित्व का प्रतिनिधित्व करती है।"[6] कोई तटस्थ पर्यवेक्षक भाषा के माध्यम से समाज में उपस्थित बहिर्मुखी बलों (जो अनेकता का समर्थन करते हैं) एवं अंतर्मुखी बलों (जो एकता का समर्थन करते हैं) के बीच शक्ति के किसी न किसी स्वरूप के लिए सतत संघर्ष देख सकते हैं। ये संघर्षरत बल भाषा के केवल मुख्य गुण ही नहीं हैं बल्कि बाख्तीन के लक्षण विज्ञान (Semiotics) में उनकी उपस्थिति का अहसास प्रत्येक 'उक्ति' (Utterance) में हो सकता है। उक्ति (और संभवतः शब्द भी) समाज में उपस्थित बहिर्मुखी एवं अंतर्मुखी बलों के संघर्ष का बिंदुपथ (Locus) है। समाज में अनेक रुचियों के कारण प्रयोग में आनेवाले शब्दों एवं उक्तियों का अर्थ अपवर्तित होता है। इस अर्थगत अपवर्तन (Semantic Refraction) को दोस्तोयेवस्की–जो बाख्तीन के आदर्श हैं–अपने उपन्यासों में पूरी पकड़ के साथ सामने लाते हैं जो उस बहुस्वरता (Polyphony) में सहायक होता है जो उपन्यास का एक विशिष्ट गुण है। "स्वरों की अनेकता एवं विषमभाषास्थिति (Hetroglossia) उपन्यास में आकर संगठित कलात्मक निकाय में अपने-आपको व्यवस्थित कर लेती है। यह उपन्यास शैली के विशिष्ट गुणों को संस्थापित करती है।"[7]

भाषाओं के साधारण 'उच्च' एवं 'निम्न' प्रकारों के वर्गीकरण के बदले देलूज ने उनको 'मुख्य' (Major) एवं 'गौण' (Minor) वर्गों में बांटा। 'मुख्य' एवं 'गौण' संभवतः संगीत के क्षेत्र से जुड़े हुए शब्द हैं। 'मुख्य' भाषाओं की परिभाषा उनकी

स्थिरता की 'शक्ति' (Power of Constants) एवं 'गौण' भाषाओं की परिभाषा परिवर्तन की 'संभाव्यता' (Potential of Variation) द्वारा की जाती है। देलूज का संकेत उस अंतर की ओर नहीं है जो प्रशासनिक/राजनीतिक स्वीकृति प्राप्त भाषा एवं उसकी उपभाषाओं में है। गौण भाषा वह है जो 'परिवर्तन के उपभाषाई क्षेत्र' (Dialectal Zone of Variation) पर आधारित होती है।

भाषा जैसे-जैसे शक्ति एवं महत्त्व प्राप्त करती है, इसके विभिन्न अवयव एवं इसके नियम दृढ़ एवं रूढ़िवादी होते जाते हैं। यानी कि भाषा शक्ति इसलिए प्राप्त करती है क्योंकि उसके संगठनात्मक अवयव अपेक्षाकृत लंबे क्षेत्र एवं समय में स्थिर रहे हैं। दूसरी तरफ, जब किसी भाषा का प्रयोग करनेवाले लगातार उसमें परिवर्तनीयता की संभावनाओं पर काम करते हैं, तब भाषा की अचलता (Constants) समाप्त हो जाती है और 'परिवर्तनीयता की सततता' की स्थिति बन जाती है। इसे ही 'गौण' भाषा कहते हैं। इस द्वंद्व की स्थिति की तुलना समाज में उपस्थित केंद्रमुखी एवं बहिर्मुखी बलों से की जाती है। किंतु देलूज मुख्य रूप से इसे केवल भाषा के स्तर पर अंतरों की औपचारिक क्रीड़ा के संदर्भ में देखते हैं। वस्तुतः, जैसा कि विलियम लाबोव ने न्यूयार्क के काले लोगों की अंग्रेजी के अध्ययन से स्थापित किया है, दुनिया में कोई भी मानक भाषा (Standard Language) नहीं होती जिसे 'आंतरिक परिवर्तनों' से निरपेक्ष होकर देखा जा सकता है। देलूज इस बात पर बल देते हैं कि हर समांगी निकाय (Homogeneous System) लगातार नियमित, सतत एवं अंतःस्थ परिवर्तन की प्रक्रिया से सदा प्रभावित होता रहता है।

अतः 'मुख्य' एवं 'गौण' में अंतर पूर्णतः भाषावैज्ञानिक अंतर के आधार पर ही नहीं बल्कि 'भाषा के दो अलग प्रयोगों या कार्यों' के आधार पर परिभाषित किया जा सकता है। यदि कोई अचलता को बढ़ावा देता है तो उसकी प्रवृत्ति 'मुख्य' भाषा की ओर होती है और यदि इसके विपरीत कोई भाषा में सतत परिवर्तनों के प्रति संवदेनशील हो तो वह भाषा को 'गौण' भाषा के रूप में देख रहा होता है। अतः एक ही भाषा के 'मुख्य' एवं 'गौण' प्रयोगों की बात की जा सकती है।

देलूज ने ऐसे कई उदाहरण दिए हैं जब तथाकथित 'मुख्य' भाषा का 'गौणीकरण' (Minorization) होता है। यह बात ध्यान देने योग्य है कि अधिकांशतः भाषायी अल्पसंख्यक इस प्रक्रिया में योगदान करते हैं : आयरिश अंग्रेजी और काले अमरीकियों की अंग्रेजी इसके अच्छे उदाहरण हैं। आयरिश लेखक, जैसे जॉयस एवं बेकेट और तत्कालीन काले लेखकों ने निश्चित रूप से ब्रिटिश एवं अमरीकी अंग्रेजी में सतत परिवर्तन की प्रक्रिया प्रारंभ की। इसमें हम सलमान रुशदी का नाम भी जोड़ सकते हैं जिन्होंने अंग्रेजी को दक्षिण एशियाई दिशा में खींचा और इसे विशिष्ट भारतीय रंग दिया।

इन 'बहिर्क्षेत्रीय' (Extra-territorial–जो स्टेइनर का शब्द है) लेखकों ने अपनी साहित्यिक भाषा को बलों की सतत क्रीड़ा के प्रभाव में रखा है और तब 'मुख्य' भाषा पर एक 'गौण' प्रभाव डाला है। इस परिप्रेक्ष्य से 'मुख्य' एवं 'गौण' में अंतर प्रागनुभव पर आधारित नहीं है बल्कि उन लेखकों द्वारा अभिप्रेरित किया गया है जो भाषा के गौणीकरण की प्रक्रिया (Becoming-Minoritarian) में सहायक हुए हैं। ऐसे लेखक के सर्वोत्तम उदाहरण के रूप में जो भाषा के गौणीकरण की प्रक्रिया से जुड़े हों, देलूज ने काफ्का का नाम लिया जो प्राग (Prague) की जर्मन भाषा में पले-बढ़े थे। "काफ्का, एक चेकोस्लोवकी यहूदी, जो जर्मन में लिख रहे थे, जर्मन को 'गौण' भाषा बनाकर रचनात्मक प्रयोगों के लिए उसका उपयोग करते हैं और इस तरह परिवर्तन की सततता बनाते हैं, जिसमें वे सभी परिवर्तनशील मापदंडों का उपयोग इस तरह करते हैं कि अचलों (Constants) को संकुचित किया जा सके और परिवर्तनीयों का विस्तार हो सके। भाषा को हकला देना, या 'रुला' देना, भाषा, यहां तक कि लिखित भाषा को भी हर ओर से तनावग्रस्त बना देना, और फिर उसके रुदन, चिल्लाहट, तारत्व आदि से बहुत कुछ प्राप्त करना।"[8] इस अर्थ में काफ्का ने गौण साहित्य की रचना की है। गौण साहित्य ऐसे नए रास्ते खोल देता है जो वर्तमान (मुख्य) साहित्य की स्थिरता को झकझोर देता है। देलूज का तर्क है कि गौण साहित्य के अंतःस्थ रूप से राजनीतिक होने और सामूहिक गुण से भरपूर होने के कारण ही ऐसा संभव है।

संक्षिप्त निष्कर्ष : भाषाई रचनाशीलता के लिए लेखन के सूचनात्मक रूप–जिसे रोलां बार्थ ने शून्य अंश लेखन (Zero Degree Writing) कहा है–से हटना आवश्यक है और यह भी आवश्यक है कि भाषा की गुप्त परिवर्तनशील क्षमता को भावना के एक या दूसरे ध्रुव पर ले जाया जाए : हास्य या रुदन एवं हकलाहट। संभवतः दोनों ही व्यक्तिगत/एकीकृत भाषा का रूपान्तरण बहुस्वरीय भाषा-विन्यास में कर सकते हैं जो संगीत के अनुकूल होगा।

NOTES :

1. Bakhtin, M., 'Discourse in the Novel' in **The Dialogical Imagination,** 1981 : 295-96.
2. ibid., p. 296.
3. Deleuze, G., 'Minor Literature : Kafka' in **The Deleuze Reader,** (ed) C. Boundas, 1993 : 160.
4. ibid., p. 160
5. Bakhtin, M. quoted in Katarina Clark and Michael Holquist, **Michael Bakhtin,** 1984 : 289.
6. Bakhtin, M., 'Discourse in the Novel' in, **The Dialogical Imgination,** 1981 : 291.

7. ibid., p. 300
8. Deleuze, G., 'Language : Major and Minor', in **The Deleuze Reader** (ed) C. Bounds, 1993 : 148.

REFERENCES :

1. Bakhtin, Mikhail, 1981, **The Dialogical Imagination.** (ed) M. Holquist, (trans.) Caryl Emerson and M. Holquist. Austin : University of Texas Press.
2. Clarks, Katarina and Michael Holquist, 1984. **Mikhail Bakhtin.** Cambirdge, Mass : Harvard University Press.
3. Bounds, Constant in V. (ed.) 1993. **The Deleuze Reader.** New York : Columbia University Press.

उत्तरआधुनिकता के विभिन्न पात्र : जड़ की खोज

(भारतीय साहित्य के परिप्रेक्ष्य में)

❑ इन्द्रनाथ चौधुरी

यदि हम उत्तरआधुनिकता के विषय में कुछ कहने जा रहे हैं तो हमें आधुनिकता की परिभाषा से शुरुआत करनी चाहिए। उत्तरआधुनिकता का सापेक्षिक महत्त्व है और यह एक तुलनात्मक धारणा है। अर्थात् वर्तमान या हाल में बीते समय के कुछ मूल्यों या गुणों या विशेषताओं की व्याख्या उत्तरआधुनिक काल के मूल्यों, गुणों या विशेषताओं की तरह की जा सकती है। साथ ही यह भी स्पष्ट कर देना चाहिए कि आधुनिकता और उत्तरआधुनिकता जैसे शब्दों का विकास एक विशेष सामाजिक व सांस्कृतिक परिस्थिति में हुआ है और यदि हम उनका भारतीय संदर्भ में उपयोग करना चाहते हैं तो हमें उनकी पुनर्परिभाषा करनी होगी। ऐसा करना आवश्यक है क्योंकि भीमसेन जोशी या कुमार गंधर्व में चाहे कितनी भी नवीनता हो उन्हें जाज या रॉक गायकों की तरह आधुनिक नहीं माना जा सकता। हमारी आधुनिकता में सदा ही सर्वव्यापकता एवं स्थायित्व का तत्त्व होता है। टैगोर ने अपने लेख 'साहित्य की आधुनिकता' (Modernity in Literature) में तथाकथित आधुनिक अंग्रेजी साहित्य को आधुनिक नहीं माना है क्योंकि इसमें सर्वव्यापकता का तत्त्व नहीं है, स्थायित्व नहीं है और सौंदर्यबोधक हर्ष 'आनंदम्' की गंभीरता भी नहीं है। पाश्चात्य शब्दावली में आधुनिकता का अर्थ स्थापित नियमों, परंपराओं एवं मान्यताओं से अलग हटकर विश्व में मनुष्य की स्थिति एवं इसके कार्य के प्रति नवीन दृष्टिकोण अपनाना है जो कुछ मामलों में रूप एवं शैली के नए प्रयोग करते हैं।[1] भारत में आधुनिकता व उत्तरआधुनिकता एक-दूसरे के विपरीत न होकर पूरक हैं। वस्तुतः उत्तरआधुनिकता अंग्रेजी शब्द 'पोस्टमॉडर्निज़्म' का पर्याय नहीं है और न ही यह आधुनिकता का विलोम है। यदि हम 'उत्तरमीमांसा' या 'पूर्वमीमांसा' से तुलना के आधार पर समझें तो उत्तरआधुनिकता आधुनिकता के बाद की स्थिति है।[2] यहां आधुनिकता भूत व भविष्य से कटी हुई स्थिति या मूल्यों की अवधारणा

नहीं है। हमारी हर रचनात्मक अभिव्यक्ति में स्थायित्व का तत्त्व निश्चित रूप से उपस्थित रहता है जो 'सनातन' शब्द, जिसका अर्थ 'नित्य नूतन' है, से स्पष्ट होता है। यह पीछे जाने की यात्रा नहीं है बल्कि केंद्र को पुनः दृढ़ करने की प्रक्रिया है। अतः आधुनिकता का समय के संदर्भ में महत्त्व है जिसमें रेखीय एवं वृत्तीय दोनों तरह की गतियां हैं। दूसरे शब्दों में, आधुनिकता में पारंपरिक एवं नवीन दोनों मूल्य समाहित हो जाते हैं। यह संभव है, यदि हम 'कुल' एवं 'शील' को वैसे समझें जैसे निहार रंजन राय ने उनकी व्याख्या की है। 'कुल' आनुवंशिकता, उत्तराधिकार एवं परंपरा है। 'शील' व्यक्ति का निर्माण, उसका आचरण एवं व्यक्तित्व है जो निश्चय ही उसके 'कुल' से प्रभावित होता है। आधुनिकता एवं उत्तरआधुनिकता की निकटतम भारतीय धारणा है 'शील' की वह धारणा जैसा कि भारत इसे युगों से समझता आ रहा है। 'शील' अपने प्रदत्त परिप्रेक्ष्य एवं काल में 'कुल' के उन तत्त्वों को हटाता चलता है जिनका महत्त्व समाप्त हो चुका है और इस प्रक्रिया में विचार एवं क्रिया के नए आयामों को जन्म देता है। इस तरह 'कुल' संस्कृति की निरंतरता सुनिश्चित करता है जो 'शील' को समृद्ध एवं अनुप्राणित करता है जिससे आधुनिकता प्रखर एवं प्रभावी हो जाती है।[3]

भारतीय संदर्भ में कला की वह कृति महान है जो परंपरा एवं वास्तविकता दोनों की अभिव्यक्ति हो। निष्कर्षतः, भारतीय संदर्भ में आधुनिकता की धारणा का विकास अलग-अलग दिशाओं में हुआ है जिसने 19वीं शताब्दी में हमारे बीच एक मिथ्या चेतना को जन्म दिया कि पश्चिम के प्रति सेवाभाव ही आधुनिकता है। दूसरे शब्दों में, आधुनिकता का विज्ञान, प्रौद्योगिकी, औद्योगिक परिवर्तन एवं पश्चिमीकरण से घालमेल हो गया है। भारतीय साहित्य के परिप्रेक्ष्य में आधुनिकीकरण पश्चिमीकरण नहीं है, और न ही विज्ञान और प्रौद्योगिकी का प्रभाव बल्कि यह पश्चिम के प्रति एक प्रतिक्रिया है। यह प्रौद्योगिकी को अस्वीकार करता है। टैगोर का 'रेड ऑरलेण्डर्स' (Red-Orleanders) इसका एक उदाहरण है। प्रौद्योगिकी को शोषण के माध्यम के रूप में भी देखा जा सकता है। गांधीजी उन मूल्यों के विरुद्ध थे जो प्रौद्योगिक सभ्यता की ओर ले जाते हैं या उसके प्रभाव से अस्तित्व में आते हैं। विज्ञान एवं तकनीक के आधार पर उद्योगीकरण आधुनिकता का मात्र एक पक्ष है। विज्ञान, प्रौद्योगिकी एवं उद्योग-आधारित अर्थव्यवस्था के आधार पर बने आधुनिक राष्ट्र, जैसे नाजी जर्मनी, के नागरिक भी उतने ही बर्बर व असंवेदनशील हो सकते हैं जितना इतिहास में ज्ञात कोई भी पूर्व-वैज्ञानिक, पूर्व-प्रौद्योगिकी एवं पूर्व-औद्योगिक युग का कोई समुदाय। अतः आधुनिकीकरण को उद्योगीकरण से अलग करके समझना चाहिए हालांकि विवाद के लिए यह तर्क स्वीकार किया जा सकता है कि उद्योगीकरण आधुनिकीकरण में सहायक होता है। इसी तरह अनिवार्यतः आधुनिकीकरण का अर्थ पश्चिमीकरण नहीं होता। हालांकि वर्तमान एवं

हाल के समय के विचार, धारणाएं एवं कार्य-प्रणाली निस्संदेह पश्चिम से आए हैं, फिर भी यह तथ्य है कि अतीत की तरह वर्तमान में भी ऐसे विचार, दर्शन, मिथक, प्रतीक आदि हैं, जिनका स्रोत एशिया या पश्चिम के अलावा और कोई क्षेत्र है। किंतु वे पश्चिमी विचार एवं जीवनशैली में गहरे पैठे हुए हैं।[4]

शुरू में पश्चिम के प्रति इस प्रतिक्रिया ने अस्मिता एवं नवीन अभिव्यक्ति की खोज के लिए दुर्द्धर्ष संघर्ष उत्पन्न किया किंतु पश्चिम की नकल की इच्छा भी काफी प्रभावी बनी रही। फलतः एक तरफ आधुनिकता की कुल-शील धारणा ने साहित्य के प्रति नवीन दृष्टिकोण का नेतृत्व किया। टैगोर जैसे लेखकों ने आधुनिकता के नए सिद्धांत सामने रखे, जैसे विश्व-व्यापकता, स्थायित्व एवं आनंद जो कविता को अंतर्मुखी बनाते हैं और इस तरह कविता में व्यक्ति की आत्माभिव्यक्ति, पूर्ण नग्नता (यानी पारदर्शिता), क्रमबद्धता का निषेध, माया का नाश, निश्चितता एवं आत्मनिर्भरता जैसे गुण आ जाते हैं। टैगोर ने यूरोप-केंद्रित आधुनिकता के थोपे जाने को कभी स्वीकार नहीं किया।

टैगोर की तरह, उनके भतीजे अवनींद्रनाथ ने कला में उपनिवेशवाद के विरुद्ध संघर्ष किया। नंदलाल बोस, जामिनी राय तथा रामकिंकर ने भारतीय 'मार्ग्य' एवं 'प्राकृत' या 'लौकिक' (लोकसम्मत) तत्त्वों से भारतीय कला का विकास किया। दूसरी तरफ, पश्चिम के नकल की इच्छा ने बिंबवाद, उपन्यास-विरोधी, नाटक-विरोधी, नायक-विरोधी, अभिव्यंजनावाद, आहत काव्य (Beat Poetry), अतियथार्थवाद, अग्रसर (Avant-Garde) एवं प्रयोगवाद जैसे आंदोलनों की ओर प्रेरित किया।

बीसवीं सदी के प्रारंभ में भारतीय साहित्य में प्रमुख प्रवृत्ति रोमांटिसिज्म की थी। वस्तुतः भारतीय आधुनिकता सदा ही 'रोमांटिसिज्म' रही। यहां रोमांटिसिज्म उद्धरण चिह्न में लिखा गया है क्योंकि यह अंग्रेजी रोमांटिसिज्म से अलग है। 'रोमांटिसिज्म' भारतीय साहित्य की अपनी सहज प्रवृत्ति है। आधुनिक काल में अधिकतर लेखकों में ग्रामीण जीवन की मोहपूर्ण स्मृति बनी रही जिसका शहर में रहने के लिए उन्होंने परित्याग कर दिया था। ऐसी स्थिति में रोमांटिसिज्म का प्रभाव बढ़ा और साथ ही प्रकृति की ओर लौट चलने की इच्छा और प्रेम, भाव (Passion) एवं व्यथा (Agony) एक विशेष प्रकार की तार्किकता और उत्साहपूर्ण उद्यमशीलता (Adventure) के साथ मिलकर सामने आई। इस साहित्य में हम तीव्र सौंदर्य-लालसा एवं अज्ञात के प्रति उत्कंठा और इसके साथ परिचित और सामान्य के प्रति गहरा लगाव पाते हैं। निराशा एवं समर्पण की मनःस्थिति भी यदा-कदा सामने आती रही; किंतु आनंद एवं विस्मय की मनःस्थिति की प्रमुखता बनी रही। यह पाश्चात्य साहित्य की नकल नहीं, बल्कि भारतीय लेखकों की अपनी विशेष मनःस्थिति एवं अनुभव की स्वाभाविक अभिव्यक्ति है।[5]

ऐसा भी कहा जा सकता है कि पश्चिम के नकल एवं विरोध की एक विचित्र

स्थिति के कारण जटिल सामाजिक परिस्थिति उत्पन्न हो गई थी। फलतः इस पूरे काल में बीस एवं तीस के दशक के लेखन में रोमांटिक दबाव अधिक परिलक्षित होता है। एक तरफ इन लेखकों में भारतीय रोमांटिक प्रवृत्ति की निरंतरता दिखाई देती है, जो मनुष्य एवं प्रकृति में सौंदर्य की खोज के रूप में सामने आती है और जिसने रोमांटिक व्यक्तिवाद की एक दुनिया बनाई है। दूसरी तरफ इनमें सांस्कृतिक परंपरा, मानवीय मूल्य, जीवन का दार्शनिक अर्थ, स्वतंत्रता की चेतना, कल्पना एवं प्रत्ययवाद या दूसरे शब्दों में विश्व-मानवतावाद की स्थापना के प्रति झुकाव देखने को मिलता है। गांधी की सत्य एवं अहिंसा में तथा टैगोर की मानव एवं प्रकृति में सौंदर्य की खोज ने उन्हें विश्व-मानवतावाद की स्थापना की ओर प्रेरित किया। इस आदर्श ने लेखकों को साधारण आदमी के जीवन के चित्रण के लिए प्रेरित किया। गांधी-युग का साधारण, स्पष्ट एवं स्वाभाविक साहित्य उच्च वर्ग के लिए ही नहीं बल्कि साधारण जनता की पसंद के लिए भी लिखा गया। यह परम मूल्यों (Absolute Values) के विरुद्ध प्रतिक्रिया थी। मुख्यतः लेखक जीवन से विषय चुनते थे और उनके सामने नए आयाम खुल चुके थे।

बीस के दशक के आखिरी वर्षों में और इसके बाद इन आयामों का क्षितिज और बढ़ा जब हमारी राजनीतिक गतिविधियों और सांस्कृतिक दृष्टिकोण में एक और प्रभावशाली आयाम जुड़ा। इसकी जड़ में जार के रूस में हुई जनक्रांति और मार्क्सवादी विचारधारा से हमारा परिचय था। सामाजिक यथार्थवाद आधुनिकता की एक प्रमुख विशेषता बन गई। फिर भी तीस एवं चालीस के दशक के लेखकों में यह तनाव स्पष्ट दिखाई देता है कि गांधीवादी पद्धति को स्वीकार करें या मार्क्सवादी।

स्वतंत्रता के बाद पचास के दशक में बहुत जल्द मोहभंग हुआ। अपनी परंपरा से संबंध टूटने और समाज के विघटन के दबाव के कारण लेखकों ने घोर व्यथा का अनुभव किया। पचास के दशक में अधिकतर लेखकों ने पाश्चात्य आधुनिकता के आधार पर एक भयावह बनावटी दुनिया का चित्रण किया। अधिकतर भारतीय लेखकों ने बाहर की दुनिया की तरफ देखना शुरू किया और एलियट, मालार्मे, कीट्स या बॉदलैर को अपने आदर्श के रूप में स्वीकार किया और इस प्रक्रिया में टैगोर, भारती, कुमारन आसन, अरविंद और गांधी उनके लिए अस्वीकार्य हो गए। ऐसे प्रयोगवादी भी थे जिन्होंने आंतरिक यथार्थ में दिलचस्पी ली। बुद्धिवाद साहित्य के क्षेत्र में प्रवेश कर गया और इस तरह आधुनिकता 'मापदंड रूपी' (Measurement Oriented) बौद्धिक प्रवृत्ति बन गई जिसके पास 'समग्र अनुभव' (Holistic Experience) की कमी थी जो व्यक्ति के केंद्र का उसके भौतिक एवं बौद्धिक क्षेत्र से संबंध स्थापित करता थी। इस तरह उसमें व्यक्तिगत विश्वास एवं अस्मिता और समाज से जुड़ने की भावना पैदा करता थी।[6]

भारतीय यथार्थ की व्याख्या किसी पाश्चात्य मॉडल के अनुसार नहीं की जा सकती है। किसी भी लेखक द्वारा ऐसा प्रयास उसे यथार्थ एवं जनता से दूर कर देता है। यहां तक कि जो उच्च एवं प्रगतिशील विचार अंग्रेजी शिक्षा के माध्यम से पश्चिम से आए वे शहरी शिक्षित वर्ग तक ही सीमित रहे और बिना भारतीय साहित्य की परंपरा की निरंतरता का अंग बने स्वतंत्र रूप से विकसित होते रहे। फिर भी सामाजिक यथार्थ का साहित्य जो जमीन से जुड़ा हुआ था तत्कालीन भारतीय साहित्य में प्रभावी रहा। यह स्वतंत्रता-आंदोलन के दौरान भारतीय मध्य वर्ग एवं लोकसाहित्य के लेखकों द्वारा बनाई गई राष्ट्रीय चेतना का परिणाम था। प्रारंभिक दौर में राष्ट्रीयता पवित्रता एवं समाज-सुधार पर बल देती हुई धार्मिक रूप से मूर्तिमान राष्ट्रीयता के रूप में विकसित हुई। यहां तक कि भारतीय साहित्य में रोमांटिसिज्म ने भी स्वतंत्रता-आंदोलन के लिए एक सामाजिक शक्ति की तरह काम किया। जीवन के पारंपरिक प्रत्ययवादी दृष्टिकोण के स्थान पर समाज की सामाजिक-आर्थिक स्थिति अधिक महत्त्वपूर्ण हो गई। पहले रामकृष्ण मिशन, आर्य समाज, ब्रह्म समाज तथा अन्य संगठनों के समाज-सुधार आंदोलनों के परिप्रेक्ष्य में लेखक समाज के चारित्रिक पतन पर चिंतित हो रहे थे। चालीस के दशक से लेखक जनता की गरीबी और राष्ट्रीय दमन से व्यथित होने लगे। स्वतंत्रता के बाद लेखकों में धनी एवं प्रगतिशील समाज की आशा दीख पड़ती है। किंतु समय बीतने के साथ सपने केवल सपने बनकर रह गए। उनके साकार होने की कोई आशा भी नहीं थी। शुरू में कुंठा एवं निराशा की भावना थी जो निश्चित ही अस्तित्ववादी उत्पीड़न (Existentialist Anguish), ईश्वर की मृत्यु एवं वेस्टलैण्ड (Wasteland) से अलग थी और कई कारणों से इनसे पश्चिमी मानसिकता बहुत प्रभावित थी। जैसा कि पं. नेहरू ने पेज 257-259 पर अपनी आत्मकथा में लिखा है कि भारत की सामान्य राजनीतिक स्थिति, विशेषकर सन् 1931 के गांधी-इरविन समझौते के बाद, बहुत अस्पष्ट-सी हो गई थी। भारतीय जनता ने सन् 1905 के बंगाल विभाजन को पूरी तरह से अस्वीकार कर दिया था, लेकिन 42 वर्ष के बाद उन्हीं लोगों ने भारत के विभाजन को निस्तेज होकर स्वीकार कर लिया। इससे लेखकों में तीव्र कुंठा एवं नैतिक तथा बौद्धिक विभाजन की भावना उत्पन्न हो गई थी। इन सबसे बढ़कर आर्थिक असंतुलन, भ्रष्टाचार और राजनीतिक पाखंड ने लेखकों की व्यथा को मनोमालिन्य में परिवर्तित कर दिया था। साठ के दशक में सपनों और मूल्यों को रोमांटिक भावुकता माना जाने लगा। राजनीतिक एवं सामाजिक सत्ता, संस्थाओं और प्रतिष्ठानों के विरुद्ध विरोध उत्पन्न हुआ और प्रतिबंधक परंपराओं की अस्वीकृति अवश्यंभावी हो गई। इस अप्रतिरोध्य स्थिति ने युवा लेखकों में विद्वेष की भावना भर दी। उनमें कुंठा आई और उन्हें ऐसा लगा कि उनके साथ धोखा हुआ है। पचास के दशक में हुए प्रयोगों के साथ साहित्य में आनेवाली व्यक्तिवादी

प्रवृत्ति को उन्होंने त्याग दिया। अब उन्होंने व्यथा एवं संघर्ष को विषय बनाकर आवेश के साथ लिखना शुरू कर दिया। साहित्य दलितों और शोषितों के अधिक करीब आया। और तब सत्तर के दशक का नक्सलाइट आंदोलन आया और इसके साथ उत्तरआधुनिकता ने साहित्य के परिदृश्य में प्रवेश किया।

यह मात्र एक संयोग है कि पाश्चात्य साहित्य में आधुनिकता साठ के दशक में समाप्त होने लगी जब वियतनाम, वुडस्टॉक, शांति मार्च, जातिगत दंगे, प्रदर्शन एवं हिंसा का समय था। सन् 1968 तक न्यूनतमवाद (Minimalism), जो आधुनिकता की परंपरा में अंतिम शैली थी, पूरी तरह समाप्त हो गई। सन् 1989 में आंद्रे ब्रेतों के तीसरे मृत्यु-दिवस पर अनुयायियों के एक दल ने घोषणा की कि अतियथार्थवाद का ऐतिहासिक युग समाप्त हो चुका है हालांकि इसमें कुछ शाश्वत मूल्य थे। सन् 1970 में उत्तरआधुनिकता एक नया नारा बनकर सामने आया। प्रौद्योगिकी के बदले अब लोग परिस्थिति-विज्ञान (Ecology) एवं प्रकृति की ओर लौट चलने की बात करने लगे। विकास एवं तथ्यगत सत्य (Objective Truth) के बदले अब लोग सहकारिता की बात करने लगे और सत्य को जादुई यथार्थ की तरह व्याख्यायित करने लगे। यह नई प्रवृत्ति प्रयोगात्मक नहीं थी और न ही नए रूप (Form) बनाती थी। इसके बदले यह व्यक्तिगत विषय, जीवन से संबद्ध विषयों और व्यक्तिनिष्ठ यथार्थ (Subjective Fact) के मनोवैज्ञानिक एवं आख्यानक (Narrational) रूप पर बल देती थी। उत्तरआधुनिकता इस प्रत्ययवादी आधार वाक्य (Conceptualist Premise) से प्रारंभ हुआ कि कला सूचना है, जबकि इसकी आधुनिकतावादी शुष्कता का सदा विरोध होता रहा।[7]

भारतीय परिप्रेक्ष्य में उत्तरआधुनिकता मीडिया-संचालित एवं बाजार-निर्देशित तथ्यों की प्रतिक्रिया के रूप में सामने आया है—यह साठ के दशक की आधुनिकता के प्रति एक प्रतिक्रिया है जो एक विशेष जीवन-शैली एवं जीवन-दृष्टिकोण से जुड़ी हुई थी जो पश्चिमी विश्व में बहुत आम है और धीरे-धीरे पूर्वी एशिया और लातिनी अमेरिका के धनी समाज में आम होती जा रही है।[8]

यह यूरोप-केंद्रित आधुनिकता एवं अंतर्राष्ट्रीयतावाद—यानी कि वह प्रवृत्ति जो हर साहित्यिक कृति या प्रवृत्ति की किसी यूरोपीय या अमेरिकी रचना से तुलना करती है—को चुनौती देने के लिए उभरी हुई प्रवृत्ति थी। अब हम समझते हैं कि पश्चिम से आयात करके परिवर्तन नहीं लाया जा सकता है और न ही इस तरह हम आधुनिकता के क्षेत्र में प्रवेश कर सकते हैं। आधुनिकता के बीज हमें अपनी परंपराओं और अपने यथार्थ से निकालने होंगे। आर्थिक विकास, तकनीकी परिवर्तन एवं आधुनिकीकरण करने में हमारी असफलता को ठीक से समझना होगा। हमें कई ऐसे लेखक मिलते हैं जो अपनी जड़ की खोज के प्रयास में लगे होते हैं। ये आधुनिकता के पिछले कुछ दशकों के दौरान अस्पष्ट-से हो गए अनुभव-क्षेत्रों

को गहराई से समझने में लगे होते हैं। हिंदी के कवि रघुवीर सहाय इस स्थिति पर दुःख व्यक्त करते हैं। "क्या कविता समाज को बदल सकती है ? नहीं, जहां अत्यधिक कला है वहाँ कोई परिवर्तन नहीं हो सकता..."

भयातू शंकरन ने आलोचना पर अपनी मलयाली पुस्तक 'आधुनिकतायुद जीर्ण मुखम' (Adhunikatayude Jirna Mukham) में आधुनिकता के अपकर्ष की ओर हमारा ध्यान खींचा। अति आधुनिकता (Extreme Modernism) के एक युग के बाद अब लेखक सीधे शब्दों में अपना संदेश पहुंचाने के इच्छुक हैं। इस आधुनिकतावादी विचार पर प्रश्नचिह्न खड़ा हो गया कि कुछ भी जो साधारण हो स्वीकार नहीं किया जाना चाहिए। अब यह स्थापित हो गया कि साधारण पाठ (Text) बहुत जटिल पाठेतर (Extra Textual) संरचनाएं प्रस्तुत कर सकते हैं। कविता में लिखे गए सांस्कृतिक संदर्भों के अनेक अर्थ हो सकते हैं। वस्तुतः वर्तमान लेखक अपने सामाजिक-सांस्कृतिक अस्तित्व का पूर्ण अवलोकन प्रस्तुत करते हैं। बंगला समालोचना के गंगेयी पात्रो ग्रुप ने इसे 'संपूर्ण कविता' (Total Poetry) कहा है। उत्तरआधुनिकता ने ज्ञान की समस्याओं (Epistemological Problems) से सत्तामीमांसक समस्याओं (Ontological Problems) का महत्त्व बढ़ जाने की स्थिति को बड़ी नाटकीयता से सामने रखा है।[9] आधुनिकतावादी प्रश्नों, जैसे—"मैं कैसे इस विश्व की व्याख्या कर सकता हूं जिसका मैं भाग हूं ? और मेरा इस विश्व में क्या स्थान है" के बदले उत्तरआधुनिकता ने दूसरे प्रश्न उठाने शुरू किए जैसे "यह कौन-सा विश्व है ? इसमें क्या करना है ? कितने प्रकार के विश्व होते हैं ?"[10] मुख्य बात है स्व (Self) पर विश्व के सापेक्ष पूर्णता (Holistically) से एक नजर डालना। भारतीय मानस ने सदा ही निरंतरता के संदर्भ में परिवर्तन को समझा है। अतः भारतीय परिप्रेक्ष्य में सांस्कृतिक सत्यों की गहरी समझ और क्षणिक उपयोग की वस्तुओं का निर्माण करनेवाली प्रौद्योगिकी को चरम माननेवाली नई परंपरा में कोई अंतर नहीं था। वर्तमान भारतीय कविता में नगर की भावना के साथ-साथ, व्यंग्योक्ति, मिथकीय संदर्भों का संरचनात्मक प्रतीक के रूप में बारंबार प्रयोग, सामयिकता एवं शाश्वतता की समस्याओं की लगातार चर्चा भी मिलती है। अब उत्तरआधुनिकता के युग में स्वाभाविक बनने, भारतीय रहने, सामान्य जन के निकट आने और सामाजिक रूप से चेतन होने का प्रयास हो रहा है। वस्तुतः उत्तरआधुनिकता ने भारतीय होने की भावना जगा दी है। अब हमारे पास एक दलित साहित्य है जो एक समुदाय के उत्पीड़न (Anguish) को धोखा देता है और समाज में पिछड़े एवं जाति-निष्कासित लोगों के लिए न्यायपूर्ण एवं यथार्थवादी भविष्य सुनिश्चित करने की मांग करता है। अब लेखक इस विशाल देश के उपेक्षित क्षेत्रों के प्रति चिंता व्यक्त करते हैं और अपने जीवन-अनुभवों के बारे में लिखते हैं।

शहरी और ग्रामीण चेतना एवं भूत तथा वर्तमान की दिशाओं के बीच की खाई पाटने के लिए उत्तरआधुनिक साहित्यिक परिदृश्य में एक अलग प्रवृत्ति

दिखाई पड़ती है जो आधुनिक दशा को प्रस्तुत करने के लिए मिथक का प्रयोग है। इस बात को नकारा नहीं जा सकता है कि विश्व के अधिकतर लेखकों की क्रियात्मक संवदेनशीलता ने अपनी ऐतिहासिक समझ की मिथकीय उत्पत्ति को बनाए रखा। नतीजा यह है कि आधुनिक काल में ऐसी आलोचनात्मक भाषा विकसित हुई जो मानव अस्तिव की मिथकीयता की व्याख्या करती है। यह अब और भी अधिक आवश्यक हो गया है क्योंकि 'सत्य' एवं 'यथार्थ' जैसे शब्दों के अर्थ करने में समस्या आ गई है। वस्तुतः मिथकीय विचार निरंतरता एवं परिवर्तन के बीच की खाई पाटने के प्रयास हैं और इस तरह ये 'संपूर्ण कविता' (Total Poetry) को प्रामाणिकता प्रदान करते हैं।

लॉटमैन ने दो कोडों (Codes) का वर्णन किया है—(1) प्राथमिक प्रतिमान तंत्र (Primary Modelling System)—भाषाविज्ञानी कोड, (2) द्वितीयक प्रतिमान तंत्र (Secondary Modelling System)—साहित्यिक कोड।[11] ये कोड पाठ के संगठन में सहायक होते हैं। दाउ फोक्कमा (Douwe W. Fokkema) ने पाश्चात्य आधुनिकता एवं पाश्चात्य उत्तरआधुनिकता में अंतर स्पष्ट करने के लिए तीन और कोड बनाए—(1) सामान्य कोड (Generic Code), (2) काल कोड (Period Code) या समूह कोड (Group Code) और (3) लेखक की अपनी भाषा (Idiolect of the Author)।[12] अंजन सेन ने अपने शोध लेख 'उत्तरआधुनिक बंगला काव्य : यूरोप-केंद्रित आधुनिकता से भिन्नता' (Uttar Adhunik Bengali Poetry : A Departure from Euro-Centricist Modernism) में उत्तरआधुनिक बंगला काव्य की व्याख्या करने के लिए एक और कोड जोड़ा है—'सामाजिक सांस्कृतिक मिथकीय कोड'। अंजन सेन का कहना है कि 'उत्तरआधुनिक' के संगठन में इस कोड की महत्त्वपूर्ण भूमिका है। बंगला कविता में, जो भारत की सामाजिक-सांस्कृतिक-मिथकीय परंपरा से जुड़ी हुई है, मिथक अब कविता के पाठ के अर्थपूर्ण इकाई के रूप में स्वीकार कर लिए गए हैं।

तीस एवं चालीस के दशक में हमारी उम्र के लोग, जो उस समय युवा थे, इस बात पर गर्व करते थे कि बीसवीं शताब्दी 'आधुनिकता का अग्रदूत' है। यह प्रौद्योगिकी पर आधारित आधुनिकता थी जिसने अंततः हमें उपभोक्ता बना दिया और गंभीर एवं लोकप्रिय साहित्य के बीच एक खाई बना दी। भारतीय संदर्भ में उच्चवर्गीय (शास्त्राचार) एवं लोक (लोकाचार) में कोई अंतर नहीं है। लोकाचार, शास्त्राचार का विलोम नहीं है बल्कि भारतीय संदर्भ में ये एक-दूसरे के पूरक हैं। लौकिक तत्त्व पूरी तरह से उत्तरआधुनिक साहित्य का अंग है। वस्तुतः संस्कृवि लौकिक एवं दुनिया भर के उत्तरआधुनिक साहित्य का अत्यंत महत्त्वपूर्ण अंग है। फ्रेडेरिक जेमसन (Frederic Jameson) की किताब का नाम है—Post-Modernism or The Cultural Logic of Late Capitalism। उत्तरआधुनिकता के अधिकतर

विचारकों ने उत्तरआधुनिकता को 'सांस्कृतिक रूप से प्रभावशाली, उदारमानवतावादी संस्कृति' (Cultural Dominant, Liberal Humanist Culture) की तरह देखा है। हर प्रकार की संस्कृति कोडों की अत्यंत गूढ़ श्रेणी का प्रतिनिधित्व करती है। अर्थगत गतिशीलता (Semantic Mobility) सांस्कृतिक पाठों का महत्त्वपूर्ण गुण है।[13] उत्तरआधुनिकता अंतः-सांस्कृतिक (Inner-Cultural) यानी शास्त्राचार एवं लोकाचार तथा अंतर-सांस्कृतिक (Inter-Cultural), यानी भारत की गंगा-जमुनी संस्कृति, संबंधों का मिश्रण है। अतः अंतरपाठ (Intertextuality) इसका महत्त्वपूर्ण तत्त्व है। यह अंतरपाठ केवल साहित्यिक पाठ से ही नहीं बल्कि अन्य कला माध्यमों, जैसे—संगीत, चित्रकारी, मूर्तिकला, नाटक और फिल्म—से भी संबद्ध है। भाषा, यानी इन कलात्मक रचनाओं की संकेत पद्धतियां (Sign Systems) उत्तरआधुनिक साहित्य में उपस्थित हैं।[14]

उत्तरआधुनिक युग में लेखक अपने उत्तराधिकार, गूढ़ता और अद्वितीयता के प्रति सजग हैं। बिना किसी चेतन प्रयास के उनकी रचनाएं परंपरा एवं वास्तविक स्थिति प्रदर्शित करती हैं। अब वे अपनी आख्यानक-योजनाओं में नए प्रयोग करते हैं और अब वे यथार्थवाद से कम तथा फंतासी एवं विस्मय (Fabulous) जैसी निरनुकारी (Non-Mimetic) साहित्यिक विधाओं से अधिक संबद्ध दीख पड़ते हैं। अब वे ऐसी मिथकीय एवं भारतीय परिस्थितियों का प्रयोग करते हैं जो उन्हें आज के यथार्थ को बृहत्तर आयाम देने में मदद करती हैं और इस तरह उनमें अधिक सांस्कृतिक विश्वास आता है। किंतु चिंता का विषय यह है कि 80 के दशक के भारतीय लेखकों ने राष्ट्रीय निर्णय-प्रक्रिया के केंद्र से अपने-आपको अधिक दूर कर लिया। स्वतंत्रता-पूर्व के भारतीय लेखक व्यक्ति एवं समूह दोनों रूपों में क्रियाशील नेतृत्व की भूमिका में उपस्थित होते थे। किंतु स्वातंत्र्योत्तर युग में, और विशेषतः उत्तरआधुनिक युग में, आधुनिकता की प्रक्रिया और मुख्यतः आर्थिक/औद्योगिक तथा बल एवं पैसेवाली राजनीतिक परिस्थितियों में, व्यक्तिगत लेखकों के लिए समाज का नेतृत्व करने की संभावना क्षीण है। निष्कर्षतः लेखक अधिकतर बिना किसी वचनबद्धता के, शक्तिहीन एवं राजनीतिक रूप से अप्रासंगिक हो गए हैं। आज की स्थिति में लेखकों के लिए यह असंभव हो गया है कि वे अपने-आपको किसी सामूहिक प्रक्रिया एवं किसी प्रकार की लामबंदी (Mobilization) के प्रति वचनबद्ध कर सकें। हम केवल ऐसी आशा करते हैं कि इस शताब्दी के अंत तक लेखकगण अपने-आपको अपनी स्थिति में पुनः प्रतिष्ठापित कर सकेंगे और स्वतंत्रता एवं मानव गरिमा सभी अच्छी साहित्यिक रचनाओं में मुख्य चिंता का विषय होगी।

REFERENCES :

1. J.A. Cuddon (ed.), **A Dictionary of Literary Terms** (1979), p. 339.

2. This term Uttar Adhunikata was first used by Amitabha Gupta in 'Janapada'.
3. Niharranjan Ray, Inaugural Address, 'Modernity and Contemporary Indian Literature' (1968), p. 7
4. ibid. p. 6
5. Sieir Kumar Das, **A History of Indian Literature,** Vol. VIII (1991), p. 320.
6. Carla M. Borden and B.V. Joshi (ed.), **Contemporary Indian Tradition** (1989), p. 338.
7. Kim Levin, 'Farewell to Modernism', **Arts Magazinc** (1979).
8. M. Calinesuc and Douwe Fokkema (ed.), **Exploring Post-Modernism** (1987), p. 234.
9. A similar idea is given by Brian McHale in his book **Post Modernist Fiction** (1987), p. 10.
10. Dick Higgins has raised hrese question in his A Dialectic of Centuries (1978).
11. Jurij M. Lotman, **The Structure of the Artistic Text** (1977).
12. Douwe W. Fokkema, 'Literary History from an International Point of View', **Literary History, Modernism and Post-Modernism** (1984).
13. Jurij M. Lotman, 'Problems in the Typology of Culture', **Soviet Semiotics,** ed. D.P. Lucid, (1977).
14. Anjan Sen, 'Uttar Adhunik Bengali Poetry : A Departure from Euro-Centricist Modernism'.

उत्तरआधुनिक विश्व में एक समाजशास्त्री की यात्रा

❑ अभिजित पाठक

एक व्यक्तिगत विचार

मैं उत्तरआधुनिकता के बारे में इसलिए नहीं लिख रहा हूं कि मेरे बहुत सारे सहकर्मी इस विषय पर लिख रहे हैं। उत्तरआधुनिकता मेरे लिए कोई ऐसा हथियार भी नहीं है जिसकी आवश्यकता मुझे विशिष्ट 'एकेडेमिक सर्किट' में अपनी जगह बनाने के लिए हो। मैं जो जीवन जी रहा हूं उसकी आशाएं एवं इच्छाएं, उसकी दुविधाएं एवं चिंताएं, मेरे लिए उन पुस्तकों से अधिक सच हैं जिन्हें मैं पढ़ता हूं। मैं अपने जीवन के अनुभवों से पुस्तकों की दुनिया में आया हूं, न कि इसका उल्टा।

वे कौन से अनुभव हैं जिनके बारे में मैं कह रहा हूं ? अब जैसे, मुझे यह मान लेने के लिए कहा गया है कि यह एक 'आधुनिक' दुनिया है और मुझे यह अवश्य सीख लेना चाहिए कि इस 'आधुनिक' दुनिया में कैसे रहा जाए। और अपने दैनिक जीवन-जगत के शब्दकोश से मैंने सीखा है कि आधुनिक बनने का अर्थ है कि विज्ञान को दुनिया को समझने का सर्वाधिक मान्य (Legitimate) स्रोत मान लेना। यह हर जगह विज्ञान का गुणगान करने जैसा है—जैसे वैज्ञानिक राजनीति, वैज्ञानिक प्रबंध, वैज्ञानिक समाजवाद, वैज्ञानिक शिक्षा, बच्चों के पालन-पोषण की वैज्ञानिक पद्धति। जानने या जीने का कोई भी दूसरा रूप मात्र एक काल्पनिक कथा, एक आख्यान है जिसे वस्तुनिष्ठ/सार्वभौमिक सत्य की तरह का महत्त्व नहीं मिल सकता है।

मैंने यह भी सीखा है कि आधुनिक बनने का अर्थ रैखिक/संचयित (Linear/Cumulative) विकास के सिद्धांत में असीम विश्वास रखना है। प्रौद्योगिकी विकास को संभव बनाती है। प्रौद्योगिकी मुक्ति देती है। मैंने सीखा है कि आधुनिक होने का अर्थ जीने के वैज्ञानिक/औद्योगिक जीवन-यापन की एकरूप/सार्वभौमिक संस्कृति को स्वीकार करना है। दूसरे शब्दों में, आधुनिक होने का अर्थ पारंपरिक, सांस्कृतिक, धार्मिक और प्रजातीय समुदायों के बीच के अंतर को समाप्त कर देना है। यही

विश्व-स्तर पर सोचने जैसा है जहां स्थानीय ज्ञान-पद्धतियां अप्रासंगिक हो जाती हैं।

मैं इस आधुनिक विश्व में रहता हूं। मैं इससे सीखें लेता हूं। आधुनिकता से अपना सामंजस्य बैठाता हूं। फिर भी, मुझे ऐसा अनुभव होने लगा है कि आधुनिकता में सब कुछ अच्छा ही नहीं है। विज्ञान मुझे अनिश्चितताएं और बेचैनियां देता है। इसकी निस्पृह वस्तुनिष्ठता, मूल्य-निरपेक्षता एवं अवैयक्तिकता में भयानक हिंसा निहित है। यह हिंसा प्रकृति के प्रौद्योगिकीय दोहन, विश्व के उपनिवेशीकरण और आधुनिक/वैज्ञानिक युद्ध के रूप में व्यक्त होती है। चूंकि बर्बरता सभी जगह है, रेखीय/संचयित विकास के बारे में निश्चित होना आसान नहीं है। मुझे यह अहसास भी होने लगा है कि इस तथाकथित विश्वजनीन/सार्वभौमिक ज्ञान-पद्धति ने हर दूसरी सांस्कृतिक परंपराओं एवं ज्ञान-पद्धतियों की समृद्धि को अहमियत नहीं दी। इससे हमारी स्थिति दुःखद हुई है।

फिर जब मैं विभिन्न आंदोलनों को देखता हूं—जैसे स्थानीय लोगों का बाहर से आए लोगों के विरुद्ध आंदोलन, सांस्कृतिक आक्रमण के विरुद्ध प्रजातीय आंदोलन, विकास में निहित हिंसा के विरुद्ध पर्यावरण आंदोलन—तो मुझे ऐसा लगता है कि आधुनिकता की महान महत्त्वाकांक्षाओं की सीमाएं हैं। इस दुनिया की जीवन-कला ही आधुनिकता के वायदों के प्रति मेरे मन में संदेह उत्पन्न करती है। मैं धीरे-धीरे विविधता, बहुलता एवं विषमता के प्रति अधिक संवदेशील होता जा रहा हूं।

जीवन की किताब सें सीखी इस आलोचनात्मकता के साथ मैं पुस्तक पढ़ना शुरू करता हूं। और तब मैं उत्तरआधुनिकतावादियों के बारे में जानकारी प्राप्त करता हूं। किंतु इससे पहले कि मैं उत्तरआधुनिकता पर कुछ लिखूं, मैं समाजशास्त्र पर कुछ लिखना चाहूंगा क्योंकि यह वह विषय है जिससे मैं अन्य विषयों की तुलना में अधिक परिचित हूं।

समाजशास्त्र एवं आधुनिकता

समाजशास्त्र ने आधुनिक विश्व के साथ अपना संबंध बनाने में मेरी बहुत मदद की है क्योंकि औपचारिक अकादमीय विषय के रूप में समाजशास्त्र का जन्म आधुनिकीकरण की प्रक्रिया से गहरे जुड़ा है। इसका जन्म आधुनिक पश्चिमी समाज के विशिष्ट संकट के प्रति बौद्धिक प्रतिक्रिया के फलस्वरूप हुआ है। यह संकट मध्यकालीन एकता एवं इसाई एकछत्रता के विखंडन्न के साथ प्रारंभ हुआ। संभवतः इस संकट को या इस नए युग के प्रारंभ को बिना 'प्रबोधन युग' (Enlighten-ment) को समझे नहीं समझा जा सकता है। 'प्रबोधन युग' के विचारों का प्रारंभ सोलहवीं-सतरहवीं शताब्दी के बैकन, हॉब्स एवं लॉक की कृतियों में ही देखा जा

सकता है। किंतु यूरोपीय प्रबोध की अभिव्यक्ति अठारहवीं शताब्दी के मध्य में मौंटेस्क्यू, वोल्टेयर, डेविड ह्यूम, रूसो, कांट एवं एडम स्मिथ की कृतियों में होती है। यह एक नए युगबोध का प्रारंभ था—एक ऐसा युगबोध जो तर्क, अनुभववाद (Empiricism), विज्ञान, विकास, धर्मनिरपेक्षता एवं विश्ववाद (Universalism) पर आधारित था। दूसरे शब्दों में, विज्ञान की सफलता के प्रति लोग बहुत आशावादी थे। वोल्टेयर, जो प्रबोधन युग का एक महत्त्वपूर्ण लेखक था, ने न्यूटन को एक नए आदर्श हीरो के रूप में प्रस्तुत किया। कांट ने इस युग को 'तर्क की ज्योति' (Light of Reason) कहा क्योंकि यह अंधविश्वास एवं अज्ञान की गहरी निद्रा से समाज को जगाने की सामान्य प्रक्रिया थी।

यह आश्चर्य की बात नहीं है कि समाजशास्त्र प्रबोधन की प्रक्रिया से अछूता नहीं रहा। सेंट-साइमन (Saint-Simon) ने समाज के अध्ययन के लिए एक नए विज्ञान—सामाजिक शरीरविज्ञान (Social Physiology)—की आवश्यकता महसूस की। उन्होंने बदलते हुए विश्व को अर्थपूर्ण बनाने के लिए 'न्यूटन के धर्म' को प्रस्तावित किया। इसी तरह समाजशास्त्र के पिता ऑगस्त कॉम्ट (Auguste Comte) ने प्रत्यक्षवाद (Positivism) की बात कही। प्रत्यक्षवाद प्रबोधन युग के उस महान आशावाद पर टिका था जिसकी धर्मशास्त्रीय (Theology) तथा तत्त्वमीमांसीय उलझनों से मनुष्य को मुक्त करने संबंधी विज्ञान की क्षमता में असीम आस्था थी। इस फ्रांसीसी समाजशास्त्री ने कहा कि "प्रत्यक्षवादी दर्शन की मूल विशेषता सभी घटनाओं को अपरिवर्तनीय प्राकृतिक नियमों के परिप्रेक्ष्य में देखना है।" कॉट के अनुसार समाजशास्त्र को अवलोकन, प्रयोग, विश्लेषण एवं निर्धारण की वैज्ञानिक प्रणाली को बहुत महत्त्व देना चाहिए।

विज्ञान एवं समाजशास्त्र के इस निकट संबंध को प्रतिष्ठित समाजशास्त्र (Classical Sociology) में भी देखा जा सकता है। एमिल दुर्खाइम वस्तुतः फ्रांसीसी प्रत्यक्षवादी परंपरा से ही आते थे। आधुनिक विज्ञान की दो महान विभूतियों—बैकन एवं देकार्त से वे बहुत प्रभावित थे। उनका विचार था कि समाजशास्त्री को समाज की घटनाओं का वस्तु रूप में अध्ययन करते समय अपने सभी पूर्वाग्रहों से मुक्त होना चाहिए। अपनी इस वैज्ञानिक प्रणाली की मदद से दुर्खाइम ने आधुनिक विश्व को—श्रम के विभाजन की जटिलता को या 'यांत्रिक' एकात्मकता (Mechanical Solidarity) से 'जैविक' एकात्मकता (Organic Solidarity) के विकास को समझने का प्रयास किया। जर्मन समाजशास्त्री मैक्स वेबर प्रत्यक्षवादी नहीं थे। फिर भी उन्होंने हमें सिखाया कि आधुनिक विश्व में जीवन के प्रत्येक क्षेत्र में बढ़ती हुई तार्किकीकरण (Rationalization) एवं पारंपरिक व धार्मिक सत्ताओं की अवनति को कैसे समझा जाए। कार्ल मार्क्स भी विज्ञान के बहुत बड़े प्रशंसक थे। बैकन की तरह उन्होंने भी व्यक्ति के दिग्भ्रम (Idols of Mind) को समाप्त करने का

प्रयास किया। यथार्थ को विकृत और असत्य बनानेवाली सिद्धांतवादिता के विरुद्ध उन्होंने ऐतिहासिक भौतिकवाद का विज्ञान स्थापित किया। पुनः समाज के विकास के इन मार्क्सवादी सिद्धांतों की एकरैखिकता की मान्यता में प्रबोधन-युगीन आशावादिता ही दीख पड़ती है। दूसरे शब्दों में, कॉम्ट से मार्क्स तक की समाजशास्त्रीय परंपरा में आधुनिकता एवं विज्ञान के बारे में ही मैंने अधिक-से-अधिक सीखा है। मैंने विज्ञान के वैधीकरण (Legitimisation) की कहानी भी सीखी है जो उसे ज्ञान का सर्वाधिक सही रूप बनाती है।

इन सबों के बावजूद यह कहना गलत होगा कि जो समाजशास्त्र मैंने सीखा है वह मात्र आधुनिकता का गुणगान है। वस्तुतः समाजशास्त्र ने मुझे आधुनिकता में व्याप्त असंतोषों को भी देखना सिखाया है। उदाहरण के लिए प्रत्यक्षवाद (Positivism) एवं प्रबोधन-विज्ञान (Enlightenment Science) के समर्थक कॉम्ट आधुनिकता के फलस्वरूप उत्पन्न होनेवाली उस अतिव्यक्तिवादिता की कठोर आलोचना भी करते थे जो उन्होंने फ्रांसीसी क्रांति के उत्तरवर्त्ती युग में फ्रांस में देखी थी। यह आश्चर्य की बात नहीं है कि वे 'समुदायों की पुनर्स्थापना' (Restoration of Communities) का समर्थन करते थे। दुर्खाइम ने औद्योगिक समाज में बढ़ती हुई अव्यवस्था (Normlessness) एवं विशृंखलता (Anomie) देखी। वेबर ने मोहभंग की प्रक्रिया तथा आस्था एवं अर्थपूर्णता के संकट को देखा था। वेबर के 'लौह पिंजड़े' (Iron Cage) के रूप में आधुनिकता की समझ में एक तरह की निराशावादिता देखी जा सकती है। मार्क्स ने पृथकीकरण (Alienation) के बारे में बहुत क्षुब्ध होकर लिखा कि कैसे पूंजीवाद (एवं निजी संपत्ति) मानव संबंधों को विकृत करता है, मनुष्य को अपनी रचनात्मकता एवं कार्य के आनंद से वंचित करता है तथा कैसे प्रकृति, स्त्री, समुदाय तथा संपूर्ण विश्व से उसके संबंधों को बिगाड़ता है। रॉबर्ट निस्बत ने इस पूरी स्थिति को 'समाजशास्त्र का विरोधाभास' (Paradox of Sociology) माना है। समाजशास्त्र आधुनिकता की रचना थी और इसका विज्ञान आधुनिकता का विज्ञान। साथ ही, यह आधुनिकता में व्याप्त असंतोषों के प्रति उदासीन नहीं था।

वस्तुतः समकालीन समाजशास्त्र पढ़ने से इन असंतोषों के बारे में हमारी जानकारी बढ़ती है। यह ध्यान देने की बात है कि प्रत्यक्षवाद (Positivism) की बौद्धिक (Cognitive) प्रतिष्ठा तेजी से कम होती जा रही है। इसका अर्थ है कि विज्ञान को ज्ञान का सर्वाधिक वैध रूप मानने पर संदेह करनेवाले समाजशास्त्रियों की संख्या बढ़ती जा रही है। वे समाजशास्त्र में 'वैज्ञानिक प्रणाली' की उपयुक्तता के प्रति संदेह व्यक्त करते हैं। उदाहरण के लिए कार्ल मान्हाइम के ज्ञान के समाजशास्त्र से हमने सीखा है कि समाजशास्त्रीय ज्ञान वस्तुनिष्ठ व विश्वव्यापी न होकर निश्चित रूप से संदर्भात्मक एवं संबंधात्मक होता है। पीटर फिंक से लेकर

गारफिन्कल तक के अर्थप्रतिपादक (Interpretative) समाजशास्त्रियों से हमने सीखा है कि जीवन के विविध रूप (Form of Living) होते हैं और ऐसी कोई विश्वव्यापी वस्तुनिष्ठ तार्किकता नहीं होती है जिनसे इन रूपों की व्याख्या की जा सके। पर्यवेक्षक की 'संदर्भ-मुक्त' तार्किकता के संदर्भ में समाज की 'व्याख्या' करने की बजाय यहां यह समझना अधिक आवश्यक है कि कैसे लोग विश्व की समझ विकसित करते हैं और वे कैसे अपनी क्रियाओं को और ज्ञान के सम्मिलित भंडार को अर्थ प्रदान करते हैं। व्याख्या करने से समझने तक, विश्वव्यापकता से विशिष्टता तक, 'संदर्भ-मुक्त' तार्किकता से संदर्भात्मकता तक का यह परिवर्तन वस्तुतः प्रत्यक्षवाद एवं विज्ञान को ज्ञान का सर्वाधिक वैध रूप मानने की मान्यता के प्रति चुनौती है। तार्किक दृष्टि से इसका अर्थ यह है कि जीवन एवं संस्कृति के आधुनिक पश्चिमी एवं औद्योगिक स्वरूप की श्रेष्ठता के प्रति हमारे मन में संदेह है। मार्क्स, फ्रॉयड तथा वेबर के साथ अपने सतत् संवाद के द्वारा आलोचनात्मक सिद्धांतवादियों (Critical Theorists) ने आधुनिकता के वास्तविक स्वरूप को दिखाने की प्रक्रिया में काफी योगदान किया है। उन्होंने हमें बताया कि प्रत्यक्षवाद तर्क को मुक्त नहीं करता है। तर्क यहां मात्र 'यांत्रिक' बनकर रह जाता है—जिसका एकमात्र लक्ष्य मनुष्य एवं प्रकृति पर प्रभुत्व बनाए रखना है। विज्ञान मात्र एक ऐसी विचारधारा है जिसका विकास सैन्य-औद्योगिक संरचना (Military-Industrial Structure) के हित-साधन हेतु किया गया है। संस्कृति एक ऐसा उद्योग है जो लोगों की आलोचनात्मकता समाप्त करता है और ऐसे मॉडल तथा रूढ़िबद्ध धारणाएं (Stereotypes) बनाता है जिनका अंधानुकरण. किया जाए। अडोर्नो से होर्खाइमर और मार्क्यूज तक यह संदेश स्पष्ट रूप से सामने आता रहा है कि बर्बरता से आधुनिकता का अपवित्र संबंध स्थापित है और इससे प्रबोधन युग की परियोजना के प्रति मोहभंग हुआ है।

क्या यह अनिश्चितता एवं सापेक्षता का प्रारंभ है ?

उभरता हुआ सामाजिक-बौद्धिक परिवेश

वस्तुतः सन् 1960 एवं सन् 1970 के दशक समाज-विज्ञान के अर्थ के ऊपर हो रहे वाद-विवाद के लिए बहुत महत्त्वपूर्ण हैं। चाहे भाष्यविज्ञान (Hermeneutics) हो या सामान्य भाषा-दर्शन (Language philosophy) हो या उत्तरसंरचनावाद (Post -Structuralism) हो, प्रत्यक्षवाद की आलोचना हर जगह मिलती है। यह वह काल था जब समाज-विज्ञान के आधारभूत लक्ष्यों पर बहुत प्रश्न उठाए जा रहे थे।

यदि हम इतिहास को ध्यान से देखें तो आधुनिकता की आलोचना को समझ सकते हैं। जैसा कि जिगमंट बाउमैन (Zygmunt Bauman) ने कहा कि सबसे पहले हमें वर्चस्व की अंतर्राष्ट्रीय संरचना धीरे-धीरे टूटती दीख पड़ती है। गैर-पश्चिम पर

पश्चिम की प्रभुता लगभग तीन शताब्दियों से स्वतः प्रमाणित रही। जैसा कि बाउमैन ने कहा कि प्रबोधन काल एक ऐसी निश्चितता का युग था जब 'पश्चिम' ने विश्व को 'सभ्य' बनाने का प्रयास किया। अब कहा जा रहा है कि निश्चितता का यह युग समाप्त हो गया है। 'सभ्य' बनाने की इस प्रक्रिया में जो हिंसा और बर्बरता निहित रही उसे दोनों विश्व-युद्धों ने भी बहुत स्पष्ट रूप से दिखाया। यह प्रमाणित हो गया कि निश्चित रूप से पश्चिमी सभ्यता की श्रेष्ठता मान लेने का कोई कारण नहीं है। साथ ही, उपनिवेशवादिता को समाप्त करने के लिए हो रहे आंदोलनों ने गैर-पश्चिमी विश्व को अपनी सांस्कृतिक अस्मिता के प्रति जागरूक बनाया और उसमें यह विश्वास जगाया कि वह पश्चिम के एकालाप (Monologue) को चुनौती दे सके।

एक और महत्त्वपूर्ण बात है। पश्चिमी विश्व में स्वयं ही बहुत बड़ा परिवर्तन आया है। इस परिवर्तन का कारण संचार एवं सूचना की सतत विकसित होती हुई तकनीकें हैं। वस्तुतः यह सूचना एवं संकेतों (Information and Signs) का युग है। इस नए युग ने आधुनिकता की मूल धारणा जो कि उच्च संस्कृति और निम्न संस्कृति में अंतर करने की प्रक्रिया है, को एक चुनौती दी है। यह कहना गलत नहीं होगा कि पूरे आधुनिकता युग के दौरान सौंदर्यशास्त्रियों ने नैतिक शिक्षकों की तरह व्यवहार किया है। उन्होंने अनिश्चित को निश्चित बनाने का, निर्णय लेने का, आधिकारिक निर्णय देने का, यथार्थ को रूढ़ परिभाषा में कोटिबद्ध करने का काम किया। जब एक ऐसा मजबूत मध्यवर्ग उभर रहा है जो न तो परिस्थितियों से अनभिज्ञ है और न ही उच्च वर्ग के समान शिक्षित है, ऐसी बदली हुई परिस्थितियों में 'निर्णयों के श्रेणीबद्ध क्रम' (Hierarchy of Judgement) के अस्तित्व को चुनौतियां मिलने लगी हैं। वस्तुतः उपभोक्ता संस्कृति के संदर्भ में शक्ति का एक केंद्र नहीं हो सकता है। सौंदर्यशास्त्रियों ने अपनी पहले जैसी शक्ति खो दी है। किंतु अधिक महत्त्वपूर्ण बात यह है कि 'संकेतों और मीडिया प्रदर्शनों' के इस युग में यथार्थ विश्व की हमारी पहुंच समाप्त हो गई है। यह उच्च संस्कृति एवं निम्न संस्कृति, प्रतीति एवं यथार्थ (Appearance and Reality) के बीच हर सीमाओं एवं अंतरों का 'अंतःस्फोट' (Implosion) है। संकेतों तथा कूटों (Codes) के प्रवाह के बाहर कुछ भी नहीं है। यदि ज्यां बॉद्रियार (Jean Baudrillard) के शब्दों में कहें तो यह एक उच्च यथार्थ (Hyper-real) विश्व है जिसमें चारित्रिक एवं सौंदर्यशास्त्रीय निर्णयों के लिए निश्चित मापदंड नहीं है। यहां निश्चयवाद समाप्त होता है और अनिश्चयवाद प्रारंभ होता है।

ऐसा कहा जाता है कि अंततः समाजवाद की समाप्ति से आधुनिकता की परियोजना को गहरा सदमा पहुंचा है क्योंकि समाजवादी समाज (जो श्रमपूर्वक योजनाबद्ध, तार्किक दृष्टि से प्रबंधित एवं पूर्णतः उद्योगीकृत है) की दृष्टि में ही

उन्नीसवीं सदी का 'आधुनिक आधिक्य का वाष्प एवं लौह आदर्श' निहित है। अपने पूरे इतिहास में समाजवाद आधुनिकता का सबसे बड़ा समर्थक रहा है। अतः समाजवाद की समाप्ति का अर्थ है पूर्ण व्यवस्था (Total Order) की समाप्ति। यह उस 'शल्यचिकित्सकीय' स्थिति की समाप्ति है जो सभी स्थानीय विशेषताओं को एकीकृत करने तथा समरूप सामंजस्य के सिद्धांत में तब्दील करने के विचार से बनाई गई है।

अब तक हमने जिन बातों पर विचार किया है वे यह संकेत करती हैं कि वर्तमान सामाजिक-बौद्धिक परिस्थिति आधुनिकता के लिए बहुत अच्छी नहीं है। वर्तमान परिस्थिति में ज्ञान की निश्चितता एवं प्रबोधन की परियोजना को वह महत्त्व नहीं मिल सकता है जो आधुनिकता में उसे मिलता है। और यह आश्चर्य की बात नहीं है कि इस अनिश्चितता, विविधता, विशिष्टता, सापेक्षता एवं अव्यवस्था के काल में उत्तरआधुनिकतावादियों ने अपनी उपस्थिति का अहसास दिलाना शुरू कर दिया है।

उत्तरआधुनिकता की दुनिया

अब यह स्पष्ट हो गया है कि उत्तरआधुनिकतावादियों ने प्रबोधन युग की परियोजना को अलविदा कह दिया है। विज्ञान को विचारधारा (Ideology), व्यक्तिगत आस्थाओं, त्रुटियों एवं विकारों से जिस तरह आधुनिकता अलग करती है उसे उत्तरआधुनिकतावादी स्वीकार नहीं करते हैं। प्रबोधन परियोजना (Enlightenment Project) की एक महत्त्वपूर्ण विशेषता है कि यह विज्ञान को पूर्णतः वस्तुनिष्ठ एवं सार्वभौमिक ज्ञान मानता है। ऐसा माना जाता है कि विज्ञान की प्रकृति आख्यानों (Narratives) के बिल्कुल विपरीत है क्योंकि आख्यान मात्र कहानियां या काल्पनिक कथाएं हैं जिनकी रचना हम अपने जीवन को अर्थ एवं महत्त्व प्रदान करने के लिए करते हैं। ऐसा कहा जाता है कि आख्यान हमें वास्तविक ज्ञान नहीं प्रदान करते बल्कि हमें केवल अस्तित्ववादी या वैचारिक आनंद प्रदान करते हैं। वस्तुनिष्ठ एवं सार्वजनीन होने के बजाय आख्यान स्थानीय, व्यक्तिगत एवं सामाजिक संदर्भों में निहित होते हैं। वास्तविक ज्ञान की खोज का अर्थ है आख्यानों की दुनिया से निकल जाना—बैकन से देकार्त और कौंत से मार्क्स तक के सभी विचारकों ने हमें यह पाठ पढ़ाया है।

किंतु उत्तरआधुनिकता के महान विचारक ल्योतार ने तर्क किया है कि विज्ञान और आख्यान का यह विरोध अर्थहीन है क्योंकि विज्ञान अपने-आप में एक प्रकार का आख्यान है। वस्तुतः विज्ञान को उच्चस्तर के कथानकों द्वारा वैधता मिलती है। ल्योतार ने तीन ऐसे महाआख्यानों (Meta Narratives) के बारे में बताया है जो विज्ञान को वैधता प्रदान करते हैं। इनमें से पहला है धन की प्राप्ति। इसका अर्थ है कि विज्ञान की वैधता इस बात से है कि वह उन्नति का मार्ग प्रशस्त

करता है और प्रौद्योगिकी एवं वाणिज्य के विकास में सहायक होता है। दूसरा, विज्ञान 'मुक्ति कर्त्ता' है। इसका अर्थ है कि विज्ञान शोषण एवं श्रम से मनुष्य को मुक्त करता है या उसे ऐसा करना चाहिए। इस संदर्भ में मार्क्सवाद एवं विज्ञान से इसकी निकटता की कल्पना कर सकते हैं। तीसरा, मानस का द्वंद्व (Dialectics of Spirit) है। इसका अर्थ है कि विज्ञान विचारों की मुक्ति एवं विकास के द्वार खोलता है।

अतः विज्ञान महाआख्यानों पर निर्भर करता है। और किसी भी महाआख्यान को वस्तुनिष्ठता के साथ न तो प्रमाणित किया जा सकता है और न ही काटा जा सकता है। वस्तुनिष्ठता एवं मूल्यनिरपेक्षता जैसा कुछ नहीं होता है। कोई भी महाआख्यान अंतर्निहित रूप से दूसरे से अच्छा नहीं होता है। इसलिए ल्योतार तर्क करता है कि महाआख्यानों को त्यागकर अनिश्चितता एवं सापेक्षता की उत्तरआंधुनिक परिस्थिति को स्वीकार कर लिया जाए।

एक अन्य महान फ्रेंच विचारक मिशेल फूको ने भी हमें उत्तरआधुनिकता की ओर अग्रसर किया। फूको से हमें यह सीखने को मिलता है कि प्रबोधन युग की विश्वजनीनता (Enlightenment Universalism) से कैसे व्यक्तिनिष्ठता (Subjectivity) का दमन होता है। और कैसे चिकित्सक, मनोचिकित्सक, वकील आदि तर्क का दुरुपयोग करते हैं जिससे 'आधुनिक दासता' का जन्म होता है। दूसरे शब्दों में, फूको ने विशुद्ध वस्तुनिष्ठ वैज्ञानिक सत्य के विचार को खोखला साबित कर दिया। उन्होंने ज्ञान एवं शक्ति में पूर्ण तादात्म्य देखा। फूको का कहना है कि सत्य शक्ति की परिधि से बाहर नहीं है। हर समाज में सत्य की अपनी एक व्यवस्था है, अपनी एक सामान्य नीति है।

अब हम यह समझने का प्रयास करें कि शक्ति के संबंध में फूको के क्या विचार हैं। वे शक्ति को न्याय के अर्थ में ही यानी संविधान, प्रभुसत्ता आदि के संदर्भ में देखने को तैयार नहीं थे। और, न ही वे शक्ति को राजशक्ति के रूप में देखते थे। एक सच्चे उत्तरआधुनिकतावादी की तरह फूको की रुचि शक्ति के वास्तविक उपयोग की विशेषताओं एवं तरीकों के विशेष अध्ययन में है। उदाहरण के लिए, फूको के अनुसार शक्ति को कोई भी अधिसिद्धांत (Meta Theory), चाहे वह वामपंथी हो या दक्षिणपंथी, मनोचिकित्सा में तथा दंड देनेवाले संस्थानों में लोगों पर होनेवाले शक्ति के उपयोग की व्याख्या नहीं कर सकता है। शक्ति के संबंध राज्य की सीमा के बाहर तक जाते हैं। फूको के अनुसार राज्य शक्ति संबंधों की पूरी श्रेणी के सापेक्ष एक अधिसंरचना (Superstructure) है। इस श्रेणी में देह, कामवासना तथा परिवार एवं रक्तसंबंध, ज्ञान और प्रौद्योगिकी शामिल हैं।

यह आश्चर्य की बात नहीं है कि वैसी 'गैरराजनीतिक राजनीति' में फूको की गहरी रुचि थी जिसे वर्गभेद या अर्थशास्त्र के अनुसार नहीं समझा जा सकता है। मानसिक संतुलन, पागलपन, व्याधि, अपराध तथा कामवासना इस तरह की

'गैरराजनीतिक राजनीति' (Unpolitical Politics) के उदाहरण हैं। कई तरह के शक्ति संबंध हैं जिन्हें समझना मुश्किल है जैसे स्त्री पर पुरुष का प्रभुत्व, बच्चों पर माता-पिता का प्रभुत्व, मानसिक रोगियों पर मनोचिकित्सा का प्रभुत्व, लोगों पर दवा का या फिर लोगों की जीवन-शैली पर प्रशासन का प्रभुत्व। फूको के अनुसार इस तरह के 'अवर्ग संघर्ष' (Non-class struggle) को विश्वस्तरीय राजनीतिक आंदोलनों एवं तरकीबों के नाम पर अनदेखा नहीं किया जा सकता है क्योंकि एक विश्वस्तरीय सिद्धांत क्षेत्रीय नेतृत्व को पंगु बना देता है। इसी आधार पर फूको द्वारा मार्क्सवाद की आलोचना भी समझी जा सकती है। उनके अनुसार मार्क्सवाद एक 'पूर्णतावादी सिद्धांत' (Totalizing Theory) है जो विश्वस्तरीय समाधानों की खोज करता है। इसका अर्थ है कि क्षेत्रीय समस्याओं और संघर्षों के बारे में मार्क्सवादी अधिक विचार नहीं करते हैं। उत्तरआधुनिकतावादियों की तरह फूको भी क्षेत्रीय एवं विशेष समस्याओं पर ध्यान देने के इच्छुक हैं। संभवतः अपने इसी विचार के आधार पर वे 'विशिष्ट बुद्धिजीवियों' (Specific Intellectual) की धारणा करते हैं।

'विशिष्ट बुद्धिजीवी' 'विश्वस्तरीय बुद्धिजीवियों' से अलग होते हैं। 'विश्वस्तरीय बुद्धिजीवी'—जैसे वामपंथी या मार्क्सवादी बुद्धिजीवी—अपने-आपको 'विश्वजनीनता के प्रवक्ता' मानते हैं। उन्हें सत्य, न्याय एवं समानता जैसी बड़ी समस्याओं पर विचार करने में आनंद आता है। वे सभी स्थितियों के लिए न्यायसंगत एवं सत्य होना चाहते हैं। किंतु समस्याएं विश्वस्तर पर न होकर एक स्तर विशेष पर होती हैं। इसीलिए फूको कहते हैं कि 'विशिष्ट बुद्धिजीवियों' को उन विशेष परिस्थितियों एवं स्थानों में काम करना होता है जहां उनका जीवन एवं उनका काम उन्हें स्थापित करता है। आवास, अस्पताल, प्रयोगशाला, क्लिनिक, परिवार तथा यौन संबंध इन विशेष परिस्थितियों के उदाहरण हो सकते हैं।

इस तरह हमारे लिए बाउमैन (Bauman) की इस धारणा को समझना आसान हो जाता है कि उत्तरआधुनिक परिस्थितियों में बुद्धिजीवी मात्र एक 'टीकाकार' (Interpreter) होता है। यह आधुनिक परिस्थितियों में बुद्धिजीवी की 'विधिकर्ता' (Legislator) की भूमिका से बिल्कुल अलग होता है। एक विधिकर्ता की तरह आधुनिक बुद्धिजीवी बहुत सारी बातों के प्रति निश्चित विचार रखते थे—जैसे गैर-पश्चिमी विश्व की तुलना में पश्चिमी विश्व की श्रेष्ठता या धर्म से विज्ञान, स्त्री से पुरुष तथा बच्चे से प्रौढ़ की श्रेष्ठता। किंतु उत्तरआधुनिक परिस्थितियों में ऐसी कोई निश्चितता नहीं है। फलतः बुद्धिजीवी विधिकर्ता की तरह व्यवहार नहीं कर सकते हैं। वे सांस्कृतिक परंपराओं के टीकाकार मात्र हैं। संभवतः यही कारण है कि क्लिफर्ड गीर्ट्ज (Clifford Geertz) ने वैज्ञानिक तर्क की अपेक्षा व्याख्यात्मक तर्क पर अधिक बल दिया है। गीर्ट्ज का कहना है कि मानव अध्ययनों का लक्ष्य विश्वजनीन विज्ञान न होकर 'गहन वर्णन' (Thick Description) होना चाहिए।

यह यथार्थ (Concrete) की ओर लौटने जैसा है। इस विशेष कार्य के लिए सामान्यीकरण करनेवाला समाज विज्ञान नहीं बल्कि नृजातिवर्णन (Ethnography) सर्वाधिक उपयुक्त है।

यह कहा जा सकता है कि उत्तरआधुनिकता उस विश्ववादी आधुनिकता के प्रति एक प्रतिक्रिया है जो सामान्यतः प्रत्यक्षवादी, प्रौद्योगिकी-प्रधान एवं तार्किक मानी जाती है। अधिक आसान करके समझना चाहें तो कह सकते हैं कि उत्तरआधुनिकता एक मनःस्थिति है। गौर करने की बात यह है कि ध्वंसात्मक प्रवृत्ति (Destructiveness) इसकी एक विशेषता मानी जा रही है। यह एक सत्य को दूसरे सत्य से, सौंदर्य को एक मापदंड को दूसरे मापदंड से, एक जीवन-आदर्श को दूसरे जीवन-आदर्श से विस्थापित नहीं करता है। विरचना (Deconstruction) इसका एकमात्र कार्य जान पड़ता है। इस संदर्भ में जरा देरिदा पर विचार करें। वे पाठ (Text) को अर्थयुक्त रचना के रूप में देखने के बजाय उसमें उपस्थित आंतरिक विसंगतियों के बारे में बात करते हैं। उनके विचारों में अस्मिता की अपेक्षा निरस्मिता (Non-identity) को प्रधानता मिलती है। वस्तुतः उत्तरआधुनिक मानस हमें एक ऐसे विश्व की ओर ले जाता है जिसमें स्थायी, वस्तुनिष्ठ परम आदर्श नहीं है। आधुनिक मानस से इसका अंतर स्पष्ट देखा जा सकता है। आधुनिक मानस निश्चितता, क्रमिकता एवं एकरूपता में विश्वास करता है और प्रयास करता है कि अस्पष्ट एवं अनायास को समाप्त कर दिया जाए। यह अंतरों को मिटाने का प्रयास करता है। किंतु उत्तरआधुनिक मानस आधुनिकता की इन एकालापीय प्रवृत्तियों को नकार देता है। यह अंतरों को स्वीकार करता है। इसमें अव्यवस्था एवं सतत अनिर्णीतता को एक स्थान मिलता है।

उत्तरआधुनिकता को राजनीतिक लक्ष्य के रूप में भी समझा जा सकता है। आधुनिकता की राजनीति राज्य की राजनीति है। इसका लक्ष्य सभी कुछ को आधुनिक एकीकृत (Homogenized) राष्ट्र-राज्य (National State) की महती रूपरेखा में ढालना है। किंतु उत्तरआधुनिकता की बहुलतावादी विचारधारा मुक्ति के लिए विभिन्न, स्थानीय एवं स्वतंत्र संघर्षों की बात करती है। यह विचारधारा 'प्रबुद्ध अल्पसंख्यक' के साम्राज्यवाद का विरोध करती है और उपनिवेश में रहनेवाले काले लोगों, अल्पसंख्यकों, धार्मिक समूहों आदि के पक्ष में बात करती है। उत्तरआधुनिकतावादियों के अनुसार सभी समूहों को अपने लिए बोलने का अधिकार है। सीधी-सी बात यह है कि उत्तरआधुनिकता सभी महाआख्यानों को अस्वीकार करती है और अनेकरूपता और अंतरों को प्रमुखता देती है।

कुछ विचार

एक समाजशास्त्री होने के नाते मैं उस चुनौती को समझ सकता हूं जो

उत्तरआधुनितावादियों ने समाजशास्त्र की पूरी परियोजना को दी है। हम पहले ही देख चुके हैं कि समाजशास्त्र का औपचारिक अध्ययन आधुनिकता की प्रबोधन परियोजना से किस हद तक जुड़ा है। उत्तरआधुनिकतावादी प्रायः यह शिकायत करते हैं कि समाजशास्त्र शुरू से ही 'सुधारक' (Reformatory) एवं 'प्रबंधकर्ता' (Managerial) रहा है। समाजशास्त्र ने आधुनिकता की उपलब्धियों को स्वीकार किया है। इतना ही नहीं समाजशास्त्र क्रमबद्धता से भी गहरे जुड़ा रहा है। उदाहरण के लिए प्रसिद्ध अमरीकी समाजशास्त्री टालकोट पार्सन्स (Talcott Parsons) ने एक मूलतः समन्वित स्थान (Principally Co-ordinated Space) का विचार किया। उनका समाजशास्त्र 'हॉब्स के क्रम की समस्या' का समाधान करने का एक प्रयास था। यह अव्यवस्था के ऊपर क्रम को स्थापित करने जैसा था। उत्तरआधुनिकतावादी इन सभी विचारों को चुनौती देते हैं क्योंकि, जैसा कि हम बार-बार कह रहे हैं, मानव संसार की 'अजेय बहुलता' उत्तरआधुनिकता की प्रमुख विशेषता है। उनके अनुसार बहुलतापूर्ण मानव संसार प्राधिकारों की अनेक स्वतंत्र इकाइयों एवं स्थानों में बंटा है जिनमें कोई क्षैतिज या उदग्र क्रम नहीं है।

अब प्रश्न उठता है कि उत्तरआधुनिकता के प्रति हमारी प्रतिक्रिया क्या होनी चाहिए। इस संदर्भ में हमें स्मरण हो आता है कि वैकल्पिक सांस्कृतिक परंपराओं को आधुनिकता ने कितना नुकसान पहुंचाया है। हम समझ सकते हैं कि कैसे आधुनिकता की ऐकिक दृष्टि एवं एकरूपता की इच्छा ने हमें अलग-अलग संस्कृतियों की धनी परंपराओं के प्रति उदासीन बनाया है और इस तरह हमें सांस्कृतिक रूप से दरिद्र बनाया है। हम अनुभव कर सकते हैं कि आधुनिकता ने कैसे अनेक प्रजातीय, लैंगिक और हाशिए पर धकेले गए लोगों की आवाजों को चुप कर दिया है।

उत्तरआधुनिकता की अपनी समस्याएं हैं। ऐसा लगता है कि उत्तरआधुनिकतावादी अंतरों को परम बनाना चाहते हैं। फलतः विभिन्न संस्कृतियों में संचार कठिन हो जाता है। यह दुर्दम्य सापेक्षवाद (Hard Relativism) का प्रारंभ है। उत्तरआधुनिकतावादी हमारी समालोचनात्मक शक्ति समाप्त कर देते हैं जो संचार के लिए, विकास के लिए, किसी को अपनी बात समझाने के लिए, कुछ सीखने के लिए एवं एक ऐसे विश्व के सहनिर्माण के लिए जिसमें एकमति संभव हो, आवश्यक है। यह सहनशीलता की विडंबना (Paradox of Tolerance) है। अंतरों के प्रति सहिष्णु होने के नाम पर उत्तरआधुनिकतावादी हर उस शोषण एवं अन्याय के प्रति उदासीन होते हैं जो संस्कृति के नाम पर होते हैं। यह हार स्वीकार कर लेने के अलावा और कुछ नहीं है। यह नाशवाद (Nihilism) है। उत्तरआधुनिकतावादी मानव की संभावनाओं को कम कर आंकते हैं। मनुष्य मात्र स्थानीय एवं स्थिति विशेष से संबद्ध नहीं है। इनके अलावा मनुष्य में समान रूप से महत्त्वपूर्ण कुछ अन्य इच्छाएं

भी हैं—जैसे विकास करने की, संचार की, सीमाओं को लांघने की तथा विश्वस्तरीय बनने की इच्छाएं।

यह सच है कि 'विज्ञान', 'सत्य' तथा 'न्याय' के नाम पर आधुनिकतावादियों ने दुनिया को उपनिवेश बनाया था और सभी अंतरों को बुरी तरह कुचल दिया था। फिर भी, अंतरों को बचाने का अर्थ यह नहीं है कि हम सांस्कृतिक एकाकीपन (isolation) तथा सापेक्षता की बात करें। और न ही इसका अर्थ यह है कि आधुनिकता की परियोजना पूरी तरह असंगत या अर्थहीन है। मुख्यतः, चुनौती भरा दायित्व यह है कि आधुनिकता के मुक्तिदायी सामर्थ्य को जीवित रखते हुए इसके मतिभ्रमों, विकृतियों एवं यूरोप-केंद्रित उपनिवेशवादी महत्त्वकांक्षाओं के विरुद्ध कैसे संघर्ष किया जाए। इसी तरह यह भी एक महत्त्वपूर्ण दायित्व है कि कैसे बिना अतिसापेक्षतावादी हुए बहुलता के साथ जिया जाए और कैसे अंतरों को बिना परम बनाए उनके प्रति सहिष्णु एवं आदरपूर्ण रुख अपनाया जाए। दूसरे शब्दों में, हमारे सामने समस्या यह है कि बिना एकालापीय हुए तथा आधिपत्यपूर्ण रुख अपनाए सार्वजनीन आदर्शों की स्थापना कैसे की जाए।

ऐसे प्रयास के संदर्भ में दो चिंतकों के नाम हमारे सामने आते हैं। पहला, गाडामर जो प्रत्यक्षवादी, मूल्य-तटस्थ व्याख्यात्मक सिद्धांत की बात न करके टीकात्मक समझ (Hermeneutic Understanding) की बात करते हैं। उनके अनुसार समझना (यानी मनुष्य एवं संस्कृति, परंपरा तथा पाठ को समझना) जीवन का यथार्थ है। समझना अंतिम उत्पादन नहीं है। दूरी एवं अलगाव बनाए हुए समझना असंभव है। टीकाकार (Interpreter) एवं जो कुछ भी व्याख्यायित किया जा रहा है उसके बीच एक सतत संबंध बनता है। यह एक खेल, एक कलात्मक प्रयास, एक सतत प्रक्रिया एवं एक घटना है। गाडामर संवाद की तथा वैयक्तिक क्षितिजों को मिलाने की बात करते हैं। वे बहुलता के प्रति संवेदनशील हैं। फिर भी वे सापेक्षता के फंदे से बाहर हैं।

इसी तरह हाबरमास भी आधुनिकता तथा विज्ञानवाद जिसे वे 'जीवन-जगत के उपनिवेशवाद' की प्रक्रिया कहते हैं, में वर्तमान की विसंगतियों के प्रति सजग हैं। किंतु, इसके साथ ही उत्तरआधुनिक प्रतिक्रियाओं में निहित पराजयवाद एवं शून्यवाद का भी हाबरमास विरोध करते हैं। इसका कारण यह है कि हाबरमास आधुनिकता की संभावनाओं के प्रति निराशावादी नहीं हैं। वे संचार या संचारणीय तार्किकता (Communicative Rationality) के महत्त्व का पक्ष लेते हैं। पूर्ण स्वतंत्र एवं अविकृत संचार पारस्परिक, संवादपूर्ण एवं आत्मवाचक (Reflexive) होता है। इसका लक्ष्य समझना एवं मुक्ति है। किंतु विडंबना यह है कि यांत्रिक युक्तियुक्तता, (Instrumental Rationality) जिसका लक्ष्य प्रभुत्व स्थापित करता है, न कि समझना, सर्वव्यापी हो गई है। इसने मानव अस्तित्व के सभी क्षेत्रों को अपना

उपनिवेश बना लिया है। हाबरमास तर्क करते हैं कि इस उपनिवेशवाद का विरोध करना होगा और सार्वजनिक क्षेत्र के चरित्र को बदलकर उसे संवाद एवं संचार के उपयुक्त बनाना होगा। आज संचारणीय तार्किकता को बचाने की आवश्यकता है। दूसरे शब्दों में, पराजयवाद या सापेक्षतावाद को स्वीकार करने के बजाय हमें उस ओर प्रयास करना चाहिए जिसे हाबरमास आधुनिकता की मुक्तिदायी परियोजना कहते हैं। संचार, आत्मवाचन एवं स्वतंत्रता इस परियोजना की विशेषताएं हैं।

उत्तरआधुनिकता एवं भारतीय सामाजिक यथार्थ

हमारे समाज के संदर्भ में उत्तरआधुनिकता का क्या अर्थ हो सकता है ? कोई भी सचेत पर्यवेक्षक यह देख सकता है कि उत्तरआधुनिकता आधुनिकता एवं इसकी उपनिवेशवादी महत्त्वाकांक्षाओं द्वारा विश्व को पहुंचाए गए नुकसान के कारण पश्चिमी विश्व में व्याप्त अपराधबोध को प्रदर्शित करती है। यह आश्चर्य की बात नहीं होगी कि हमारे समाज को, जिसने उपनिवेशवाद के आघात एवं आधुनिकता के आक्रमण को झेला है, उत्तरआधुनिक संवेदनशीलता में कुछ अच्छाइयां मिल सकती हैं। साथ ही, यह निःउपनिवेशता (Decolonization) की चेतना की सांस्कृतिक विशेषताओं के अधिकार की तरफदारी करती है। इससे पश्चिम के एकालाप के विरोध की चेतना को बल मिलता है। दूसरे शब्दों में, आधुनिकता की उत्तरआधुनिक समालोचना में एक मानवतावादी रवैया (न कि आक्रामक उपनिवेशवादी रवैया) देखना हमारे लिए संभव है।

यहां भारतीय सामाजिक यथार्थ की जटिलता पर भी हमें विचार करना होगा। हमें यह नहीं भूलना चाहिए कि उत्तरआधुनिकता अतिआधुनिकता की विपथगामिता के विरोध में तीव्र प्रतिक्रिया है। अतः विचार एवं हस्तक्षेप के एक माध्यम के रूप में इसका प्रारंभ पश्चिम से ही होता है। दूसरे शब्दों में उत्तरआधुनिक बनने से पहले हम अति-आधुनिक (High Modernity) की स्थिति से गुजर चुके हैं। किंतु हमारा समाज एक ऐसा समाज है जिसमें पूर्व-आधुनिक परंपराएं अभी भी जीवित हैं। और, आधुनिकता की विकृतियों के बजाय बहुत सारी पूर्व-आधुनिक रूढ़ियां अभी तक हमें उत्पीड़ित करती हैं। हमें निश्चित रूप से इसके विरोध में संघर्ष करना चाहिए। भारतीय आधुनिकता के प्रमुख प्रवक्ता जवाहरलाल नेहरू प्रायः 'वैज्ञानिक मनःस्थिति' अर्जित करने एवं 'भूत के मृत बोझ' (Dead Weight of the Past) का विरोध करने की आवश्यकता की बात करते थे। दूसरे शब्दों में, ऐसा विश्वास किया जाता है कि हमारे समाज में आधुनिकता को एक महत्त्वपूर्ण भूमिका अदा करनी है। वर्तमान स्थिति में उत्तरआधुनिकता को अनालोचनात्मक रूप से गौरवान्वित करने का अर्थ होगा अनावश्यक एवं अनुचित अंतरों को सही ठहराना। किंतु इस स्थिति में भी हम आधुनिकता की विसंगतियों के प्रति सजग

हो सकते हैं। यानी कि हम यह सीख सकते हैं कि आधुनिकता के साथ कैसे समालोचनात्मक, संवादात्मक तथा नवीनतापूर्ण संबंध स्थापित किया जाए। किंतु यह सीखने के लिए यह आवश्यक नहीं है कि हम उत्तरआधुनिकतावादियों का सहारा लें। हमारी अपनी सांस्कृतिक परंपराओं में बहुलता, अनेकरूपता एवं विशिष्टताओं की चेतना अंतर्निहित है। साथ ही हमारी अपनी संस्कृति में ही प्रत्यक्षवादी विज्ञान की आलोचना बहुत विकसित हुई है। उदाहरण के लिए, महात्मा गांधी ने आधुनिकता एवं इसकी बर्बरता की बहुत कठोर आलोचना विकसित की। और गांधी उत्तरआधुनिकतावादी नहीं थे। वे आलोचनात्मक परंपरावादी (Critical Traditionalist) थे। अपनी परंपराओं से ही उन्होंने आधुनिकता की आलोचना विकसित की थी। इसके साथ ही अपनी परंपराओं में उपस्थित निंदनीय प्रवृत्तियों के विरुद्ध भी उन्होंने आवाज उठाई। उत्तरआधुनिकतावादियों की तरह गांधी सापेक्षतावादी भी नहीं थे। उन्होंने अनिश्चितता एवं अनिर्णीतता को गौरवान्वित नहीं किया। उन्होंने आदर्श, नैतिक एवं ईप्सित विश्व की अपनी दृष्टि को कभी नहीं छोड़ा।

इसलिए, भारत में रहने के लिए एक संवादात्मक चेतना (Dialogic Spirit) होनी चाहिए। उत्तरआधुनिकतावादी जो प्रश्न उठाते हैं, उन्हें हमें समझना चाहिए। नेहरू की चेतना वाले आधुनिकतावादी जो चाहते हैं हमें वह समझना चाहिए। किंतु साथ ही हमें गांधी की तरह के आलोचनात्मक परंपरावादियों के विचारों से भी अपने-आपको प्रबुद्ध बनाना चाहिए।

इस प्रकार की सतत प्रामाणिक खोज ही अंततः हमें उस पवित्र यात्रा की ओर ले जाएगी जो अंधकार से प्रकाश की ओर तथा एकाकीपन से संवाद की ओर ले जाती है।

REFERENCES

1. Anthony Giddens, **The Consequences of Modernity,** Polity Press, Cambridge, 1990.
2. C. Gordan (ed.), **Michel foucault, Power/Knowledge,** Harvestor, Birghton, 1983.
3. David Harvey, **The Condition of Postmodernity,** OUP, Oxford, 1989.
4. D. Kellner, Jean Baudrillard : From marxism to Postmodernism and Betord.
5. J.F. Lyotard, **The Postmodern Condition : A Report on Knowledge,** Manchester University Press, Manchester.
6. Zygmunt Bauman, **Legislators and Interpreters : On Modernity, Postmodernity and Intellectuals,** Polity Press, Cambridge, 1987.

आधुनिकता की एक समीक्षा

❑ प्रमोद तलगेरि

'आधुनिक' शब्द सामान्य भाषा में इतना घुल-मिल गया है कि इस विषय पर एक विशद लेख लिखने की बात कुछ अटपटी लगती है। आजकल इस शब्द का प्रयोग प्रायः एक ही अर्थ में होता है—'आधुनिक', यानी पारंपरिक मान्यताओं एवं जीवन-मूल्यों से हटकर अपनी एक अलग अस्मिता स्थापित करने का प्रयास। इस शब्द का प्रयोग अन्य अनेक संदर्भों में भी होता है—जैसे आधुनिक विश्व, आधुनिक काल, आधुनिक मनुष्य, आधुनिक कला, आधुनिक वास्तुशैली, आधुनिक गणित, आधुनिक फैशन, आधुनिक शैली या पद्धति। कुछ संदर्भ ऐसे भी हैं जिनमें इन शब्दों के अंग्रेजी पर्याय 'मॉडर्न' का प्रयोग देखने को मिलता है। उदाहरण के लिए—मॉडर्न बुक स्टॉल, मॉडर्न हेयर कटिंग सैलून, मॉडर्न बेकरी, मॉडर्न ब्रेड, मॉडर्न शू शॉप (मॉडर्न जूते की दुकान)। 'आधुनिक' शब्द हमारे जीवन के लगभग हर क्षेत्र में प्रयोग होता है। तो फिर इस शब्द का अर्थ क्या है ? इस शब्द का भाव क्या है ? हम इससे क्या समझते हैं ?

अंग्रेजी शब्द 'मॉडर्न' की व्युत्पत्ति लैटिन से हुई है और शब्दकोष के अनुसार इसका अर्थ है—'वर्तमान या हाल ही में घटित'[1]। लैटिन में इस शब्द का अर्थ था—'इस काल में' (In the Time)। किंतु धीरे-धीरे अंग्रेजी में इस शब्द का प्रयोग कुछ अलग अर्थ में होने लगा और इसका अभिप्राय हो गया—सामाजिक संरचना एवं मूल्यों में परिवर्तन या फिर नए मूल्यों एवं एक नई सोच का जन्म। आज हम इस शब्द का प्रयोग दोनों ही अर्थों में करते हैं—पहला काल से संबधित अर्थ और दूसरा, पारंपरिक मूल्यों से हटकर एक नई सोच के विकास के अर्थ में। आधुनिक सोच को पारंपरिक सोच से भिन्न करके समझा जाता है। अपने-आप को आधुनिक समझनेवाला कोई भी व्यक्ति परंपरा को स्वीकार नहीं करता। वह परंपरा को पुरातन एवं अविकसित ढकोसला मानता है, जो उसे प्रगति एवं कार्यकुशलता में बाधक लगती है। वह पारंपरिक मूल्यों के अनुसार जीने को तैयार

नहीं होता। यदि उसे परंपरा में विश्वास रखनेवाले लोगों के साथ जीना पड़ता है तो वह उनसे अपनी एक अलग पहचान बनाए रखने की कोशिश करता है। वह परंपरा से दूरी बनाए रखना पसंद करता है।

अब प्रश्न उठता है कि यह पारंपरिक समाज है क्या ? पारंपरिक समाज एक ऐसा समाज है जिसने कुछ निश्चित सामाजिक मूल्यों एवं एक निश्चित जीवन-शैली को स्वीकार कर लिया है। ये सामाजिक मूल्य एवं यह जीवन-शैली इस समाज में बहुत समय से मान्य एवं प्रचलित होते हैं और इन्हें आज भी मनुष्य के स्वाभाविक व्यवहार के रूप में देखा जा सकता है। इनमें किसी तरह के परिवर्तन की आवश्यकता नहीं समझी जाती है क्योंकि यह समाज किसी दूसरी जीवन-पद्धति की कल्पना ही नहीं करता है। परंपरागत समाज का पूरा ढांचा अपने प्रतिमानों एवं प्रथाओं के अनुसार किसी के व्यक्तित्व को परिभाषित करता है, उसकी एक निश्चित भूमिका निर्धारित करता है और इस तरह सामाजिक व्यवस्था में उस व्यक्ति को एक निश्चित स्थान प्रदान करता है। किसी भी वैकल्पिक भूमिका चुनने के लिए वह व्यक्ति स्वतंत्र नहीं होता है बल्कि परंपरा में विश्वास करनेवाला कोई भी व्यक्ति परंपरा में किसी भी तरह के बदलाव की इच्छा ही नहीं रखता।

इसके विपरीत किसी आधुनिक समाज में ऐसी परिस्थितियां होती हैं जो मनुष्य को 'अनेक विकल्प व अनेक संभावनाएं'[2] प्रदान करती हैं। इसके पहले की सामाजिक परिस्थितियां ऐसी न थीं जिनमें मनुष्य अनेक विकल्पों में से कोई एक चुनने को स्वतंत्र होता। यही कारण है कि परंपरागत समाज में रहनेवाले लोग न तो सामाजिक ढांचे में कोई परिवर्तन करने की स्थिति में होते हैं और न ही इस ढांचे पर उनका कभी किसी भी तरह का नियंत्रण होता है।

सोलहवीं-सतरहवीं शताब्दी में यूरोप में एक महत्त्वपूर्ण वैचारिक परिवर्तन आया—इसके तहत दर्शन एवं विज्ञान को धर्म एवं धर्मविज्ञान से बिलकुल अलग करके देखा जाने लगा। इस विभाजन के बाद यूरोप में भिन्न प्रकार का विकास प्रारंभ हुआ। इसने मनुष्य एवं प्रकृति के संबंध को पूरी तरह बदल दिया। प्रकृति अब वैज्ञानिक अनुसंधान कर नियंत्रण में करने की वस्तु बन गई। भौतिक वास्तविकता के प्रति विवेचनात्मक विश्लेषण के इस नए रवैये के साथ ही मध्यकालीन यूरोप एक नए युग में प्रवेश कर गया। इस नवीन युग के प्रतिपादक थे देकार्त, न्यूटन, बैकन, कांट जिन्होंने पारंपरिक सोच को चर्च की सत्ता से मुक्त किया और मनुष्य के स्वतंत्र एवं वैयक्तिक विचारों का महत्त्व स्थापित किया। उन्नीसवीं शताब्दी के उत्तरार्द्ध में विज्ञान एवं तकनीक में होनेवाली प्रगति ने यूरोप के सामाजिक ढांचे को पूरी तरह बदल दिया। कृषि समाज का स्थान नगरीय औद्योगिक समाज ने ले लिया। नगरीकरण की इस तीव्र प्रक्रिया के फलस्वरूप बड़े शहरों का जन्म हुआ और इसके साथ सामाजिक व्यवहार (Social Behaviour) में

बहुत परिवर्तन आया। नई शहरी संस्थाओं का निर्माण हुआ जैसे ऑफिस, बैंक, रेल-यातायात, बीमा कंपनियां, उद्योगशालाएं, शेयर बाजार, अधिकारी-तंत्र (ब्यूरोक्रेसी)। स्वचालित वाहनों एवं बहुमंजिली इमारतों का निर्माण शुरू हो गया। संयुक्त परिवार टूट गए। जीविका की तलाश में लोग शहरों के सुसंगठित उद्योगों की तरफ आने लगे। अब लोग छोटे फ्लैटों में रहते थे और फैक्ट्री या ऑफिस में काम करते थे। मानव व्यवहार औद्योगिक अनुशासन से नियंत्रित होने लगा जिससे जीवन में एक यांत्रिक नियमितता आ गई। शहरों का जीवन अधिक उन्मुक्त एवं अरूढ़िवादी किंतु गुमनाम हो गया। इससे प्रत्येक व्यक्ति को यह स्वतंत्रता मिल गई कि वह किसी भी तरह के नैतिक मूल्यों से बंधे बगैर जीवन यापन कर सके। इससे सामाजिक प्रतिमानों एवं नैतिकता के प्रति दृष्टिकोण में परिवर्तन आया। बीसवीं शताब्दी के प्रारंभ में आए इन परिवर्तनों के साथ यूरोप ने विकास के एक नए दौर में प्रवेश किया जिसे 'आधुनिक काल' के नाम से जाना जाता है।

किंतु 'आधुनिक' विश्व में आए परिवर्तनों की इस प्रक्रिया की व्याख्या कुछ अस्पष्ट-सी है। कभी परिवर्तनों की इस प्रक्रिया को अविकसित देशों के सापेक्ष हुए 'विकास' की प्रक्रिया मानते हैं तो कभी इसे 'पाश्चात्यीकरण' की प्रक्रिया जिसका अर्थ है गैर-पाश्चात्य परंपरा पर कुछ विदेशी जीवन-मूल्यों का प्रभाव। इस प्रक्रिया को ही 'आधुनिकीकरण' भी कहते हैं, जिसका अर्थ है किसी पारंपरिक समाज का ऐसे 'गैरपारंपरिक' समाज में परिवर्तित हो जाना जिसका निर्माण आधुनिक व्यक्तियों ने किया हो। इस तरह 'आधुनिकता' शब्द परिवर्तन से सीधा जुड़ा हुआ है किंतु विकासशील देशों में परिवर्तनों की तरह नहीं, जहां विकास की न तो कोई निश्चित दिशा होती है और न ही इस प्रक्रिया में निश्चित अंतर्वस्तु का महत्त्व होता है।

अब प्रश्न यह उठता है कि आधुनिक युग की ऐसी कौन-सी विशेषताएं हैं जो उसे पिछले युगों से अलग करती हैं। हर नवीन युग किसी न किसी तरह से पूर्ववर्ती युगों से कुछ भिन्न होता है। आधुनिक काल की मुख्य विशेषता आधुनिक मनुष्य की चेतना में निहित है–उसे ऐसा लगता है कि उसकी 'आधुनिक' होने की चेतना सबसे अलग है। अपने-आपको अलग समझने का कारण प्रत्येक आधुनिक मनुष्य में निहित व्यक्तिवाद की भावना है। किसी भी व्यक्ति में व्यक्तिवाद की इस भावना का विकास तब होता है जब उसने "परंपरागत मूल्यों एवं पारंपरिक जीवन-शैली द्वारा आरोपित बंधनों"[3] से मुक्ति पा ली हो। इसलिए वह गर्व से अपने-आपको आधुनिक कहता है। वह अपने बारे में एक निश्चित धारणा विकसित करता है जो यह दर्शाता है कि उसने पारंपरिक मूल्यों एवं जीवन-शैली से अपने-आपको अलग करने का विशेष प्रयास किया है। वह ऐसा अनुभव करता

है कि परंपरा से बनाई गई यह दूरी उसके लिए बढ़िया है क्योंकि यह उसे परंपरा से हटकर अपनी इच्छा से जीवन यापन करने की स्वतंत्रता देती है। अपने पूर्वजों के व्यवहार के विपरीत, वह न तो किसी भी सामाजिक मान्यता को स्वीकार करता है और न ही समाज द्वारा पूर्वनिर्धारित अपनी किसी भूमिका को स्वीकार करता है। संक्षेप में वह एक स्वतंत्र आधुनिक व्यक्ति बन जाता है जो पारंपरिक बंधनों से मुक्त होकर समाज में अपना स्थान और अपनी भूमिका चुनने या उनमें परिवर्तन करने के लिए स्वतंत्र होता है।

आधुनिकता शब्द की कोई एकमत व्याख्या नहीं है। जब कोई यूरोपीय व्यक्ति कहता है 'मैं आधुनिक हूं' तो इसका क्या अर्थ है—एक विशेष जीवन-शैली या कि एक विशेष पारंपरिक परिचय जिसका आधार जीवन-मूल्यों के विविध समुच्चयों में से कोई एक समुच्चय है ? डेविड कोल्ब ने प्रश्न उठाया है : "क्या आधुनिक (अमरीकी) व्यक्ति होना एक विशेष प्रजातीय (या राष्ट्रीय) पहचान है ? या कि इसका अर्थ है हर प्रजातीय (Ethnic) पहचान को मिटा देना ?" [4] आमतौर पर लोग यह मानते हैं कि आधुनिक व्यक्तिवाद एक "शुद्धतर 'मानवीय' पहचान है जिसका अर्थ है इतालवी, स्वीडिश या जापानी होने से पहले एक 'व्यक्ति' होना। परंपरा द्वारा निर्धारित मूल्यों के बंधनों से मुक्त होकर कुछ भी चुनने के लिए कोई भी स्वतंत्र है।" [5]

अपनी इच्छानुसार जीवन चुनने की स्वतंत्रता एवं इस तथाकथित व्यक्तिवाद को यूरोपीय आधुनिकता के बहुत ही महत्त्वपूर्ण पक्ष के रूप में देखा जाता है। एक तार्किक (Rationalized) सामाजिक पद्धति द्वारा इस स्वतंत्रता की गारंटी की जाती है ताकि कोई भी व्यक्ति अपनी वास्तविक अस्मिता (Identity) को पहचान सके। मैक्स वेबर, जिसने सर्वप्रथम यह धारणा दी थी कि आधुनिकता की जड़ में तार्किकता (Rationality) है, ने भी आधुनिकता के मूल में वैयक्तिक भावनाओं को देखा था। व्यक्ति ही सारे सामाजिक मानदंडों का निर्माण करता है। वेबर के अनुसार, "आधुनिकता व्यक्ति एवं समाज के सदा से चले आ रहे स्वरूप को मिलनेवाली स्पष्ट स्वीकृति है। आधुनिक अस्मिता अतीत में की गई अस्मिता की संरचनाओं की शृंखला में मात्र अगली कड़ी नहीं है, बल्कि यह इन संरचनाओं के मूल में उपस्थित कारणों पर से परदा उठाने की प्रक्रिया है।" [6]

आधुनिक समाज व्यक्तिगत स्वतंत्रता की कुछ ऐसी गारंटी करता है कि इस समाज में जीनेवाला आधुनिक व्यक्ति अपने-आपको पारंपरिक समाज में जीनेवाले लोगों से अलग समझता है। आधुनिक व्यक्ति, जो सामाजिक भूमिकाओं एवं संस्थाओं की पारंपरिक संरचनाओं से अपने आपको मुक्त कर चुका है, एक 'नग्न व्यक्तित्व' (Naked Self) की तरह होता है जो "संस्थागत भूमिकाओं से स्वतंत्र है।"[7] पारंपरिक बंधनों से मुक्त विशुद्ध वैयक्तिक अस्मिता यानी कि नग्न व्यक्तित्व

का यह विचार, आधुनिकता की एक महत्वपूर्ण विशेषता मानी जाती है। पीटर बर्जर इस विशेषता की व्याख्या दो धारणाओं की मदद से करते हैं–पहली धारणा है प्रतिष्ठा (Honour) की, जो सामाजिक या संस्थागत प्रतिष्ठा से जुड़ी है और दूसरी धारणा है सम्मान की, जो व्यक्तिगत अस्मिता की समानता पर टिकी है।

"प्रतिष्ठा की धारणा से उपलक्षित होता है कि अस्मिता निश्चित रूप से या कम से कम बहुत ही महत्त्वपूर्ण ढंग से, संस्थागत भूमिकाओं से जुड़ी है। इसके विपरीत सम्मान (Dignity) की आधुनिक धारणा का अर्थ है कि अस्मिता संस्थागत भूमिकाओं से निश्चय ही स्वतंत्र है। प्रतिष्ठा की इस दुनिया में व्यक्ति की पहचान उन सामाजिक प्रतीकों से होती है जो बाह्य व्यक्तिगत रूपी ढाल पर खुदे होते हैं। किसी राजा के सही व्यक्तित्व की पहचान तब होती है जब वह अपने सभी राजचिह्नों के साथ युद्ध को निकलता है। यदि हम इसे दूसरी तरफ देखें तो कहेंगे कि किसी स्त्री के साथ बिस्तर में लेटा हुआ नग्न पुरुष अपने व्यक्तित्व की वास्तविकताओं से दूर होता है। सम्मान की इस दुनिया में वे सामाजिक प्रतिष्ठा चिह्न मात्र छद्म हैं। जो लोगों के आपसी संबंध निर्धारित करते हैं। ओढ़ी गई ढाल ने वास्तविक व्यक्तित्व को छुपा दिया है। मात्र एक नग्न पुरुष और विशेषकर वह नग्न पुरुष जो कामुकता संप्रेषित कर रहा है–वही अपने सही रूप को सामने रखता है। ...प्रतिष्ठा पर आधारित इस दुनिया में कोई भी व्यक्ति अपनी सही अस्मिता अपनी विभिन्न भूमिकाओं द्वारा स्थापित करता है और यदि वह अपनी भूमिकाओं से विमुख होता है तो इसका अर्थ है वह अपने-आप से विमुख हो रहा है। (इस तरह प्रतिष्ठा की दुनिया अपने चारों ओर एक मिथ्या जाल रचने की दुनिया है जबकि सम्मान की दुनिया आम अन्वेषण की दुनिया है)...सम्मान पर आधारित दुनिया में कोई भी व्यक्ति अपनी वास्तविक अस्मिता की पहचान समाज द्वारा थोपी गई भूमिकाओं से अपने-आपको मुक्त करके ही कर सकता है। ये भूमिकाएं मात्र छद्म हैं, जो ऐसी भ्रांतियां उत्पन्न करती हैं जिनसे मनुष्य में विसंबंधन (Alienation) की भावनाएं उत्पन्न होती हैं।"[8]

'आधुनिकता' शब्द का एक और भी अर्थ है। इस अर्थ में यह शब्द किसी आधुनिक व्यक्ति का अत्यंत सांसारिक रूप चित्रित करता है : "आधुनिक होने का अर्थ है 'एडवांस' होना, अर्थात् धनी होना, पारिवारिक व धार्मिक सत्ता के झमेलों से मुक्त होना। इसका अर्थ है तार्किक व बुद्धिवादी होना। यदि कोई ऐसा बुद्धिवादी हो जाता है तो उसके लिए सांसारिकता, वैज्ञानिकतावाद (Scientism) एवं सुखवाद को छोड़कर और कोई परंपरा नहीं रह जाती।"[9] आधुनिक व्यक्ति के इस आत्मकेंद्रित बुद्धिवादी परिचय ने व्यक्तिगत व सामाजिक अस्मिता को नए ढंग से परिभाषित किया है–अब सामाजिक मूल्यों से लोगों के जुड़ने का तरीका बदल गया है। इस तरह हर आधुनिक व्यक्ति किसी तरह की सामाजिक सत्ता के बोझ

से मुक्त हो गया है। वह हर तरह की धार्मिक, पारिवारिक या पितृप्रधान सामाजिक प्रभुत्व से मुक्त हो चुका है। एडवांस होने का अर्थ व्यक्तिगत इच्छाओं की पूर्ति के लिए होनेवाली भौतिक व व्यावहारिक उन्नति के आधार पर समझा जाता है।

इस तरह जब कोई यूरोपीय व्यक्ति कहता है कि वह आधुनिक है तो इसका अर्थ है कि उसने अपने व्यक्तित्व में तीन विशिष्ट गुणों का विकास किया है—धर्मनिरपेक्षता, वैज्ञानिकतावाद (Scientism) एवं सुखवाद। ये तीनों गुण किसी की भी वैयक्तिक चेतना में आधुनिकता की प्रकृति पर प्रकाश डालते हैं। सर्वप्रथम, एक आधुनिक व्यक्ति अपने सामाजिक व्यवहार में धर्मनिरपेक्ष होता है। इसका अर्थ यह हुआ कि वह किसी भी धार्मिक परंपरा को नहीं मानता, यानी कि उसने धर्म की सत्ता से अपने-आपको मुक्त कर लिया है। वह सभी धार्मिक संस्थानों का विरोध करता है तथा सारी धार्मिक परंपराओं को संदेह की दृष्टि से देखता है। (भारतीय संदर्भ में धर्मनिरपेक्ष शब्द का अर्थ इसके ठीक विपरीत यह होता है कि हम सभी धर्मों के प्रति सम्मान का भाव प्रदर्शित करें)। दूसरी बात यह कि आधुनिक व्यक्ति यह विश्वास करता है कि वह वैज्ञानिक विचारधारा वाला व्यक्ति है। वह समझता है कि युक्तिपूर्ण एवं सुव्यवस्थित विचारधारा एवं व्यवहार द्वारा सामंजस्यपूर्ण फलोत्पादक सामाजिक संवाद सुनिश्चित किया जा सकता है क्योंकि ऐसी विचारधारा पारस्परिक युक्तिपूर्ण समझ की गारंटी करती है। वैज्ञानिक विचारधारा से थोड़ा भी हटने का अर्थ है कि अशांति एवं अव्यवस्था के फैलने से सारी व्यवस्था चरमरा जाएगी। तीसरी बात यह कि आधुनिक व्यक्ति के जीवन का उद्देश्य उसकी सुखवादी इच्छाओं की पूर्ति होता है। उसकी इच्छाएं मूलतः उपभोक्तावादी होती हैं। और वह इनकी पूर्ति के लिए कठिन श्रम करने को तैयार होता है।

इन सभी गुणों के योग से आधुनिक व्यक्तिवाद का विकास होता है, जिसके अनुसार वैयक्तिक-विकास, 'शुद्ध निजी व्यक्तिवाद' की मुक्ति या एक 'शुद्ध मानवीय समाज' की स्थापना ही सामाजिक विकास का मुख्य उद्देश्य है।[10] विकास की इस प्रक्रिया में व्यक्ति विकास का संदर्भ-केंद्र (Centre of References) है और इसमें व्यक्ति को 'अनेक संभावित स्थितियों' में से अपने लिए चुनने की स्वतंत्रता है।[11] आधुनिक व्यक्ति निश्चित रूप से अपने लिए चयन करनेवाला व्यक्ति होता है जो अपनी इच्छाओं को अधिक से अधिक बढ़ाता है और उनकी पूर्ति के लिए अधिकतम प्रयास करता है। यहां यह बात निहित है कि वह अपने लिए पारंपरिक मूल्यों एवं जीवन-शैली को भी चुन सकता है। किंतु "मुख्य बात यह है कि वह चुन रहा है।"[12]

अतः आधुनिकता का अर्थ सबसे पहले तो परंपरा से अपने आपको अलग करना, व्यक्ति द्वारा अपनी जीवन-शैली चुनने की स्वतंत्रता एवं अपने मूल्यों की व्याख्या करना है। आधुनिक व्यक्तिवाद की यह धारणा एक ऐसे सामाजिक एवं

संस्थागत ढांचे की पूर्वकल्पना पर आधारित है जो पारंपरिक मूल्यों से मुक्त हो एवं इस कारण से इसमें व्यक्तिगत स्वतंत्रता संभव हो। अतः, आधुनिकता का अर्थ मात्र चेतना की एक अवस्था नहीं है बल्कि यह शब्द समाज के ऐसे विशेष प्रकार के विकास से भी जुड़ा हुआ है जो इस तरह की चेतना विकसित करने में सहायक हो। इसी तरह सार्वजनिक संस्थान (Public Institution) भी मूल्यों से मुक्त होकर अपनी भूमिका निभाएंगे ताकि "व्यक्तियों को (अपने लिए) चयन का पूरा मौका मिल सके।"[13]

स्वतंत्र वैयक्तिकता एवं मूल्य-मुक्त समाज-व्यवस्था की क्रियाशीलता का आधार तार्किकता है जिस पर आधुनिकता की पूरी अवधारणा टिकी है। मैक्स वेबर, जिन्होंने अभिधारणा की है कि तार्किकता आधुनिकता का आधार है, आधुनिक व्यक्तित्व के इस विकास के कारण यूरोप में उन्नीसवीं सदी में बहुत देर से हुए तार्किकता के विकास की उस प्रक्रिया में देखते हैं जो किसी भी ऐतिहासिक अंतर्वस्तु से निरपेक्ष थी। तार्किकता आधुनिक समाज के निर्माण की प्रमुख शक्ति है। वेबर ने आधुनिक सामाजिक व्यवहार के आधारस्वरूप तार्किकता के तीन सामान्य गुणों का वर्णन किया है। तार्किकता के प्रति आधारभूत अवधारणा तो यह है कि प्रत्येक मनुष्य तार्किक होता है चाहे वह किसी भी जाति, धर्म या विचारधारा को माननेवाला हो। वेबर के अनुसार तार्किकता मानव सोच की वह आधारभूत क्षमता है जिससे वह विभिन्न विचारों को युक्तियुक्त क्रम में व्यवस्थित करता है। तार्किक चेतनावाले लोग इस युक्तियुक्त क्रमबद्धता के अनुसार कोई कार्य करते हैं या कभी भी अपनी प्रतिक्रिया देते हैं। यह तर्कपूर्ण व्यवहार उन सामाजिक नियमों के अनुकूल होता है जिस पर समाज के संदस्य एकमत होते हैं। ऐसे तर्कपूर्ण समाज में कोई भी मनमाने ढंग से व्यवहार नहीं कर सकता। तार्किकता लोगों के व्यवहार में इस तरह का 'पारस्परिक संबंध' (Interactive Reciprocity) स्थापित करती है कि सामाजिक संवाद युक्तिपूर्ण नियमों का पालन करता हुआ बहुत ही सरल एवं फलोत्पादक हो जाता है।

यही युक्तियुक्त सोच अब हमारे प्रत्येक निर्णय एवं व्यवहार में परिलक्षित होता है और हमारे हर कार्य में संगति और फलोत्पादकता सुनिश्चित करता हैं जिससे सामाजिक जीवन व्यवस्थित होता है। ऐसा सामाजिक जीवन यौक्तिक विसंगतियां (Logical Inconsistencies) न्यूनतम कर देता है, अलौकिक शक्तियों एवं देवी-देवताओं में लोगों का विश्वास समाप्त कर देता है एवं यौक्तिक क्रम में किसी भी तरह का विश्वास समाप्त, कर देता है। सोचने एवं कार्य करने की सारी प्रक्रियाएं तर्कसंगत बना दी जाती हैं। इसका अर्थ यह हुआ कि किसी भी ऐसे व्यक्तिगत मतभेद का नाश कर दिया जाएगा जो युक्तियुक्त क्रमबद्धता के अनुरूप न हो। साथ ही, उन निर्णयों पर आधारित कार्य को भी स्वीकार नहीं किया जाता

जो पूर्वनिर्धारित परिणामों को प्राप्त नहीं करता हो। "तार्किकता कार्यों का ऐसा सुसंगठित रूप है जिसका उद्देश्य अधिक से अधिक लक्ष्यों की प्राप्ति है।...तार्किकता विश्वास का एक सुव्यवस्थित रूप है, यह कार्य का एक सुव्यवस्थित रूप है।"[14]

वेबर ने तीन ऐसे क्षेत्र निर्धारित किए जिनमें तार्किकता जीवन की फलोत्पादकता (Efficiency) एवं गुणात्मकता (Quality) बढ़ा देती है : वैचारिक गणना द्वारा सर्वांगी संवाद के भविष्य पर आधुनिक विश्व का नियंत्रण। इस तरह तार्किकता बढ़ाकर आधुनिक विश्व पर नियंत्रण किया जा सकता है। सभी अर्थों एवं मूल्यों को इस तरह व्यवस्थित किया जा सकता है कि हम एक संगतिपूर्ण नैतिक दृष्टिकोण विकसित कर सकें। कोई भी अपने दैनिक जीवन को इन नियमों के अनुसार ढाल सकता है।[15] ये सभी क्षेत्र तार्किकता की प्रक्रियाओं द्वारा एक-दूसरे से जुड़े हैं। वेबर ने यह जानने का प्रयास किया कि कैसे इनमें से किसी एक क्षेत्र में परिवर्तन अन्य क्षेत्रों को प्रभावित करता है।

वेबर ने औपचारिक तार्किकता (Formal Rationality) एवं वास्तविक तार्किकता (Substantive Rationality) में अंतर किया है। उन्होंने यह दिखाने का प्रयास किया है कि कैसे किसी रूढ़िवादी धार्मिक समाज का कोई सदस्य उन मूल्यों द्वारा निर्देशित होता है जिन्हें एकमात्र स्वाभाविक जीवन-शैली के रूप में स्वीकार कर लिया गया है जबकि कोई आधुनिक व्यक्ति 'स्वचयित मूल्यों को अधिकतम करने' के प्रति बहुत ही व्यावहारिक दृष्टिकोण अपनाता है।[16] धर्म में विश्वास रखनेवाले व्यक्ति के बारे में कहा जा सकता है कि वह उस वास्तविक तार्किकता द्वारा निर्देशित होता है जिसके अनुसार विश्व-दर्शन निर्धारित करने का प्रमुख स्रोत पारंपरिक मूल्य एवं जीवन-शैली है। आधुनिक व्यक्ति औपचारिक तार्किकता का उपयोग करता है जो मुख्यतः 'संगति एवं फलोत्पादकता की वैचारिक गणनाओं' में निहित है।[17] किसी वास्तविक तार्किक संस्थान में लोग अर्थों (Meanings) एवं उद्देश्यों को विश्व की संरचना में निहित समझते हैं जिससे हर निर्णय की परिमिति निर्धारित होती है। उदाहरण के लिए, भारत की जाति-प्रथा समाज का वास्तविक तार्किक संगठन है।[18] हर प्रकार की तार्किकता से संगति एवं फलोत्पादकता का बोध होता है किंतु औपचारिक तार्किकता के अनुसार संगति एवं फलोत्पादकता एकमात्र मानक है। यह मानक किसी आधुनिक व्यक्ति को 'संभावनाओं का अधिकतम संभव क्षेत्र' प्रदान करता है।[19] वेबर ने लोगों की भिन्न-भिन्न मनोवृत्तियों को इस स्थिति का कारण माना है। किंतु वेबर ने औपचारिक एवं वास्तविक तार्किकताओं में जैसा भेद किया उसके गहन विश्लेषण की आवश्यकता है क्योंकि कोई भी समाज पूरी तरह से केवल वास्तविक या औपचारिक तार्किकता के नियमों से बंधा नहीं हो सकता। यहां तक कि भारत की जाति-प्रथा में भी सामाजिक नियोजन में संगति एवं फलोत्पादकता से संबद्ध औपचारिक तार्किकता

के तत्त्व मिलते हैं।

वेबर का विचार था कि वास्तविक तार्किकता से मुक्ति मनुष्य की स्वतंत्रता बढ़ाएगी। किंतु आधुनिक समाज की जैसी जटिल सर्वांगी संरचना है जिसमें बहुत ही जटिल अधिकारीतंत्र एवं तकनीकीतंत्र का विकास हो गया है, उसमें चयन की स्वतंत्रता संभव नहीं है। वेबर ने इस विरोधाभास को समझ लिया था और इसलिए वे आधुनिकता के विकास के प्रति निराशावादी थे क्योंकि उन्होंने आधुनिक मनुष्य के सामने बहुत कम ही विकल्प देखे। इसमें कठिनाई इस बात की है कि जटिल सामाजिक संरचना सदस्यों की सामूहिक पहचान् नहीं बना सकी क्योंकि सामाजिक परिप्रेक्ष्य में सोचने (संज्ञान), अनुभव करने और इच्छाएं रखने में अंतरव्यक्तिपरकता (जो 'चिह्नात्मक मूल्य पद्धति' अर्थात् Symbolic Value Systems के माध्यम से विकसित की जाती है) नहीं है और न ही इस जटिल सामाजिक संरचना में यह क्षमता है कि वह समाज के एक-दूसरे से पूरी तरह अलग निकायों, जैसे अर्थव्यवस्था, तकनीक व विज्ञान, की नियंत्रित आवश्यकताओं को एक-दूसरे से जोड़ सकें।[20]

आधुनिक विज्ञान ने यह दिखा दिया है कि कैसे विश्व-प्रतीकों के अमिथकीकरण के फलस्वरूप प्रकृति का असमाजीकरण हुआ और वह वैज्ञानिक विचार की विषयवस्तु बन गई। यह प्रक्रिया आधुनिकता में भी 'समाज के अमानवीकरण के रूप' में चलती रही और इसका असर यह हुआ कि वास्तविकता (Objectivisation) के इस दूसरे दौर में समाज बोधगम्य विश्व से विसंबद्ध (Alienate) हो गया। किंतु अब समाज वैज्ञानिक विचार की वस्तु नहीं रह गया बल्कि इसे सोचनेवाले कर्त्ता के स्थान पर 'तंत्र-प्रतिवेशों' (System-Surroundings) को प्रतिष्ठापित कर दिया गया।[22] मनुष्य तंत्र का प्रतिवेश बन गया। जुरगन हाबरमास ने आधुनिक मनुष्य की इस स्थिति को आधुनिक अहम् (Self) का बाह्य प्रकृति, समाज एवं अंतःप्रकृति से हुए विच्छेद के नतीजे के रूप में देखा है। इन तीनों विसंबंधनों का नतीजा यह हुआ कि यूरोप का औद्योगिक समाज सांस्कृतिक प्रक्रिया से पूरी तरह अलग हो गया। अब इसे अपनी वैधता अपने अंदर खोजनी है। आधुनिक भौतिकशास्त्र के इस नए परिप्रेक्ष्य में समाज एवं इसके सदस्य दोनों ही अपने-आपको 'अस्थायी प्राकृतिक तथ्य' (Contingent Natural Phenomena) के रूप में समझ सकते हैं।[23]

इस बिंदु पर संपूर्ण वैयक्तिक अस्मिता (Universalistic Self-Identity) एवं सामाजिक सामूहिक अस्मिता में विभाजन होना स्वाभाविक है। वह नैतिक संपूर्णता भी पूरी तरह बिखर जाती है जिसमें दूसरे व्यक्ति की चेतना की अंतहीन स्वतंत्रता में कोई भी व्यक्ति अपने को पूरी तरह एकाकार कर सकता है। अब प्रश्न यह उठता है कि क्या समाज के पूर्ण या खंडित संरचना के बिखराव की स्थिति किसी

मानकीय संरचना (जैसे धर्म) का स्थान इस तरह ग्रहण कर सकती है कि यह खंडित संरचना जटिल समाज की संपूर्णता का प्रतिनिधित्व कर सके और समाज के सदस्यों की मानकीय (Normative) चेतना में समाहित हो सके। अधोसांस्कृतिक स्तर पर, पाश्चात्य समाजों में अर्द्धधार्मिक चेतना के विकास के कुछ प्रयास किए गए हैं, जैसे–भगवान रजनीश, जैन-बौद्ध या महर्षि महेश का अनुभवातीत ध्यान आदि।

किंतु आधुनिक समाज का समाकलन हमारे कार्य के नैतिक मानदंडों द्वारा नहीं हो सकता। बल्कि तंत्र प्रक्रम (Systems Mechanisms) यानी कि बाजार की ताकतों की अनिवार्यताओं द्वारा हो सकता है।[24] अतः जटिल आधुनिक समाज में अस्मिता की समस्याओं का समाधान केवल तंत्रसमाकलन (System-Integration) के ही स्तर पर हो सकता है।[25] यह तंत्र समाकलन इस तरह होता है कि समाज का कोई विशेष खंड-तंत्र दूसरे खंड-तंत्र के गिर्द उचित प्रतिवेश बनाता है। सामाजिक समाकलन द्वारा आधुनिक अस्मिता की स्थापना संभव नहीं है[26] क्योंकि समाज की सर्वांगी वास्तविकता मानव संसार की अंतरव्यक्तिपरकता को समाकलित नहीं कर सकती। व्यक्ति मात्र अपने सामाजिक तंत्र के प्रतिवेश से जुड़ा होता है।[27] ऐसी स्थिति में समाज में ऐसी वस्तुनिष्ठता आ जाती है जिसमें विभिन्न व्यक्तियों की आत्मपरकता जरा भी नहीं दीख पड़ती। सामाजिक वस्तुनिष्ठता मानवीय प्रक्रिया में जरा भी प्रदर्शित नहीं होती बल्कि यह तकनीकी, अधिकारी-तांत्रिक, प्रशासनिक या अन्य क्रियात्मक (Functional) प्रक्रियाओं में प्रदर्शित होती है।

प्रश्न यह उठता है कि अत्यंत विकसित तकनीकीतंत्र का वर्चस्व कायम रहते हुए स्वातंत्र्य एवं लोकतंत्र कैसे संभव है ? हम संभवतः पारंपरिक समाज की ओर लौट नहीं सकते। "प्रकृति में एक बार फिर से जादू नहीं डाला जा सकता। वस्तुओं व घटनाओं के निश्चित अर्थों को पुनर्स्थापित नहीं किया जा सकता। व्यक्ति अपने जीवन में ऐसा करने का प्रयास कर सकते हैं किंतु पूरा ढांचा अधिकारतंत्रवादी व औपचारिक तार्किकतावादी है...सब कुछ फलोत्पादकता व. संगति पर निर्भर करता है।"[28] पारंपरिक समाज से मुक्ति में विश्वास रखनेवाले आधुनिक व्यक्ति की इस घुटनभरी स्थिति से बचने की वेबर ने मात्र एक क्षीण संभावना देखी। यह संभावना क्रियात्मक समाज (Functional Society) के परिवर्तन-विरोधी ढांचे के खिलाफ संघर्ष करने की 'अदम्य इच्छाशक्ति' में निहित है। वेबर अपनी आशंकाएं व्यक्त करते हैं कि इस संघर्ष का असफल होना निश्चित है। आधुनिक प्रगति के कारण पैदा हुई इस दुविधा की स्थिति के कारण यह संघर्ष व्यर्थ होता है। जहां एक ओर आधुनिकता की ये उपलब्धियां हमें प्रभावित करती हैं वहीं दूसरी ओर इन उपलब्धियों के साथ सामने आनेवाले दुष्परिणाम हमें निराश करते हैं। तकनीकी विकास एवं अधिकारी तांत्रिक प्रशासन ने हमें एक फलोत्पादी आर्थिक व्यवस्था तो दी है, किंतु इनके कारण व्यक्ति पूरी तरह एकाकी हो गया है और मानव संवाद

के अन्य क्षेत्रों में भी क्रियात्मकता की शैली में युक्तियुक्त क्रमबद्धता आ गई है। चूंकि इस सामाजिक प्रक्रिया में किसी भी तरह की संज्ञात्मक अंतर्वस्तु (Substantive Content) नहीं है इसलिए चेतना की दुविधा की यह स्थिति स्वाभाविक रूप से आधुनिक है। 'अंतर्वस्तु के अपने बाह्य स्वरूप से विच्छेद' के कारण व्यक्ति अपना एक सामान्य उद्देश्य या एक नियामक दिशा चुनने के लिए मजबूर हो जाता है। इस तरह आधुनिक समाज एक ऐसी प्रक्रिया है जो 'नागरिक के चयनों से अपने अंतर्वस्तु के बनने की प्रतीक्षा' कर रहा है।[29] संभावनाओं की अंतहीनता में यह आधुनिक विश्वास शायद इस प्रतीक्षा को लंबा खींचेगा क्योंकि सभी कुछ संभव बनाया जा सकता है। अडोर्नो और होर्खाइमर ने इसे 'आत्मोत्तरजीविता' (Self-Survival) की तार्किकता की प्रक्रिया के विकृत होने' का नाम दिया है। अमिथकीकृत प्रकृति की तार्किक समझ एवं उस पर बढ़ते हुए तकनीकी नियंत्रण का मूल्य हम समाज के अमानवीकरण के रूप में चुकाते हैं और व्यक्ति की आत्मपरकता अपने-आप बिखर जाती है। व्यक्ति, जिसके लिए प्रकृति को नियंत्रित एवं अधीन करने का सारा प्रयास चल रहा है, स्वयं ही इतना कुंठित व विसंबद्ध होता है कि उसे प्रगति एवं अविकसित अवस्था में शायद ही कोई अंतर महसूस होता है।[30]

'आत्म-विकास की प्रक्रिया अपने-आप में उद्देश्य बन जाती है' क्योंकि प्रगति की परिभाषा ही हो जाती है—"परिवर्तन की एक अंतहीन प्रक्रिया जो किसी उद्देश्य पर नहीं पहुंचती।"[31] "पहले की तुलना में व्यक्ति आज अधिक अकेला, अधिक असुरक्षित और संभ्रमित है। उसके ऐसी स्थिति में भटकते रहने का खतरा है जिसमें वह जीवन के बृहत् उद्देश्यों को भूल जाए। वह मात्र अपनी भौतिक आवश्यकताओं की पूर्ति में लगा रहता है। यह अपने आप में सामान्य बात है। किंतु प्रतिस्पर्द्धा व प्रतिद्वंद्विता की निरुत्साही प्रक्रिया के कारण यह संभावना रहती है कि भौतिक आवश्यकताओं की पूर्ति व्यक्ति का एकमात्र धुन बन जाए।[32] सतत् उच्छेदन का सचेतन प्रयास इस धूमिल स्थिति से निकलने का एकमात्र उपाय है। इसका अर्थ तंत्र को पूरी तरह अस्वीकार करना नहीं है बल्कि 'यंत्रणापूर्ण विचारशीलता' (Agonising Reflection) के माध्यम से इस प्रक्रिया और इसकी अंतर्वस्तु की जटिलता को सुलझाना है।

REFERENCES

1. **The Concise Oxford Dictionary,** Oxford University Press, Bombay 1982.
2. David Kolb, **The Critique of Pure Modernity,** Hegel, Heidegger and After, Chicago, London 1988, p. 2.
3. David Kolb, ibid., p. xii

4. David Kolb, ibid., p. 4
5. David Kolb, ibid., p. 4
6. David Kolb, ibid., p. 9 f.
7. Peter Berger, Berger, and Kellner 1974 213, 90 f.
8. Peter Berger, Berger, and Kellner 1974 90 f.
9. Shils, 1981 p. 288, 290
10. Cf. David Kolb, ibid., p. 5
11. David Kolb, ibid., p. 4
12. David Kolb, ibid., p. 6
13. David kolb, idid., p. 4
14. Shils 1981, 291
15. Roth and Schluchter 1979, 14-15; Cf. Gerth and Miller 1975, 55
16. David Kolb ibid., p. 11
17. David Kolb, ibid., p. 11
18. Cf. David Kolb, ibid., p. 11
19. Cf. David Kolb, ibid., p. 11
20. Cf. Niclas Luhmann, Die Weltgesellschaft. In : ARSP 1971, 1 p. 33
21. Jurgen Habermas, p. 61
22. Habermas, ibid., p. 61
23. Cf. Habermas, ibid., p. 42
24. Cf. Habermas, ibid., p. 56
25. Cf. N. Luhmann, ibid., p. 47 f.
26. Cf. D. Lockwood, 'Social Integration and System Integration' in **Explorations in Social Change,** London 1964, p. 244 f.
27. Habermas, ibid., p. 60 translation is mind.
28. David Kolb, ibid., p. 13
29. David Kolb, ibid., p. 16
30. Habermas, ibid., p. 63 f.
31. Bellah et al. 1985 126-27, 139
32. P.V. Narsimha Rao, 'Citation Ceremony Address', Bharatiya Jnanpeeth Award Ceremnony October 1991

आधुनिकता–उत्तरआधुनिकता : एक अधूरी बहस

❑ प्रमोद तलगेरि

सन् 1979 में कनाडा सरकार ने पश्चिम के अतिविकसित समाजों में ज्ञान की स्थिति पर एक रिपोर्ट लिखने के लिए ल्योतार को नियुक्त किया। इस रिपोर्ट में ज्ञान की वर्तमान स्थिति का वर्णन करने के लिए ल्योतार ने उत्तरआधुनिक शब्द का प्रयोग किया है। दूसरी बात यह कि इस शब्द द्वारा उन्नीसवीं शताब्दी के अंत में हुए उन परिवर्तनों का भी बोध होता है जिन्होंने ल्योतार के शब्दों में, ''आख्यान की संकट-स्थिति' (Crisis of Narratives) के संदर्भ में यूरोप में विज्ञान, साहित्य व कला के 'खेल नियमों' (Game-Rules) को बदल दिया है। यह वर्णन वैचारिक ढांचे के प्रक्षेपण हैं जिसमें वैधीकरण के विमर्श (Discourse) की रचना इसकी अपनी स्थिति (Status) के सापेक्ष की गई है। ल्योतार ऐसे किसी भी विज्ञान को आधुनिक विज्ञान मानते हैं जो 'किसी महाप्रबंध (Metadiscourse) के सापेक्ष अपनी वैधता प्रमाणित कर सके और किसी ऐसे महाआख्यान (Grand Narrative) से अपने आपको जोड़ सके, जैसे हेगल की आत्मा (Spirit) का द्वंद्ववाद, अर्थ का भाष्यविज्ञान (Hermeneutics), तार्किक कर्त्ता (Rational Subject) या क्रियात्मक कर्त्ता (Working Subject) की मुक्ति।''[1] वह प्रबोधन युग के आख्यान का वर्णन करता है जिसमें सत्यता के गुण से युक्त किसी कथन के प्रति इस कथन के प्रेषक व जिसके प्रति यह कथन प्रेषित किया गया है उनके बीच मतैक्य को आख्यान का संदर्भ माना जाता है क्योंकि दो तार्किक मस्तिष्क के बीच पूर्ण एकता है। वैधता के इन सभी महाआख्यानों में एक हीरो होता है जो किसी 'अच्छे नैतिक राजनीतिक उद्देश्य व विश्वशांति की दिशा में अपनी यात्रा की शुरुआत करता है।''[2]

इसके विपरीत ल्योतार ने उत्तरआधुनिकता को 'महाआख्यानों (Meta Narratives) के प्रति विश्वास' की तरह परिभाषित किया है। निष्कर्ष के किसी भी कथन को किसी वैधता प्रदान करनेवाले आख्यान के संदर्भ में रखना आवश्यक है। उत्तरआधुनिकता के साथ वैधता प्रदान करनेवाले इन सभी आख्यानों का अंत

हो जाता है। ल्योतार के अनुसार तत्वमीमांसी (Metaphysical) दर्शन व पश्चिम की शिक्षा संस्थाओं का संकट इस 'वैधता के उस महा-आख्यानक तंत्र के लोप'[3] को दर्शाता है, जिस पर ये संस्थान विगत में निर्भर करते आए हैं। किंतु अब 'यह आख्यान कृत्य अपने विभिन्न अवयवों को, अपने महान हीरो को, जोखिम भरी घटनाओं को, महान यात्राओं को, अपने महान उद्देश्यों को खो रहा है।[4] उत्तरआधुनिकता के इस युग में यह महाआख्यान 'आख्यान के विभिन्न भाषाई तत्त्वों में निखर गया है—अर्थाभिधान, निर्देशन, वर्णन इत्यादि। पश्चिम का नया समाज एक ऐसा समाज है जो नई प्रौद्योगिकी द्वारा नियंत्रित होता है। संचार प्रौद्योगिकी (Informational Technology) के प्रभाव में रहनेवाले इन विकसित औद्योगिक समाजों में ज्ञान में किन परिवर्तनों की आशा की जा सकती है ? ल्योतार इस प्रश्न का उत्तर नहीं देता है किंतु सबसे पहले आज के ज्ञान की विशेषताओं पर प्रकाश डालता है। आज का ज्ञान कैसे संघटित हुआ है, उनकी नई प्रवृत्तियां एवं प्रत्याशित वचनबद्धताएं किधर को जाती हैं ? उत्तरआधुनिक ज्ञान का उत्तरआधुनिक संघटन क्या प्रदर्शित करता है ? फिर नई प्रौद्योगिकी के लिए आलोचनात्मक मानदंड के रूप में ज्ञान के इस संघटन का क्या प्रयोग किया जाता है ? यह तय है कि प्रौद्योगिकी अपने-आप में उत्तरआधुनिकता को परिभाषित नहीं करती, बल्कि इसके ठीक विपरीत उत्तरआधुनिक संघटन, जो बीसवीं शताब्दी की मूल धारा है, नई प्रौद्योगिकी के मूल्यांकन का मानकीय (Normative) ढांचा है।

ल्योतार के उत्तरआधुनिकता की धारणा की रूपरेखा मात्र प्रौद्योगिकी द्वारा ही निर्धारित नहीं होती है। उन्होंने यह तर्क नहीं दिया है कि चूंकि नई प्रौद्योगिकी आ गई है इसलिए उत्तरआधुनिकता आ गई है। उनका कहना है कि चूंकि नई प्रौद्योगिकी लगातार विकसित हो रही है, इसलिए हमें इस प्रौद्योगिकी के अनुरूप नया ज्ञान विकसित करने की आवश्यकता है। ल्योतार का कहना है कि नई तकनीकें हमारे ज्ञान को प्रभावित करती हैं, इसलिए नई तकनीकों द्वारा दी गई चुनौती का सामना करने के लिए हमें प्रासंगिक (Topical) व वास्तविक (Actual) ज्ञान की आंतरिक विशेषताओं के प्रति सजग होना होगा। इसका अर्थ यह हुआ कि इन नई तकनीकों का प्रयोग हम तब तक कर सकते हैं जब तक इनका तालमेल ज्ञान की आंतरिक विशेषताओं से बैठता है। और इसके साथ ही हमें इनमें किसी भी तरह की विसंगति पर भी विचार करना होगा। इस बिंदु पर आधुनिकता के परवर्ती कई विद्वानों, मसलन ल्योतार, पॉपर से हाबरमास तक और लुहमान से बॉद्रियार तक में मतभेद है।

अतः ल्योतार ने आधुनिक ज्ञान की विशेषता पर अपने चिंतन के आधार पर उत्तरआधुनिकता की धारणा बनाई है। आधुनिक ज्ञान में एकता का एक स्वरूप है और इस एकता का कारण है सभी कुछ को महाआख्यानों के आधार

पर समझना। आधुनिकता में ऐसे तीन महाआख्यान हैं : सर्वएकीकरण के तर्क द्वारा मानवता की मुक्ति (प्रबोधन युग), आत्मा (Spirit) का सोद्देश्यवाद (Teleology) जो प्रत्ययवाद (Idealism) में अंतनिर्हित है और अर्थ का भाष्यविज्ञान (इतिहासवाद–Historism)। वर्तमान काल में एक सूत्र में बांधनेवाले इन महाआख्यानों की कोई संगति नहीं रह गई है। इसके साथ ही एकीकरण की बात अब पुरानी हो गई है।

पूर्णता (Totality) का यह विघटन उत्तरआधुनिक बहुलवाद के लिए एक आवश्यक शर्त है। किंतु इस विघटन का विश्लेषण अकेले ही उत्तरआधुनिकता के आविर्भाव की व्याख्या के लिए पर्याप्त नहीं है। यह विश्लेषण अपने आप में बहुत मौलिक नहीं है क्योंकि अठारहवीं शताब्दी के अंत से ही यूरोप में, विशेषकर जर्मन स्वच्छन्दतावादियों द्वारा, ऐसे विचार सामने रखे गए हैं। पूर्णता व विश्व (Universe) की एकता के विघटन पर उन्नीसवीं शताब्दी में बहुत देर तक कई लेखक चिंता प्रकट करते रहे।

किंतु यह विघटन उत्तरआधुनिकता के लिए महत्त्वपूर्ण प्रेरणास्रोत बना। इसे व्यापक तर्कसंगत के अवैधीकरण के रूप में समझा गया। "अधिकतर लोगों में लुप्त हुए आख्यान के प्रति जिज्ञासा ही मर गई।"[6] यह बहुलवाद जिससे अब वापस नहीं लौटा जा सकता था, अच्छा समझा गया और उत्तरआधुनिकता का मुख्य केंद्र बना। किंतु इस बहुलवाद का नतीजा यह निकला कि लोगों को भिन्नताएं स्वीकार करने में कठिनाई होने लगी। उत्तरआधुनिकता में परिरेखा (Periphery) व सीमा पर विषयों, संघर्ष के टकराव के क्षेत्रों में भी रुचि होती है क्योंकि इनसे कुछ नया निकल आने की संभावनाएं होती हैं जो उद्देश्य तक पहुंचाने वाली व्यावहारिक साधक तार्किकता (Functional Instrumental Rationality) का विरोध कर सके और जो तर्कविरोधी (Paralogous) हो। "ये शोध इन विचारों को जन्म देते हैं कि ज्ञान व भविष्यवाणी के प्रतिमान (Paradigm) स्थाई निगमनिक क्रिया (Permanent Deductive Function) का प्रभुत्व समाप्त होने जा रहा है। जहां एक ओर उत्तरआधुनिकता की रुचि अनिर्णीत बिंदुओं पर, नियंत्रण परिशुद्धता (Control Accuracy) के परिरेखीय क्षेत्रों में, अपर्याप्त सूचनाओं, महाविपत्तियों, प्रतिमाणकीय विरोधाभासों के विरोध पर केंद्रित है, वहीं दूसरी ओर अपने विकास की रूपरेखा सततता की भंगुरता, महाविपत्तियों, असुधार्यता व विरोधाभासों द्वारा प्रस्तुत करता है। उत्तरआधुनिकता ज्ञान शब्द का अर्थ बदल देता है और बताता है कि कैसे यह परिवर्तन संभव होता है। यह हमारे सामने ज्ञात कुछ भी नहीं बल्कि अज्ञात प्रस्तुत करता है। और वैधता का एक नया आदर्श प्रस्तुत करता है जिसमें अंतर को तर्कविरोधिता (Paralogy) के रूप में प्रस्तुत किया जाता है।"[7] 'सर्वएकीकरण के तर्क की हिंसा'[8] के कारण इस अतार्किक लगनेवाली तार्किकता के प्रति रुझान

बढ़ी। ल्योतार के अनुसार 'तर्क का भय' तर्क की उस क्षमता में निहित है जिससे वह सर्वएकीकरण की भावना से सभी कुछ को समांगीकृत (Homogenise) कर एकसूत्र में बांध देता है और इस तरह के तर्क से सामने आनेवाला कर्त्ता "प्रतिनिधि मशीन का मात्र एक उत्पाद होता है और इस स्थिति में कर्त्ता अपने आप ही लुप्त हो जाता है।"[9] इस तरह के उत्पादक कर्त्ता को हटाने के लिए 'कर्त्ता–कर्त्ता का प्रतिनिधित्व--अर्थ-संकेत (Sign)–सत्य' की शृंखला का क्रमभंग करना होगा। वैज्ञानिक व व्यावहारिक उपयोगों के लिए ऐसे किसी भी सिद्धांत के दूरगामी परिणाम हुए। "अब मतैक्य के बदले मतभेद को अधिक महत्त्व दिया जाने लगा। मतैक्य मात्र बहसों की एक स्थिति निरूपित करता है, तर्कविरोधिता में निहित उनका उद्देश्य नहीं।"[10]

ल्योतार ने उत्तरआधुनिकता की धारणा बीसवीं शताब्दी में हुए वैज्ञानिक व सैद्धांतिक अभिनव परिवर्तनों (आइन्सटाइन, हाइजनबर्ग, गोडल के शोध) के आधार पर और भी विकसित की। उन्होंने बीसवीं शताब्दी में कला के क्षेत्र में हुए परिवर्तनों के आधार पर भी इस धारणा की व्याख्या की है। इन सभी उदाहरणों में जो सबसे महत्त्वपूर्ण बात है वह है संभावनाओं की बहुलता। कला इस बहुरूपता (Polymorphy) का एक सुंदर उदाहरण है। कला के क्षेत्र में ही ल्योतार ने इस शताब्दी की अग्रणी कलाप्रवृत्तियों, उनके प्रयोगों और उनके द्वारा बहुलता की सर्जना के उदाहरण दिए हैं। "मेरे विचार से चित्रकारिता व संगीत में पिछली शताब्दी में जो कुछ भी हुआ है उसे उत्तरआधुनिकता ने पहले ही समझ लिया था।" इन सभी वैज्ञानिक व सौंदर्यबोध के उदाहरणों में सबसे महत्त्वपूर्ण बात उन कुछ निश्चित व अनेक संभावनाओं की उत्पत्ति और उस अंतर्दृष्टि का विकसित होना–कि कोई भी एक क्रिया ऐसी नहीं हो सकती जो सभी कुछ अपने में समाहित कर सके। बल्कि महत्त्वपूर्ण बात यह है कि संभावित सत्य की बहुलता खोजी जाए जो सर्वएकीकरण के तर्क के अपरिवर्तनीय ढांचे में न बंध सके। इस तरह ल्योतार निष्कर्ष रूप में कहते हैं : "विज्ञान, साहित्य व कला सभी के अग्रणी विचारकों के पिछले सौ वर्ष के अनुसंधान भाषा प्रकारों की परस्पर असम्मेयता (incommensurability) ढूंढ़ने पर केंद्रित है।"[11]

संक्षेप में, उत्तरआधुनिकतावादी वे हैं जो एकरूपता (Unity) से अभिभूत होना स्वीकार नहीं करते और खेल नियमों, कला शैलियों, जीवित प्रकारों में बहुलता व विषमता की समाप्त न हो सकनेवाली स्थिति के प्रति चेतन हों। ल्योतार उत्तरआधुनिकता के दर्शन का लेखक हैं जिन्होंने बाकी विचारकों से बहुत पहले ही इस धारणा की बहुत ही स्पष्ट रूप से व्यांख्या की थी। ल्योतार के उत्तरआधुनिक दर्शन के तीन पक्ष हैं : सर्वप्रथम यह एकरूपता की अभिभूति (Obsession) की अस्वीकृति को वैधता प्रदान करता है और इसका प्रतिनिधित्व

करता है। वह यह दिखाता है कि एकरूपता की सोच के प्रति यह विरुचि मात्र भावनात्मक नहीं है बल्कि एक ऐतिहासिक अनुभव पर आधारित है। दूसरी बात यह कि उत्तरआधुनिकता को सार्थक बहुलता की संरचना को सामने लाना है। यह विषमता को बहुलता के सिद्धांत के रूप में देखता है कि एकता मात्र दमनकारी व एकपक्षीय तरीकों से स्थापित की जा सकती है। इसके साथ ही, यह धारणा ऐतिहासिक वैधता के साथ-साथ संरचनात्मक वैधता भी प्रदान करती है। एकता की पुकार का सीधा अर्थ है नियमों व बलों की आवश्यकता। इस तरह तार्किकता की आलोचना से एकाधिकारवादी व एकेश्वरवादी आदर्श-राज्य (यूटोपिया) का प्रक्षेपण प्रभावित होता है। और ल्योतार के उत्तरआधुनिक दर्शन का तीसरा पक्ष यह है कि इसे आत्यंतिक (Radical) बहुलता के संघटन की आंतरिक समस्याओं का विश्लेषण कर उन्हें स्पष्ट करना है। बहुलता व विषमता सामाजिक प्रक्रिया में अनिवार्य रूप से टकराव की स्थिति पैदा करते हैं। न्याय के बोध के साथ इन टकरावों से कैसे निबटा जा सकता है ? उत्तरआधुनिक स्थिति के अंत में न्यायबोध का यही प्रश्न सामने आता है। सापेक्ष मतैक्य न्याय प्राप्त करने का कोई संतोषजनक समाधान नहीं दे सकता। "मतैक्य एक पुरातन व संदेहास्पद मूल्य बन गया है। किंतु न्याय एक मूल्य की हैसियत से न तो पुरातन हुआ है न ही संदेहास्पद। इसलिए हमें न्याय के ऐसे वैचारिक व व्यावहारिक पक्ष पर पहुंचना होगा जो मतैक्य से जुड़े न हों।"[12]

चार वर्षों के बाद (1983 में) ल्योतार ने दूसरी किताब लिखी–*ल दिफेरों* (Le Defferend), जिसमें उन्होंने न्याय के उत्तरआधुनिक धारणा की व्याख्या की है। इस पुस्तक में उन्होंने जिस समस्या पर विचार किया है, वह यह है कि दूसरे प्रतिमानों (Paradigm) का दमन किए बिना सोचने व जीने की प्रक्रिया में विषमता को कैसे स्वीकार किया जाए। थोड़े बहुत अनिवार्य अन्याय के बावजूद हारे हुए लोगों के दावे को कैसे स्वीकार किया जाए। ऐसे विचार की नैतिक प्रेरणा व आवेग सैद्धांतिक रूप से सर्वसत्तात्मक विरोधी होने की नीयत से आता है। ल्योतार ने अतिक्रमण, दुर्व्यवहार व निरंकुशता के प्रक्रम को अनावृत्त किया। विटगेंसटाइन के भाषा-दर्शन के तर्कों के आधार पर उन्होंने इस प्रक्रम को पारदर्शी व समालोचना की एक वस्तु बनाने का प्रयास किया। ल्योतार की इस दार्शनिक उत्तरआधुनिकता ने न्याय की चेतना विकसित की और अन्याय के प्रति एक नई संवेदनशीलता का निर्माण किया।

सबसे महत्त्वपूर्ण बात यह है कि हम पूर्णता के परिप्रेक्ष्य से अपने भावुक संबंध को तोड़ें। बल्कि यह तर्क दिया जा सकता है कि पूर्णता स्थापित करने की यह इच्छा मात्र एक अनुदर्शी निर्मिति (Retrospective Construct) है जबकि प्रत्येक युग में तथ्यतः बहुत सारी भिन्नताएं व असहमितयां रही हैं। इस तरह का

अनुदर्शी व भ्रामक एकरूपीय परिप्रेक्ष्य (Unitary Perspective) हटाने के लिए तथ्यात्मक बहुलता को पूर्वाग्रहमुक्त होकर स्वीकार करना पड़ेगा। इसे केवल स्वीकार ही नहीं करना पड़ेगा बल्कि इसके सकारात्मक पक्ष व इसके आंतरिक मूल्य पर भी विचार करना होगा। ऐसे महाआख्यानों का समाप्त हो जाना जो कभी पूर्णता व विभिन्नताओं को एकसूत्र में बांधने के आधार थे, यह दिखाता है कि निश्चित व विषमरूपी भाषा-खेल, क्रियाओं व जीवन-शैली के विभिन्न रूपों की बहुलता का एक विकल्प हो सकते हैं। विविधताओं का यह सम्मिलन उत्तरआधुनिक चेतना की उत्तरआधुनिकता संघटित करता है। इस धारणा का सकारात्मक पक्ष है भाषा-खेलों की विषमता, आत्मनिर्भरता व असरलीकरणीयता के प्रक्रम की तीव्रता। ऐसी स्थिति में 'न्याय का निम्नलिखित रूप होगा : आत्मनिर्भरता को पहचानना और उसे स्वीकार करना, बहुलता को सुस्पष्ट करना और क्लिष्ट रूप से अंतर्गुंफित भाषा खेलों को सरलीकृत नहीं करना बल्कि उनके गुंफित चरित्र को पहचानना। इस स्थिति में केवल एक ही नियम लागू होता है : हम खेलें और हम शांति के साथ खेलें।'

इस परिप्रेक्ष्य में उत्तरआधुनिकता को आधुनिकता का भविष्योन्मुखी परिवर्तनीय रूप कहा जा सकता है। किंतु हाबरमास ने अपने प्रसिद्ध अडोर्नो-पुरस्कार भाषण, 'आधुनिकता—एक अधूरी परियोजना'[13] में उत्तरआधुनिकता की इस धारणा की आलोचना की है। उसने उत्तरआधुनिकता की तुलना एक नए इतिहासवाद (Historicism) व पुरातनवाद (Conservatism) से की है। और इसे कई विशेषण दिए हैं, जैसे—'आधुनिकता-विरोधी', 'प्रवृत्तियों का पश्चगमन' (Tendency Turn)। उत्तरआधुनिकता की धारणा पर हाबरमास की मुख्य आपत्ति उनकी तार्किकता की आलोचना पर है। वे हमेशा ही इस बात का प्रमाण खोजते रहते हैं कि उत्तरआधुनिकता में तार्किकता की आलोचना में अपने-आप में विरोधाभास है। वे कहते हैं कि तर्क द्वारा 'तार्किकता का परिसमापन' (Liquidation of Reason) हमें एक तर्कशास्त्रीय दुविधा में डाल देता है : हम तर्क को तर्क की मदद से अस्वीकार कर रहे हैं। नित्से, हाइडेगर, होर्खाइमर, अडोर्नो, देरिदा व फूको सब के साथ यह बात लागू होती है।

हाबरमास इन सभी तार्किकता के आलोचकों को पुरातनपंथी मानते हैं और इन्हें तीन तरह के पुरातनवाद की श्रेणी में रखते हैं।

1. आधुनिकता विरोधी ऐसे युवा पुरातनपंथी हैं जो कार्य व उपयोगिता की अनिवार्यताओं से मुक्त विकेंद्रित कर्तृत्व (Decentred Subjectivity) की खोज का औचित्य साबित करने में लगे हैं (बाताई, फूको, देरिदा)।
2. पूर्व आधुनिकतावादी ऐसे पुराने पुरातनपंथी हैं जो सांस्कृतिक आधुनिकता से जरा भी प्रभावित नहीं होते और तात्विक तार्किकता (Substantantial

Rationality) के विखंडन की तथा विज्ञान, नैतिकता व कला के तीन भिन्न क्षेत्रों के एकीकरण के तर्क से विघटन की प्रक्रिया का संदेह की दृष्टि से अध्ययन करते हैं। ये पूर्व आधुनिकतावादी (जैसे हांस जोनास, रॉबर्ट स्पेमान) पूर्वआधुनिकता की ओर लौट चलने का परामर्श देते हैं।

3. उत्तरआधुनिकतावादी वैसे नवपुरातनपंथी (Neoconservatives) हैं जो अभी आधुनिकता की वैज्ञानिक व प्रौद्योगिकीय उपलब्धियों को स्वीकार करते हैं।

हाबरमास इन उत्तरआधुनिकतावादियों की आलोचना तीन अलग-अलग बिंदुओं पर करते हैं–

(1) पश्चआधुनिकतावादियों का कहना है कि इस दुनिया में मनुष्य के दिशानिर्धारण (Orientation) के लिए विज्ञान निरर्थक हो गया है।

(2) उनका विश्वास है कि राजनीति को नैतिक व्यावहारिक वैधता से अलग रखना चाहिए।

(3) वे कला की शुद्ध अंतर्भूति की वकालत करते हैं और इसकी आदर्शवादी अंतर्वस्तु (Utopian Content) पर प्रश्नचिह्न लगाते हैं (जैसे विटगेन्सटाइन)।

विज्ञान, नीतिशास्त्र व सौंदर्यबोध–इन तीनों स्वतंत्र क्षेत्रों के एक-दूसरे से अलग हो जाने के साथ और इस जीवंत दुनिया से अलग विकृत अधिकारीतंत्र प्रशासन में, भविष्य में ऐसा कुछ भी नहीं दीखता जिसका सांस्कृतिक नवीकरण हो सके। ऐसी स्थिति में अर्थों (Meanings) की अर्थवैज्ञानिक पुनर्संरचना के लिए वापस परंपरा की ओर जाना ही पड़ेगा। हाबरमास 'आधुनिकता की अधूरी परियोजना' को इसी प्रकार समझते हैं जिसमें उत्तरआधुनिकता आधुनिकताविरोधी प्रवृत्तियों जैसी लगती है।[14]

बाद में हाबरमास ने एक दूसरे भाषण में अपने वैचारिक परिवर्तन दिखाया जब उन्होंने यूरोपीय वास्तुकला की परंपरा में परिवर्तन की प्रवृत्ति का वर्णन किया।[15] वे उत्तरआधुनिकता और नवइतिहासवाद (New Historicism) में अंतर करते हैं। इतिहासवाद के लिए परंपरा का पुनर्जीवन महत्त्वपूर्ण है। हाबरमास अब यह स्वीकार करते हैं कि उत्तरआधुनिकता की परंपरा के साथ बहुत ही जटिल संबंध है। उत्तरआधुनिकता पर उनकी एक ही मुख्य आपत्ति है–रूप-विधान (Form) व उसके क्रियात्मकता (Function) में विभाजन। उनके अनुसार उत्तरआधुनिक वास्तुकला मात्र बाह्याडंबर है–शुद्ध रूप से जादू का रूप- विधान है। यह क्रियात्मकता की उपेक्षा करता है और इसके सर्वांगी संदर्भ की ओर नहीं देखता है। किंतु क्रियात्मकता व तकनीकी तंत्र-तार्किकता (Technical System Rationality) के निकट संबंधों को देखकर हाबरमास अपने विचारों को सुधारते हैं और

सबसे पहले यह स्वीकार कर लेते हैं कि तंत्र की क्रियात्मक संगति (Functional Coherence) को इसकी जटिलता के साथ तथ्यरूप में सामने नहीं रखा जा सकता। दूसरी बात वे यह स्वीकार करते हैं कि उत्तरआधुनिक वास्तुकला अपनी बहुलता के माध्यम से बहुत हद तक इस स्थिति का निरूपण करती है।[16] किंतु सन् 1982 में फिर से वे अपने पुराने आलोचनात्मक विचारों की ओर लौट जाते हैं और उत्तरआधुनिकता की परियोजना को नवइतिहासवाद की सीमा तक पहुंच जानेवाली 'आधुनिकता की सुनियोजित विदाई' के रूप में देखते हैं।[17]

हाबरमास के विचारों की समलोचना करते हुए अल्ब्रेष्ट वेल्मर ने उत्तरआधुनिकता की द्वैधवृत्ति का पक्ष उजागर किया है। यह द्वैधवृत्ति मुख्य रूप से तकनीक के आधार पर बनी हुई आधुनिकता की अस्वीकृति में निहित है। आधुनिकता को यूरोपीय प्रबोधन की परंपरा के चरम बिंदु की तरह समझा जा सकता है। किंतु इसने एकपक्षीय तकनीकी संरचना का स्वरूप ले लिया। शास्त्रीय आधुनिकता हमेशा ही ऐसे प्रौद्योगिक आदर्शवाद की खोज में रही जो ऐतिहासिक व सामाजिक संदर्भ से अलग थी। हर आदर्शवाद में अंतर्भूत सर्वसत्तात्मक गुण होते हैं। सटीक इस अर्थ में तो नहीं किंतु इससे कुछ हद तक संबद्ध एक दूसरा भाषण हाबरमास ने सन् 1984 में दिया—'कल्याण-राज्य का संकट और आदर्शवादी ऊर्जाओं का समापन'। एक तरह से उन्होंने 'आदर्शवाद के अंत' के सामान्य उत्तरआधुनिक प्रसंग का पारंपरीकरण किया है और प्रौद्योगिकी की प्रगति पर आधारित क्रियात्मक आदर्शवाद (Functionalistic Utopia) की व्यर्थता को देखा है। किंतु इसके साथ ही उन्होंने 'अक्षुण्ण अंतरव्यक्तिपरकता (Intact Intersubjectivity) के औपचारिक पक्षों'[18] पर आधारित भविष्योन्मुखी आदर्शवाद को साकार करने की संभावनाओं को भी खोजा है। वस्तुतः उत्तरआधुनिकता में अंतरव्यक्तिपरकता को जीवंत रखा जाता है जिसमें व्यक्तिपरक परिप्रेक्ष्यों के पारस्परिक संवाद की बहुलता होती है।

किंतु समालोचनात्मक क्षमता व उत्तरआधुनिकता के विरुद्ध तर्क देते हुए हाबरमास की प्रशंसा अवश्य होनी चाहिए। उन्होंने तार्किकता की उत्तरआधुनिक, आलोचना के परिप्रेक्ष्य में आधुनिकता का दार्शनिक आख्यान तैयार किया है। किंतु यह बहुत ही आश्चर्यजनक बात है कि उत्तरआधुनिकता की अपनी आलोचना में उन्होंने उत्तरआधुनिकता के दर्शन के लेखक ल्योतार की एक बार भी चर्चा नहीं की। हाबरमास द्वारा उत्तरआधुनिकता के प्रणेता की इस अवहेलना को समझाना कठिन है। सन् 1980 के अपने प्रसिद्ध भाषण में हाबरमास ने आधुनिकता की प्रकृति को तात्विक तार्किकता की महान परंपरा के परिणाम के रूप में देखा है और फूको व देरिदा जैसे तार्किकता के आधुनिक समालोचकों को युवा-परंपरावादी, हांस जोनास और रॉबर्ट स्पेमान को पुरातन-परंपरावादी तथा युवा-विटगेन्सटाइन को नव-परंपरावादी कहा है। लेकिन उनके आलेखों की चर्चा नहीं होना—कुछ विचित्र-सा

लगता है। बगैर उल्लेख के ल्योतार उनके लेखों में सुस्पष्ट रहते हैं।

REFERENCES :

1. Jean Francois Lyotard, **The Postmodern Condition : A Report on Knowledge** (Translation from the French Geoff Bennington and Brian Massumi), Manchester University Press, Manchester 1984, p. xxiii
2. Lyotard, ibid. p. xxiv
3. Lyotard, ibid.
4. Lyotard, ibid.
5. Lyotard, ibid.
6. Lyotard, ibid. p. 61
7. Lyotard, ibid. p. 97, 172 f.
8. Albrecht Wellmer, 'On the Dialectics of Modernism and Postmodernism', In : **Praxis International,** 1986, p. 339
9. Lyotard, cited by Wellmer, ibid., p. 340
10. Lyotard, **The Postmodern Condition,** p. 99
11. Lyotard, 'Grabmal des Intellektuellen', Vienna 1985, p. 86. (English translation is mine)
12. Lyotard, **The Postmodern Condition,** ibid. p. 66
13. Juergen Habermas, **Die Moderne - ein unvollendetes Project.** In : Habermas, **Kleine politische Schriften,** Vol. 1-45, Frankfurt 1981, p. 444-464
14. Cf. Habermas, ibid.
15. Juergen Habermas, **The other Tradition. Architecture in Munich from 1800 till today,** Frankfurt 1985
16. Cf. Habermas, ibid. p. 26 f.
17. Juergen Habermas, **Die Kulturkritik der Neokonservativen in den USA und in der Bundesrepublik.** In : **Die neue Unubersichtlichkeit,** Frankfurt 1985, p. 30-56; 49
18. Habermas, ibid., p. 161

देरिदा द्वारा शब्दकेंद्रवाद की आलोचना
(विरचना का एक अन्वेषण)

❑ राघवेन्द्र प्रताप सिंह

पिछले कुछ दशकों में जाक देरिदा (जन्म 1931) दर्शनशास्त्र में एक विवादास्पद लेखक बनकर उभरे हैं। अपनी 'विरचना' की प्रणाली द्वारा देरिदा दर्शन एवं धर्म में शब्दकेंद्रवाद (Logocentrism) का विरोध करते हैं। इसके साथ ही वे दर्शन में हुए पूरे आधुनिक यूरोपीय आंदोलन का विरोध करते हैं। 'विरचना' जिसका अर्थ Differ एवं Defer दोनों है, के माध्यम से देरिदा यह दिखाने का प्रयास करते हैं कि यूरोपीय एवं भारतीय दोनों दर्शनों की अंततः विरचना की जा सकती है। स्पष्टता एवं बोधगम्यता की दृष्टि से मैंने इस लेख को दो भागों में बांटा है–

(1) प्राचीन ग्रीक दर्शन, बाइबल एवं वेदों के संदर्भ में शब्दकेंद्रवाद की व्याख्या तथा देरिदा द्वारा शब्दकेंद्रवाद पर लगाए गए मूलभूत आरोप।

(2) सुकरात द्वारा अपनाई गई 'संवाद की प्रणाली' (Method of Dialogue) एवं उपनिषदों के सापेक्ष विरचना की प्रणाली की मूल विशेषताओं का अन्वेषण।

जहां तक दर्शन में हुए आधुनिक यूरोपीय आंदोलनों पर देरिदा द्वारा लगाए गए आरोपों का प्रश्न है, मैंने अपने दूसरे लेख 'उत्तरआधुनिकता : आधुनिक दर्शन से विरोध' में इनकी व्याख्या की है।

मैं प्रारंभ में ही यह कह देना उचित समझता हूं कि विरचना कोई दार्शनिक सिद्धांत या मत नहीं है। यह मात्र देरिदा द्वारा अपनाई गई एक दार्शनिक प्रणाली है। प्रायः ऐसा होता है कि किसी निश्चित सत्तामीमांसा एवं ज्ञानमीमांसा को उचित ठहराने के लिए किसी प्रणाली का उपयोग किया जाता है। यह बड़ी विचित्र बात है कि देरिदा ने विरचना की प्रणाली का उपयोग किसी सत्तामीमांसा के पक्ष में तर्क देने के लिए नहीं, बल्कि किसी भी दार्शनिक विश्लेषण के सत्तामीमांसक पहलुओं की विरचना के लिए किया है।

भाग-1

दर्शन एवं धर्म में लोगोस की प्रकृति एवं स्थिति

प्राचीन ग्रीस के विचारों से विकास की भिन्न अवस्थाओं में लोगोस (ग्रीक शब्द जिसका अर्थ 'शब्द' है) के भिन्न अर्थ हैं। वस्तुतः 'शब्द' के चार अर्थ हैं–(1) ऐसा माना जाता है कि हेराक्लिटस ऑफ एफेसस (Heraclitus of Ephesus), जिनकी मृत्यु ईसा पूर्व 480 वर्ष के बाद हुई, ने लोगोस का प्रयोग दो अर्थों में किया है–'शब्द' एवं 'तर्क' (Reason)। लोगोस एक परामानवीय (Non-human) बुद्धि की तरह प्रतीत होता है जिसने विश्व के पृथक एवं असतत तत्त्वों को एक सुसंगत पूर्ण में समायोजित किया है। (2) सोफिस्टों (Sophists) ने लोगोस शब्द का प्रयोग लगभग इससे बने अंग्रेजी भाषा के आधुनिक शब्द 'लॉजिक' (Logic) यानी तर्क एवं 'लॉजिकल' (Logical) यानी तार्किक शब्दों के अर्थ में किया है। उनके लिए लोगोस का अर्थ युक्ति या दलील (Argument), या फिर किसी युक्ति की अंतर्वस्तु हो सकता था। (3) स्टोइकों (Stoics) ने लोगोस की तुलना एक ऐसे ईश्वर से की है जो विश्व की सारी तार्किकता का स्रोत हो। (4) स्टोइकों द्वारा 'लोगोस' को दिए गए अर्थ ने इस शब्द के आधुनिकतम अर्थ को प्रभावित किया है। संत जॉन (St. John) के सिद्धांत (Gospel) के आरंभिक शब्दों में इस शब्द का प्रयोग होता है जहाँ इसे जीसस क्राइस्ट के क्रियात्मक एवं विमोचक पक्ष के बराबर माना गया है।

देरिदा ने अपनी प्रसिद्ध पुस्तकों *पोजीशन्स* एवं *ऑफ ग्रामाटोलॉजी* में प्रतिपादित अपने 'संकेत के सिद्धांत' में लोगोस को महत्त्वपूर्ण स्थान दिया है। देरिदा ने कई स्थानों पर कहा है, "संकेत की समस्या मूल शब्दकेंद्रवाद, चेतना या प्रारंभिक कर्त्ता (Originary Subject) से उत्पन्न होती है।"[1] संकेत का विचारबोध देरिदा के लेखन का मुख्य विषय है। *ऑफ ग्रामाटोलॉजी* नामक पुस्तक में 'संकेत के सिद्धांत' के इतिहास की व्याख्या करते हुए देरिदा ने यह दिखाने का प्रयास किया है कि "संकेत की धारणा सदा ही इंद्रियगोचर एवं बुद्धिगम्य के बीच के तात्विक विरोध पर निर्भर रही है या इससे निर्धारित होती रही है। संकेत क्रिया (Sign Work) की उनकी विभिन्न विवेचनाओं ने यह दिखाया है कि तात्विक परंपरा (Metaphysical Tradition) ने सदा ही संकेत को उपस्थिति के इन दो क्षणों के बीच संक्रमण या पुल की तरह समझा है। चूंकि संकेत केवल वस्तु के रूप में उपस्थिति (इंद्रियगोचर) एवं आत्म-उपस्थिति के रूप में उपस्थिति (बुद्धिगम्य) के बीच के अस्थायी संबंध की तरह कार्य कर सकता है..."[2]

उपर्युक्त उद्धरण को समझने के लिए युक्तियों की दो धाराओं की

आवश्यकता है। पहली, जो लोगोस को पराइंद्रिय, अविभाज्य, एक एवं चिरंतन मानती हो—ये विचार सिर्फ हेराक्लिटस और सोफिस्टों द्वारा ही नहीं बल्कि वेदों में भी व्यक्त किए गए हैं। दूसरी, जो यह मानती है कि लोगोस को चेतना के आधार पर उचित ठहराया जा सकता है—स्टोइकों, बाइबल, सुकरात, प्लेटो, हेगेल एवं उपनिषदों ने अलग-अलग तरीकों से लगभग यही विचार व्यक्त किए हैं। वस्तुतः, देरिदा ने युक्तियों की इन दोनों धाराओं को एक में मिला दिया है। देरिदा के विचार में लोगोस एवं लोगोस की चेतना एक ही चीज है। इससे पहले कि मैं देरिदा द्वारा किए गए शब्दकेंद्रवाद की आलोचना एवं उनके द्वारा शब्दकेंद्रवाद की अस्वीकृति की चर्चा करूं, मैं हेराक्लिटस, सोफिस्टों, स्टोइकों, बाइबल एवं वेदों में शब्दकेंद्रवाद की प्रकृति एवं स्थिति पर थोड़ी विवेचना करना चाहूंगा।

हेराक्लिटस की मान्यता है कि प्रत्येक वस्तु सतत परिवर्तनीय है—वह अस्तित्व में आती है और अस्तित्व से चली जाती है। परिवर्तन अंतिम यथार्थ है और ऐसा कुछ भी नहीं है जो चिरंतन हो। एक प्रसिद्ध लेखांश में वे कहते हैं, "तुम एक नदी में दो बार कदम नहीं रख सकते क्योंकि उसमें सदा ही नवीन जल बह रहा है।" उनके एक अनुयायी क्रेटीलस ने तो यहां तक कहा, "तुम किसी एक नदी में एक बार भी कदम नहीं रख सकते हो, क्योंकि जब तक तुम नदी में कदम रखोगे नदी बदल चुकी होगी।" हेराक्लिटस की पद्धति के साथ यह वाक्य जुड़ गया है कि 'सभी कुछ निरंतर परिवर्तनीय है।' हेराक्लिटस अग्नि को मूल वस्तु (Ultimate Substance) मानता है, जो सदा ही 'गति में हैं'—जो सदा ही टिमटिमाता हुआ, धधकता हुआ, बढ़ता हुआ, घटता हुआ, प्रज्वलित, गर्म एवं दैदीप्यमान, समाप्त होता हुआ एवं ठंडा होकर चमकीले अंगारों में बदलता हुआ है।

यह हेराक्लिटस का लोगोस था—विश्व का वास्तविक यथार्थ, वह यथार्थ जिसका अस्तित्व (Being) संभवन (Becoming) में था जो समान एवं भिन्न था, जो स्व (Self) नहीं बनने की अपनी क्रिया में अपना स्व था, जो सतत परिवर्तनीय होते हुए भी सदा एक था तथा आंख एवं स्पर्श द्वारा जिसका अनुभव किया जा सकता था। यह अग्नि था। यहां यह स्पष्ट कर देना चाहता हूं कि 'लोगोस' से हेराक्लिटस का तात्पर्य केवल उस 'बुद्धिमत्ता' (Wisdom) से है जो संपूर्ण विश्व की क्रियाओं को जानने के प्रयास के मूल में है। सतत-जीवंत अग्नि के रूपांतरण की अंतर्भूत नियमावली को ही प्रायः हेराक्लिटस का लोगोस कहा जाता है।

प्रोटागोरस (लगभग 485-420 ईसा पूर्व) एवं जॉर्जियास जैसे सोफिस्टों ने लोगोस की तुलना तर्क (Logic) या युक्ति की अंतर्वस्तु से की है। विश्व-वस्तु (World-Stuff) एवं मूल यथार्थ (Ultimate Reality) के बारे में किसी भी तरह के सत्तामीमांसक अनुमान के प्रति प्रोटागोरस और जॉर्जियास दोनों ही संदेह व्यक्त करते हैं। प्रोटागोरस ने ऐसे किसी भी सार्वभौमिक एवं परम सत्य को नकार दिया

जो सभी स्थान एवं कालों में प्रत्येक मनुष्य के लिए समान हो। वे कहते हैं, "मनुष्य सभी कुछ का मापदंड है।" सत्य पूर्णतः सापेक्ष एवं व्यक्तिनिष्ठ होता है। किसी व्यक्ति को जो सत्य या असत्य भासित होता है वह केवल उसी सत्य या असत्य के बारे में जान सकता है। जहां तक उस एक व्यक्ति का प्रश्न है, उसे जो सत्य या असत्य भासित होता है, वही सत्य या असत्य है। एक व्यक्ति के सत्य को दूसरे के सत्य की तुलना में देखने के लिए कोई मापदंड उपलब्ध नहीं है। और, न ही यह कहा जा सकता है कि जो मुझे सत्य भासित होता है वह दूसरे को भासित होनेवाले सत्य से अधिक सच है। हर व्यक्ति स्वयं ही अपना उच्चतम न्यायपीठ है।

चूंकि किसी व्यक्ति को जो सत्य भासित होता है वही उसका एकमात्र सत्य है। और, चूंकि यह सत्य दूसरों के सत्य से भिन्न एवं क्षण-प्रतिक्षण अपने-आप से भी भिन्न होता है, इसलिए विश्व-प्रक्रिया को संपूर्णता से जानना व्यर्थ है और इस प्रयास के निष्कर्ष किसी काम के नहीं हैं। जार्जियास ने इंद्रियों द्वारा हुए अनुभव-ज्ञान की परिवर्तनशीलता के परे यथार्थ को खोजने के तर्क की शक्ति को भी चुनौती दी है। अपने मत के समर्थन में उन्होंने यथार्थ की धारणा एक एवं अनेक, रचित एवं अरचित, देश एवं काल में ज्ञात एवं अज्ञात के रूप में कहने के लिए आवश्यक तार्किकता के अंतर्विरोधों का सहारा लिया। उनका कहना है कि इन विरोधाभासों से बचने का एक ही तरीका है कि यह मान लिया जाए कि यथार्थ न एक है न अनेक, न अज्ञात है न ज्ञात, न रचित है न अरचित। अतः यथार्थ की सत्ता संभव नहीं है।

सोफिस्टवादी संशयवाद, जिसे हेराक्लिटस की अग्नि को परम वस्तु मानने की मान्यता से समझा जा सकता है, ने उस तर्क के विकास में योगदान किया जिसका प्रयोग परम वस्तु को नकारने के लिए होता है। यह लोगोस की एक अन्य अभिव्यक्ति है जो निश्चित रूप से युक्ति करने का एक तरीका है।

स्टोइकवाद मूल रूप से मुक्ति का मार्ग और जीवन की एक शैली थी। यह मनुष्य की खुशी को परिभाषित कर उसे प्राप्त करने के माध्यमों की खोज से संबद्ध था। इसके समर्थकों, जैसे जेनो (Zeno—लगभग 334-262 ईसा पूर्व) ने पूरे तंत्र में लोगोस के स्थान को समझा था। विश्व-प्रक्रिया की बोधगम्यता की व्याख्या स्टोइकों ने अर्द्धवैयक्तिक मानस के संदर्भ में की थी। यह अर्द्धवैयक्तिक मानस (Quasi-Personal Mind), जो लगभग मनुष्य के तर्क जैसा है, ब्रह्मांड में सर्वव्यापी है और घटनाओं के क्रम को निर्धारित करता है। विश्व के इस तर्कपूर्ण निर्धारक सिद्धांत के नामकरण के लिए स्टोइकों ने हेराक्लिटस से लोगोस शब्द ले लिया। और, संभवतः इसके बाद फिर स्टोइकों ने हेराक्लिटस को सतत-जीवंत अग्नि में अंतःस्थ लोगोस या ब्रह्मांडीय मानस (Cosmic Mind) की धारणा का

जन्मदाता मान लिया।

विस्तृत वास्तविकता चाहे जो भी हो, हेराक्लिटस के बनाए आधार पर स्टोइकों ने सर्वेश्वरवाद की स्थापना की। लोगोस और सतत-जीवंत अग्नि को मिलाकर एक ऐसी विश्व-वस्तु बना दी गई जो एकाकी, जीवंत, गतिशील एवं विचारक हो। स्टोइकों ने उसे ईश्वर, अग्नि, आकाश, प्रकृति एवं ब्रह्मांड जैसे नाम दिए। और उन्होंने विश्व-प्रक्रिया को तर्क, मानस, आत्मा, विधाता (Providence), नियति तथा भाग्य जैसे नाम दिए। यथार्थतः ये सभी एक ही हैं। मानस निश्चित रूप से भौतिक है और भौतिक तत्त्व निश्चित रूप से जीवंत एवं व्यवहार में तर्कपूर्ण है। जो कुछ भी घटित होता है वह ब्रह्मांड की प्रकृति की निश्चित आवश्यकता से निकलता है। किंतु साथ ही वह ब्रह्मांडीय तर्क द्वारा शासित, नैसर्गिक विधाता द्वारा निर्देशित और बुद्धिमत्तापूर्ण लक्ष्य द्वारा निर्धारित होता है क्योंकि ब्रह्मांड की प्रकृति तर्कपूर्ण है और जो कुछ भी घटित होता है वह सर्वोत्तम के लिए होता है।

अंत में बाइबल में, जो सुरक्षित रखने योग्य ऐतिहासिक दस्तावेज के अलावा और भी बहुत कुछ है, हमें ऐसे प्रलेख मिलते हैं जिनसे हमें मनुष्य के साथ ईश्वर के व्यापार, ईश्वर के अपने तथा अपनी इच्छा (Will) की प्रकाशना (Revelation) के बारे में पता चलता है। बाइबल में उन लोगों के बारे में प्रलेख मिलते हैं जिनके जीवन एवं कार्यों में 'ईश्वर का शब्द' (Word of God) मुख्य केंद्र बन गया। मनुष्य के प्रति ईश्वर के शब्दों के माध्यम से बाइबल अपना संदेश पहुंचाता है। यह शब्दकेंद्रवाद की एक अभिव्यक्ति है। प्रायः 'जेनेसिस' (Genesis) के नाम से जानी जानेवाली मूसा की पहली किताब *ओल्ड टेस्टामेंट* (Old Testament) में कहा गया है—'ईश्वर ने कहा, प्रकाश हो...।' और न्यू टेस्टामेंट (New Testament) के गॉस्पेल (Gospel) में ''लोगोस तीन अवस्थाओं से गुजरता है : (1) ईसा मसीह में केंद्रित और उनके ही द्वारा उद्घोषित मनुष्य के प्रति ईश्वर का संदेश, (2) ईश्वर से संबंधित तथ्यों का आख्यान, (3) इन तथ्यों का कोई एक लिखित विवरण।''[3]

इसी तरह हेराक्लिटस, सोफिस्टों, स्टोइकों और बाइबल में शब्दकेंद्रवाद विचार का मुख्य विषय रहा है। बहुलतापूर्ण, विखंडित एवं असतत अनुभूतिमूलक विश्व को समझकर इसकी व्याख्या करने के लिए एक तार्किक पूर्वकल्पना की तरह शब्दकेंद्रवाद की आवश्यकता है। लोगोस तार्किकता, ऐकिकता और निरंतरता को प्रस्तुत करता है। लोगोस सदा ही एक एवं सार्वजनीन होता है। लोगोस अस्तित्व (Being) है और यह संभवन (Becoming) एवं परिवर्तन की दुनिया की तार्किक पूर्वकल्पना है।

इंद्रियातीत की सहायता से इंद्रियानुभवगम्य विश्व की सहायता करना भारतीय दर्शन में विचार का मुख्य विषय रहा है। भारतीय दर्शन का मूल आसानी से वेदों

में खोजा जा सकता है जो आर्यों के विचारों की प्राचीनतम उपलब्ध धरोहर है। आध्यात्मिक एकेश्वरवाद (Spiritual Monism) से ओत-प्रोत वैदिक सूक्तों की मुख्य धारणा है कि किसी अपरिवर्तनीय, एक एवं सतत सत्ता के आधार पर इस परिवर्तनीय, बहुलतावादी एवं विखंडित जगत को समझा जा सकता है। ऋग्वेद में कहा गया है कि 'एकम् सद् विप्राः बहुधा वदन्ति' या 'पुरुष एवेदम् सर्वम यद् भूतम् यच्च भाव्यम्'।[4] इनके अलावा और भी ऐसे कई मंत्र उदाहरणीय हैं। जैसे उसी 'यथार्थ' (Real) की आराधना ऋग्वेद में 'उक्त' के नाम से, यजुर्वेद में 'अग्नि' के नाम से तथा सामवेद में 'महाव्रत' के नाम से की गई है।

अर्थात शब्दकेंद्रवाद प्राचीन ग्रीक दर्शन एवं भारतीय वैदिक दर्शन के केंद्र में रहा है। देरिदा ने शब्दकेंद्रवाद के विरुद्ध अपनी विरचना की प्रणाली तीन तरीकों से लगाई है–पहला, लोगोस को विकेंद्रित करना, दूसरा, लोगोस को हाशिये पर पहुंचा देना, और तीसरा, लोगोस को विरचित करना। देरिदा इस विवाद को तत्वमीमांसा के पूरे तंत्र पर प्रश्नचिह्न खड़ा करने के लिए विकसित करते हैं। *ऑफ ग्रामाटोलॉजी* के प्राक्कथन (Exergue or outwork) में देरिदा ने शब्दकेंद्रवादी युग की तीन धाराओं पर ध्यान दिया है। इस व्याख्या के अनुसार वाच्य-लेखन (Phonetic-Writing), जो शब्दकेंद्रवाद के बराबर है, की तत्वमीमांसा ने एक तंत्र के अंतर्गत नियंत्रण एवं शासन किया है : "(1) लेखन की धारणा... (2) तत्वमीमांसा का (एकमात्र) इतिहास जिसने सामान्यतः लोगोस को सत्य का मूल रूप माना है : सत्य का, सत्य के सत्य का इतिहास जो सदा ही...लेखन का अपमान एवं 'पूर्ण वाक्' (Full Speech) के बाहर लेखन का दमन रहा है, (3) विज्ञान की धारणा या विज्ञान की वैज्ञानिकता–जो सदा ही तर्क की तरह निर्धारित होता रहता है।"[5] वस्तुतः देरिदा की विरचना की प्रणाली का अधिकतर भाग संकेत का सिद्धांत ही है और यह लोगोस की वास्तविक स्थिति एवं उसमें आते हुए परिवर्तनों का वर्णन कर सकता है। लेखन के विज्ञान-ग्रामटोलॉजी की देरिदा की परियोजना में लोगोस का रूप परिवर्तन, उपांतीकरण (Marginalizing) और अंततः विरचन देखने को मिलता है। आशावादी होकर सोचें तो कहा जा सकता है कि शब्दकेंद्रवाद की आलोचना देरिदा को लोगोस की साधारण अस्वीकृति से बचने का उपाय देती है अन्यथा, यह साधारण अस्वीकृति देरिदा को शब्दकेंद्रवाद की परंपरा में रख देती। इससे देरिदा के लिए यह भी संभव हो सका है कि वे लोगोस को तत्वमीमांसी तथा धार्मिक परंपराओं–विशेषकर बाइबल तथा वैदिक परंपराओं–में देख सकें। देरिदा ने युक्ति की है कि संकेत के सिद्धांत की सहायता से ही शब्दकेंद्रवाद की विरचना संभव है। वे कहते हैं, "संकेत 'स्वतंत्र प्रतिनिधित्व' तथा 'अंतःप्रज्ञा' को एकीकृत करता है, दूसरे शब्दों में, एक धारणा (संकेतित) तथा एक इंद्रियानुभव (संकेतक - Signifier) को एकीकृत करता है।"[6] देरिदा आरोप लगाते हैं कि

शब्दकेंद्रवादी तंत्रों में 'एक तरह का अलगाव' या 'विसंधि' (Disjoining) होती है जो अंतःप्रज्ञा को विस्थापित कर संकेतीकरण (Signification) के लिए स्थान बनाती है। अब संकेतित और संकेतक के बीच एकता नहीं रह जाती है। संकेतित की तरह के लोगोस के लिए कोई भी संकेतक नहीं है। देरिदा ने इस प्रक्रिया को उलट दिया है। वे युक्ति करते हैं कि एक संकेत दूसरे संकेत की ओर ले जाता है और फिर वे तीसरे संकेत की ओर। इस तरह हमें संकेतों की बहुलता मिलती है और हम कभी भी लोगोस के प्रथम संकेत या शब्द तक नहीं पहुंच पाते। देरिदा का विचार है कि शब्दकेंद्रवाद में सदा ही एक विचित्र 'अंतःप्रज्ञा' होती है जो इसकी 'तत्वता'–अर्थ की तत्वता (Identity) में निहित होती है। संकेतक काया (Signifying Body) तथा संकेतित तत्वता की एकता के बतौर, संकेत 'एक तरह का अवतार' बन जाता है।[7] अतः देरिदा की परियोजना से हम जैसे जुड़े हैं, उसमें सामान्यतः और अधिक महत्त्वपूर्ण रूप से "बुद्धिगम्य और अनुभवगम्य के बीच का विरोध संकेतक और संकेतित एवं संकेतक के अभिप्राय (जो अनुप्राणक क्रिया है) तथा संकेतक की जड़ काया के बीच के अंतर को अनुकूलित करता है।"[8]

देरिदा को शब्दकेंद्रवाद की तत्वमीमांसा में गहरा अविश्वास है। किंतु शब्दकेंद्रवाद का खंडन करते हुए देरिदा ऐसी गंभीर एवं रचनात्मक एक दूसरी विरोधी-परिकल्पना देने में असफल रहते हैं जो शब्दकेंद्रवाद का स्थान ले सके। देरिदा की विरचना की प्रणाली का अर्थ कुछ उस गुरिल्ला युद्धशैली की तरह है जिसमें आक्रामक तेजी से प्रहार कर नुकसान पहुंचाकर भाग खड़ा होता है। देरिदा एक मत को गंभीरता से नहीं लेकर उसे अस्वीकार करने का प्रयास करते हैं। शब्दकेंद्रवाद को अस्वीकार करते हुए देरिदा हमारे संज्ञानात्मक उद्यम (Cognitive Endeavour) में एकता, निरंलरता तथा तार्किकता को अस्वीकार करते हैं और प्रयास करते हैं कि इनको बहुलता, अनिरंतरता एवं अतार्किकता से विस्थापित कर दिया जाए।

इतना कुछ करने के बाद मैं अब लेख के दूसरे भाग की ओर बढ़ना चाहूंगा जिसमें मैं विरचना की प्रणाली की व्याख्या सुकरात के संवाद की प्रणाली तथा उपनिषदों की प्रणाली के सापेक्ष करूंगा।

भाग-2

जब किसी प्रणाली के संबंध में हमारी जांच आगे बढ़ती है, एक फलोत्पादक प्रयास के लिए तकनीकी शब्दावली अनिवार्य हो जाती है। तकनीकी शब्द से मात्र ऐसे शब्द का बोध होता है जिसका अर्थ सुनिश्चित हो और इसलिए तकनीकी शब्दावली के प्रति सचेष्ट नहीं होने का अर्थ है सुस्पष्ट विचारों के प्रति सचेष्ट नहीं होना। रसायनशास्त्र या रेखागणित में ऐसी परिस्थिति कई बार देखने को मिलती है।

अल्कोहल, अम्ल या ईश्वर की निश्चित धारणा पर ही रसायनशास्त्र का विकास हो सका, इसी तरह रेखागणित का विकास वृत्त, त्रिभुज या तल की निश्चित धारणा पर ही हो सका। दर्शनशास्त्र में प्रणाली की स्थिति इससे अलग नहीं है। अतः जब हम किसी विचार में गहरे पैठते हैं तो तकनीकी शब्द उस विचार को कठिन न बनाकर सरल बना देते हैं।

विरचना की प्रणाली अपने-आप में तकनीकी शब्द होने के साथ-साथ दो अन्य शब्द भी आवृत्त करती है– To defer तथा To differ । यहां कह देना उचित होगा कि सामान्य अंग्रेजी में 'To defer' का अर्थ होता है 'किसी उत्तरवर्ती काल के लिए टाल देना' या 'विलंबित कर देना' और 'To differ' का अर्थ है 'असमान होना' या 'असहमत होना' आदि। किंतु इन सामान्य अर्थों का मेल उस तकनीकी एवं सुस्पष्ट अर्थ के साथ नहीं बैठता है जिसमें देरिदा ने विरचना का प्रयोग किया है। विरचना का अर्थ है 'उपांतीकृत एवं अस्वीकृत करना'। यहाँ 'उपांतीकृत करने' का अर्थ लोगोस को विकेंद्रित करना तथा 'अस्वीकृत करने' का अर्थ है लोगोस से दूर हो जाना (To out do with the logos)। 'उपांतीकरण' का अर्थ है किसी उच्चतर विचार में नहीं मिलना और 'अस्वीकृत' का अर्थ है संपूर्णता का पुनरागमन नहीं बल्कि जो पहले से खंडित है उसे पुनः जीवित करना। जैसा कि हमने लेख के भाग -I में देखा है कि शब्दकेंद्रवाद की देरिदा की आलोचना से यह स्पष्ट होता है कि पहले वे लोगोस को विकेंद्रित करते हैं, फिर उपांतीकृत करते हैं और अंततः अस्वीकृत करते हैं। इस तरह विरचना की प्रणाली के आधार पर देरिदा शब्दकेंद्रवाद पर आधारित एकीकृत विश्व-दर्शन से अनिवार्य रूप से बहुलतावादी विश्व-दर्शन की ओर बढ़ते हैं।

देरिदा ने विरचना की प्रणाली सिर्फ लोगोस के सिद्धांत की मूल द्वैधवृत्ति (Ambivalence) को दिखाने के लिए ही नहीं बल्कि शब्दकेंद्रवाद के लेखन में उपस्थित अस्पष्टता दिखाने के लिए भी की है। हेराक्लिटस, सोफिस्टों, स्टोइकों तथा बाइबल ने शब्दकेंद्रवाद को प्रस्तुत एवं विकसित किया किंतु इसे उचित ठहराने के लिए किसी दर्शन प्रणाली का विकास नहीं किया। एक निश्चित प्रणाली की कमी शब्दकेंद्रवाद के प्रारंभिक चरण की कमी रही है।

सुकरात पहले दार्शनिक थे जिन्होंने दर्शन में प्रणाली के महत्त्व को समझा था। उन्होंने आत्मा (Self) तथा सद्गुणों (Virtues) के सिद्धांत को उचित ठहराने के लिए संवाद की प्रणाली का विकास किया था। उपनिषदों में भी यह संवाद की प्रणाली देखी जा सकती है। सुकरात की परंपरा में आत्मा का सिद्धांत तथा उपनिषदीय परंपरा में आत्मन का सिद्धांत शब्दकेंद्रवाद प्रस्तुत करते हैं। देरिदा द्वारा लगाए गए आरोपों को गलत साबित करने के लिए यह आवश्यक एवं इप्सित है कि हम संवाद की प्रणाली की विशेष चर्चा करें। अतः अब हम संवाद की प्रणाली

की मूल विशेषताओं की चर्चा करेंगे।

संवाद दो सत्य-शोधक व्यक्तियों के बीच की प्रक्रिया है। इस अर्थ में संवाद एक ऐसी प्रणाली है जिसमें दूसरों के विचारों से टकराव आवश्यक है। संवाद के विपरीत एकालाप (Monologue) हठधर्म (Dogma) को जन्म देता है। संवाद में यह आवश्यक है कि अपनी मान्यता के पक्ष में मैं जो विचार प्रस्तुत करता हूं वह दूसरों की मान्यता एवं विचार के विपरीत हो। यदि दूसरे चिंतकों के विचारों में मुझे अपने विचार मिलें तो संवाद संभव नहीं है। यह आवश्यक है कि दूसरे चिंतकों को भी बोलने का अवसर दिया जाए—मेरी उस संवाद में केवल सहभागिता हो सकती है।

प्लेटो (लगभग 428-348 ईसा पूर्व) के संवादों में इसके सुंदर उदाहरण मिलते हैं। इन संवादों में सत्य के शोध को लेकर दो चिंतक युक्ति के साथ अपने विचारों को प्रस्तुत कर उनका आदान-प्रदान करते हैं। संवाद में सत्य का शोध विचारों के लिए उद्दीपन का कार्य करता है। उदाहरण के लिए, प्लेटो के 'थेयटेटस' (Theaetetus) नामक पुस्तक में ज्ञान की प्रकृति पर चर्चा करते हुए थेयटेटस ने एक सामान्य परिभाषा प्रस्तुत की। उन्होंने कहा कि रेखागणित, गणित-ज्योतिष, समरूपता (Harmony) एवं गणना, ये सभी भिन्न प्रकार के ज्ञान हैं। सुकरात इस परिभाषा की जांच करते हैं और इस संदर्भ में निम्नलिखित संवाद चलता है—

सुकरात : यह अति है, थेयटेटस, यह अति है, आपकी प्रकृति की श्रेष्ठता एवं स्वाधीनता आपको कुछ दे देती है, जबकि मैं एक साधारण वस्तु मांग रहा हूं।

थेयटेटस : आपका क्या तात्पर्य है, सुकरात ?

सुकरात : संभवतः कुछ नहीं, फिर भी मैं यह कहने का प्रयास करूँगा कि मेरी समझ में मेरा क्या तात्पर्य है। जब आप चर्मक्रिया के बारे में कहते हैं तो आपका तात्पर्य जूते बनाने की कला या विज्ञान से होता है ?

थेयटेटस : यह सही है।

सुकरात : और जब आप बढ़ईगिरी की बात करते हैं तो आपका तात्पर्य लकड़ी का सामान बनाने की कला से होता है ?

थेयटेटस : हां।

सुकरात : दोनों स्थितियों में आप दोनों कलाओं की विषयवस्तु परिभाषित करते हैं ?

थेयटेटस : सत्य है।

सुकरात : किंतु थेयटेटस, यह मेरे प्रश्न का मुख्य विषय नहीं था। हम विषयों के बारे में जानना चाहते थे, न कि कलाओं और विज्ञानों की संख्या के बारे में। हम उनकी संख्या नहीं गिनने जा रहे हैं बल्कि सिद्धांत

रूप में ज्ञान की प्रकृति जानना चाहते हैं। क्या मेरी बात सही नहीं है ?

थेयटेटस : सही है।

सुकरात : मैं एक उदाहरण देता हूं। मान लीजिए बहुत ही सामान्य और स्पष्ट-सी वस्तु के बारे में कोई पूछना चाहता है—जैसे मृत्तिका (Clay) क्या है ? और, हम जवाब दें एक मृत्तिका कुम्हारों की होती है, एक चूल्हा बनानेवालों की, एक ईंट बनानेवालों की, तो क्या यह उत्तर हास्यास्पद नहीं होगा ?

थेयटेटस : सचमुच होगा।

सुकरात : पहली बात तो यह कि यह मान लेना एक विसंगति होगी कि प्रश्न पूछनेवाला हमारे उत्तर से मृत्तिका का अर्थ समझ जाएगा जबकि हमने केवल मूर्त्ति बनानेवालों की या किसी अन्य कर्त्ता की छवि (Image) जोड़ दी है। कोई किसी वस्तु का नाम कैसे समझ सकता है जब वह उसकी प्रकृति नहीं जानता है ?

थेयटेटस : वह नहीं समझ सकता है।

सुकरात : अर्थात् जो यह नहीं जानता है कि विज्ञान या ज्ञान क्या है, उसे जूते बनाने की कला या विज्ञान का ज्ञान नहीं है ?

थेयटेटस : हां, नहीं है।

सुकरात : न ही किसी और विज्ञान का ?

थेयटेटस : नहीं।

सुकरात : और जब कोई यह पूछे कि विज्ञान या ज्ञान क्या है तो कुछ कलाओं और विज्ञान का नाम गिनाना हास्यास्पद है, क्योंकि प्रश्न तो है कि 'ज्ञान क्या है' और इसका उत्तर होगा 'ज्ञान यह या वह है' ?

थेयटेटस : सच है।

सुकरात : और, वह छोटा और साधारण उत्तर दे सकता है—ऐसे में वह बहुत बड़ा वृत्त बनाएगा। जैसे, यह पूछने पर कि मृत्तिका क्या है, वह कह सकता है कि मृत्तिका गीली मिट्टी है—किस तरह की मृत्तिका—यह यहां मुख्य चर्चा का विषय नहीं है।[9]

प्रायः ऐसा कहा जाता है कि सुकरात विशिष्ट परिभाषाओं का शोधक था : साहस (लेचेज -Laches में), मस्तिष्क के विवेक (Soundness of mind - चार्माइडस या Charmides में) पवित्रता (युथिफ्रो Euthyphro में), या उत्कृष्टता (Excellence- मीनो या Meno में) में। इन सब में केवल संवाद की प्रणाली अपनाई गई है।

सुकरात के संवाद की दो मुख्य विशेषताएं हैं—विरोध और सहमति। पहले सुकरात के संवाद में विरोध की प्रकृति एवं स्थिति की चर्चा करते हैं। संवाद की

प्रक्रिया द्वारा असमंजस की स्थिति उत्पन्न कर सुकरात दूसरे व्यक्ति से कोई उत्कृष्ट वर्णन करवाता है। फिर वह उत्कृष्टता के मात्र कुछ उदाहरणों से संतुष्ट होना अस्वीकार कर देता है और इस बात पर जोर देता है कि उन सामान्य गुणों का वर्णन होना चाहिए जिनके आधार पर यह कहा जा सके कि कोई वस्तु-विशेष उत्कृष्टता (Excellence) का उदाहरण है या नहीं। जब ऐसा कोई वर्णन उसके सामने प्रस्तुत किया जाता है तब वह दूसरे व्यक्ति से कई प्रश्न पूछता है जिनके उत्तर 'हां' या 'नहीं' में होते हैं। और, दूसरे व्यक्ति के कथनों के निष्कर्षों के आधार पर सुकरात उन्हें विरोधी स्थिति में ला खड़ा करता है। अब एक अलग परिभाषा देने का प्रयास किया जाता है। या, कई बार दूसरे व्यक्ति को यह अवसर दिया जाता है कि वह अपने उत्तर को सुकरात के प्रश्नों से बदल दे। दोनों ही परिस्थितियों में विरोधी स्थिति जन्म लेती है–संवाद के अंत में सभी सहभागी सुकरात की तरह ही असमंजस की स्थिति में होते हैं।

सुकरात के संवाद की दूसरी विशेषता है सहमति (Consensus)। संवाद तभी संभव है जब दो वक्ताओं के बीच कुछ मूल सहमतियां हों। जैसे–दोनों वक्ता बोलें और एक-दूसरे की बात सुनें, दोनों का लक्ष्य सत्य हो, दोनों एक-दूसरे की भाषा समझें, दोनों एक-दूसरे की युक्ति करने की शैली समझें, दोनों को ऐसी दो अलग-अलग दुनिया का नहीं होना चाहिए जिनकी अंतर्वस्तु बिल्कुल भिन्न हो। ये विशेषताएं वह सामान्य आधारभूमि प्रदान करती हैं जिसमें संवाद संभव हो। सुकरात सहमति की इन सारी विशेषताओं का अनुगमन करते हैं। एक वक्ता की तरह वे बहुत सफल हैं क्योंकि शब्दों के प्रति उनकी उचित प्रतिक्रिया होती है। एक श्रोता की तरह वे यह अच्छी तरह समझते हैं कि दूसरा व्यक्ति क्या कह रहा है। और, इस तरह वे एक ऐसा उत्तर दे पाते हैं जो उन्हें एवं दूसरे व्यक्ति को भी उद्दीप्त कर सके। यहां सुकरात वक्ता के पद पर श्रोता और फिर श्रोता के पद पर वक्ता भी बन जाते हैं। गुरु एवं शिष्य अपना स्थान बदल लेते हैं।

इस तरह हमने देखा कि संवाद की प्रणाली में विचारों की संभावना एवं उनके विकास के लिए विरोध एवं सहमति दो क्रियात्मक शब्द (Operative Terms) हैं। पूर्ण विरोध हमें किसी निष्कर्ष की ओर नहीं ले जाता। पूर्ण सहमति से मतांधता (Dogma) का जन्म होगा और इसलिए यह भी किसी काम का नहीं। कुछ सहमतियों के परिप्रेक्ष्य में विरोधों की बात की जा सकती है और विचारों का फलोत्पादक उद्दीपन हो सकता है।

आधुनिक काल में गैलीलियो (1564-1642) ने अपनी पुस्तक *डायलॉग ऑन द टू चीफ वर्ल्ड सिस्टम्स* (Dialogue on the two Chief World Systems; 1632) में संवाद की प्रणाली का प्रयोग किया है। गैलीलियो, जिन्हें 'आधुनिक भौतिकी का जन्मदाता' माना जाता है और जो वस्तुतः पूरे आधुनिक विज्ञान का ही जन्मदाता

हैं, ज्योतिष-गणितज्ञ तथा गतिज-विज्ञान के जन्मदाता के रूप में प्रमुख हैं। गैलीलियो ने कॉपरनिकस की सौरकेंद्रिक परिकल्पना (Heliocentric Hypothesis) तथा केप्लर के गति के तीन नियमों को स्वीकार किया। उन्होंने केप्लर के साथ पत्र-व्यवहार किया और उनकी खोजों को भी स्वीकार किया। उनके विचारों के कारण धर्म-सत्ताधिकारी उनके विरुद्ध खड़े हो गए। धर्माधिकरण (Inquisition) ने उन्हें गर्हित (Condemn) किया—पहले सन् 1616 में निजी रूप से, फिर सन् 1633 में सार्वजनिक रूप से। सार्वजनिक रूप से गर्हित किए जाने के बाद गैलीलियो ने अपनी बात वापस ले ली और यह वायदा किया कि अब से वे यह मान्यता नहीं रखेंगे कि पृथ्वी सूर्य के परितः घूमती है। किंतु फिर भी चर्च द्वारा प्रतिबंधित होने के बावजूद उनकी उपर्युक्त पुस्तक सौरकेंद्रिक परिकल्पना की श्रेष्ठता के लिए युक्ति करती है। टॉलेमी की पृथ्वीकेंद्रिक परिकल्पना (Geocentric Hypothesis) की युक्तियों को काटने के लिए गैलीलियो ने मात्र संवाद की प्रणाली अपनाई थी। और हाल में सन् 1992 में चर्च ने गैलीलियो को दिए गए दंडों के लिए टेलीविजन पर सार्वजनिक रूप से क्षमा मांगी।

जॉर्ज बर्कले (1685-1753) ने भी अपनी पुस्तक *थ्री डायलॉग्स बिटवीन हायलास एंड फिलोनस* (Three Dialogues Between Hylas and Philonous) में संवाद की प्रणाली अपनाई है। यह संवाद संशयवादियों (Sceptics) तथा नास्तिकों (Atheists) के विरोध में किया गया है। इस संवाद की प्रणाली की मदद से भौतिक पदार्थ, इंद्रियगोचर वस्तुओं से संबंधित संशयवाद, प्राथमिक एवं द्वितीयक गुणों में अंतर आदि पर दार्शनिकों तथा वैज्ञानिकों (लॉक एवं न्यूटन) के बीच फैले विश्वास का बर्कले (Berkeley) ने खंडन किया है।

इस तरह सुकरात, गैलीलियो तथा बर्कले ने संवाद की प्रणाली का उपयोग अपने दार्शनिक, वैज्ञानिक एवं धार्मिक सिद्धांतों को उचित ठहराने के लिए नहीं बल्कि विरोधियों के विचारों की कठोर आलोचना के लिए किया है। सुकरात ने अपनी आत्मा तथा सद्‌गुणों के सिद्धांत को संवाद की प्रणाली के आधार पर विकसित नहीं किया है। इस प्रणाली के माध्यम से सुकरात ने सिर्फ आत्मा एवं गुणों के सिद्धांत में विरोधाभासों, कमियों तथा खामियों को दूर करने का प्रयास किया है। इसी तरह गैलीलियो ने संवाद की प्रणाली का उपयोग गतिज-विज्ञान के नियमों या भौतिक जगत के गणितीय आधार को न्यायसंगत ठहराने के लिए नहीं किया है। बल्कि सिर्फ अपने सौरकेंद्रिक सिद्धांत के विरोध में पृथ्वीकेंद्रिक परिकल्पना के विरोधाभासों को दूर करने के लिए किया है। बर्कले ने भी संवाद की प्रणाली का उपयोग संशयवाद तथा नास्तिकतावाद के खंडन के लिए किया है।

छांदोग्य उपनिषद में भी आत्मा के ज्ञान से संबंधित संशयों और संदेहों को

दूर करने के लिए संवाद की प्रणाली अपनाई गई है। छांदोग्य उपनिषद में आख्यायित प्रजापति एवं इंद्र के बीच हुए संवाद में हमें आत्मा की एक धारणा का विकास देखने को मिलता है। यह विकास स्वप्निल या अनुभवजन्य आत्मा तथा स्वप्नहीन गहन निद्रा की स्थिति में आत्मा के माध्यम से जागृत या दैहिक आत्मा का परमात्मा में विकास है। यह संवाद हमें बताता है कि देवताओं ने इंद्र को और दानवों ने विरोचन को प्रजापति के पास आत्मा का ज्ञान प्राप्त करने के लिए भेजा। गुरु ने उन्हें बत्तीस वर्ष की तपस्या कर आत्मा का ज्ञान प्राप्त करने की अपनी योग्यता सिद्ध करने को कहा। दोनों जब यह शर्त पूरी करके आए तो प्रजापति ने उन्हें शिक्षा दी कि आत्मा वह है जो दूसरों की आंखों में, जल में या आइने में देखने पर दिखाई पड़ती है। विरोचन संतुष्ट हुआ और चला गया। किंतु इंद्र ने सोचना शुरू किया—आत्मा देह का प्रतिबिंब कैसे हो सकता है ? यदि देह सुंदर है तो आत्मा सुंदर होगा, यदि देह नष्ट हो तो आत्मा भी नष्ट होगा। इस तरह असंतुष्ट होने के बाद, इंद्र प्रजापति के पास पहुंचते हैं और उन्हें अपने संदेह एवं समस्याएं बताते हैं। प्रजापति ने अब उनसे कहा कि आत्मा वह है जो स्वप्न में स्वतंत्र विचरण करता दीख पड़ता है। इंद्र ने फिर संदेह किया—स्वप्न में भी दुःख एवं भय का अनुभव होता है। अतः यह भी सही नहीं जान पड़ता। इस पर प्रजापति ने कहा कि आत्मा वह है जो स्वप्नहीन गहन निद्रा का आनंद उठाता है। किंतु इंद्र ने फिर अपनी समस्याएं रखीं। इंद्र ने प्रजापति से युक्ति की कि गहन निद्रा में आत्मा अपने-आपको अमूर्त्त प्रत्यय में परिणत कर लेता है। और इस तरह यह संवाद आगे बढ़ता है। इस संवाद की प्रणाली की ध्यातव्य विशेषता है संज्ञान प्रक्रिया का क्रमिक विकास। स्वप्निल आत्मा के ज्ञान में या फिर स्वप्नहीन गहन निद्रा की स्थिति में आत्मा के ज्ञान में दैहिक आत्मा के ज्ञान को अस्वीकृत नहीं किया गया है। उच्चतर अवस्था में पहले की अवस्था को समाहित कर लिया गया है।

जहां तक संवाद की फलोत्पादकता का संबंध है, इस बारे में युक्ति करने की कोई आवश्यकता नहीं है। संवाद की प्रणाली के माध्यम से सुकरात ने सद्गुण, बुद्धिमत्ता, अच्छा और बुरा, गलत और सही जैसे नैतिक प्रश्नों की व्याख्या करने का प्रयास किया है। उनका प्रयास था कि इन धारणाओं की सार्वजनीन एवं अमूर्त विशेषताओं के बारे में जाना जाए। और, इनका ज्ञान तभी संभव था कि जब इनकी परिभाषा इनकी सार्वजनीन विशेषताओं के संदर्भ में की जाए। किंतु इन सार्तजनीन विशेषताओं, मापदंडों एवं नियमों के शोध के लिए सुकरात ने संवाद की प्रणाली त्याग दी और युक्ति की कि ऐसे किसी भी शोध की यह पूर्वआवश्यकता है कि कठोर आत्मपरीक्षण किया जाए। उन्होंने संवाद की प्रणाली का उपयोग नैतिक सिद्धांतों और आत्मा के सिद्धांत को न्यायसंगत ठहराने के लिए नहीं बल्कि उन सिद्धांतों के अंतर्विरोधों को दूर करने और विरोधी के आरोपों का खंडन करने के

लिए किया है। संवाद की प्रणाली ने आत्मा एवं बुद्धिमत्ता के शोध का मार्ग तो दिखाया किंतु आत्मा का वास्तविक बोध आत्म-परीक्षण से ही हो सकता है। डेल्फी में अपोलो के मंदिर पर जो प्रसिद्ध लेख है 'अपने-आपको जानो' (Know Thyself) वही बुद्धिमत्ता का प्रारंभ है। इसके सिद्धांत के प्रयोग की प्रथम फलोत्पादक उपयोगिता है अबोधत्व, मूर्खता, अंधविश्वास तथा पूर्वाग्रहों को दूर कर मनुष्य को यह बताना कि कैसे उसका अधिकतर ज्ञान अमौलिक एवं द्वितीय स्तर का है। संवाद की प्रणाली का मुख्य उद्देश्य यही है। इसके बाद सभी मनुष्यों द्वारा स्वीकार्य न्यायसंगत बुद्धिमत्ता की पुनर्रचना का कार्य आता है।

आत्मा के सिद्धांत के साथ सुकरात ने दर्शन के प्रश्नों में भौतिक जगत के अन्वेषण का स्थान आत्म-ज्ञान के अन्वेषण को दे दिया। सुकरात से पहले ग्रीक दर्शन प्राकृतिक यथार्थ के अध्ययन में लगा था। थैलिस (Thales, 624-547 ईसा पूर्व), जिन्हें दर्शनशास्त्र का जन्मदाता माना जाता है, ने जल को सभी कुछ का मूल स्रोत एवं संपोषण माना है। जल अधिक सघन होकर पृथ्वी बन जाता है और कम सघन होने पर वायु हो जाता है। जल के बिना जीवन संभव नहीं है। ठोस, तरल एवं गैस—अस्तित्व की ये तीनों स्थितियां जल की सांद्रता पर निर्भर करती हैं। अतः किसी अवस्था परिवर्तन की पृष्ठभूमि में जल एक पूर्ण सतत वस्तु के रूप में वर्तमान होता है। सुकरात ने आत्मा, सद्गुण एवं बुद्धिमत्ता के ज्ञान को दर्शनशास्त्र का मुख्य विषय बनाया है। उन्होंने इन विषयों की परिभाषा करते समय उत्पन्न विरोधों को दूर करने के लिए संवाद की प्रणाली अपनाई थी।

इसी तरह गैलीलियो ने भी संवाद की प्रणाली भौतिक जगत के गणितीय आधार को उचित ठहराने के लिए नहीं की है। बर्कले ने अपना कर्त्तानिष्ठ प्रत्ययवाद (Subjective Idealism) विवाद के आधार पर नहीं बल्कि 'प्रत्ययज्ञान (Perception) ही ज्ञान है' के आधार पर किया है। छांदोग्य उपनिषद में भी प्रजापति ने इंद्र को शिक्षा दी है, "आत्मा जागृति, स्वप्न एवं निद्रा की अवस्थाओं का आधार है और तब भी इन सब से परे है।" आत्मा सार्वजनीन, अंतःस्थ एवं अनुभवातीत है। इसके बाद सारे संदेह समाप्त हो जाते हैं और संवाद समाप्त हो जाता है।

निष्कर्ष के तौर पर कहा जा सकता है कि ऊपर विवेचित संवाद की प्रणाली निश्चित रूप से विरचना की प्रणाली से अधिक विवेकपूर्ण और संगत है। संवाद में विरोधों एवं असहमतियों पर आपस में बहस की जाती है और फिर उनका समाधान खोजा जाता है। किंतु विरचना में विरोधों एवं मतांतरों को कभी दूर नहीं किया जाता है। संवाद में, लोगोस (जो अब विरोधमुक्त है) के आधार पर विरोधों को दूर किया जाता है। किंतु विरचना में लोगोस का उपांतीकरण कर दिया जाता है और उसे आत्म-विरोधी दिखाया जाता है। संवाद में, चिंतन, क्रमिक रूप से विकसित होता हुआ दिखाया गया है जबकि विरचना में चिंतन को अति ह्रासमान

दिखाया गया है। संवाद में, विरोध अंतिम स्थिति नहीं है, जबकि विरचना में विरोध व्यापक रूप से विस्तृत है। संवाद में एक प्रकार की तार्किकता है जबकि विरचना में अतार्किकता। संवाद में निरंतरता है और विरचना में क्षणभंगुरता।

REFERENCES

1. Jacques Derrida, 'Positions', an interview with Jean-Louis Houdebine and Guy Scarpetta in **Positions**, trans. Alan Bass (Chicago, University of Chicago Press, 1981), p. 61. Also please see **Of Grammatology,** trans. Gayatri Chakravorty Spivak (Baltimore, Johns Hopkins University Press, 1978), pp. 3-140.
2. Deborah Chaffin, 'Hegel, Derrida, And The Sign', in **Derrida and Deconstruction,** (ed) Hugh J. Silverman, (New York and London, Routledge, 1989), p. 77.
3. **The Holy Bible** (containing Old and New Testaments). Revised version of King James' version, published in 1611, (New York, Thomas Nelson & Sons, 1946, p. 1.)
4. Sharma, C.D., **A Critical Survey of Indian Philosophy,** Delhi, Motilal Banarsidass, 1983, p. 16.
5. Derrida, **Of Grammatology,** etc. p. 3.
6. Derrida, **Margins of Philosophy,** trans. Alan Bass (Chicago University of Chicago Press, 1982), p. 81.
7. Ibid., p. 82.
8. Ibid.

उत्तरआधुनिकता : आधुनिक दर्शन से विरोध

❑ राघवेन्द्र प्रताप सिंह

पिछले साढ़े तीन दशकों में उत्तरआधुनिक लेखक दर्शन में विवादास्पद लेखक बनकर उभरे हैं। उत्तरआधुनिकता किसी एक दार्शनिक के प्रति नहीं बल्कि संपूर्ण आधुनिक यूरोपीय दर्शन के प्रति तीव्र प्रतिक्रिया है। इसके समर्थकों ने इस प्रतिक्रिया का नाम 'उत्तरआधुनिकता' इसलिए दिया है क्योंकि इसका निश्चित रूप से अर्थ होता है–देकार्त, सार्त्र एवं उनके बीच उपस्थित जर्मन चिंतकों के प्रति प्रतिक्रिया। अभी सुविधा की दृष्टि से मैंने आधुनिक दर्शन में एक तरफ रेने देकार्त (1596-1650), इमानुएल कांट (1724-1804) एवं जी.डब्लू.एफ. हेगेल (1770-1831) को चुना है तो दूसरी तरफ उत्तरआधुनिकता में ज्यां फ्रान्स्वा ल्योतार, मिशेल फूको (1926-1984) एवं जाक देरिदा (जन्म 1931) को चुना है। देकार्त, कांट एवं हेगेल की उत्तरआधुनिकता में भूमिका बहुत महत्त्वपूर्ण किंतु अस्पष्ट-सी है। उत्तरआधुनिकता के समर्थकों एवं विरोधियों–दोनों ने यदा-कदा इनके प्रति उलझनभरी एवं भ्रांतिपूर्ण बातें की हैं, यद्यपि उन्होंने कुछ महत्त्वपूर्ण आलोचनाएं भी प्रस्तुत की हैं।

इस लेख का मुख्य ध्येय उन आरोपों की समीक्षात्मक जांच है जो उत्तरआधुनिकतावादियों ने आधुनिकता पर लगाए हैं। यह जांच हम निम्नलिखित ढंग से करेंगे–

भाग 1 : देकार्त, कांट एवं हेगेल के मूल दार्शनिक विचारों एवं ल्योतार द्वारा उनकी आलोचना।

भाग 2 : फूको एवं देरिदा द्वारा कांट एवं हेगेल पर लगाए गए आरोपों की समीक्षात्मक जांच।

इन दार्शनिक दृष्टिकोणों की व्याख्या के प्रयास में, मैं कुछ स्पष्टीकरण, कुछ टीकाएं एवं कुछ अभिवचन प्रस्तुत करूंगा जो आधुनिकता एवं उत्तरआधुनिकता के सामान्य परिचय के लिए उपयोगी होंगे।

इससे पहले कि मैं भाग-1 शुरू करूं, मैं इस बात की ओर संकेत करना

चाहूंगा कि जब देकार्त, कांट एवं हेगेल की आलोचना देरिदा करते हैं तो उसमें एक निश्चित प्रणाली (Method) का उपयोग होता है। एक प्रणाली से देखी गई वस्तुएं दूसरी प्रणाली से देखने पर बिल्कुल वैसी ही प्रतीत नहीं होती हैं। आधुनिकता एवं उत्तरआधुनिकता में प्रणाली का अंतर है। उदाहरण के लिए, दर्शन के इतिहास के अध्ययन में हेगेल की प्रणाली द्वंद्वात्मक है जिसमें पहले की पद्धतियों (Systems) को हटाया नहीं गया है, बल्कि उन्हें समाहित कर लिया गया है। इतिहास का दर्शन (Philosophy of History) के संदर्भ में हेगेल इस प्रक्रिया की व्याख्या करते हैं–"...वह संबंध...जो दर्शन के पहले एवं बाद की पद्धतियों में है, वह लगभग उस तरह का संबंध है जो तार्किक विचार (Logical Idea) के संगत चरणों (Corresponding Stages) में होता है : दूसरे शब्दों में, पहले चरण बाद के चरणों में सुरक्षित रहते हैं किंतु आश्रित एवं अंतर्विष्ट रूप में। 'दर्शन के इतिहास' का प्रायः गलत समझा गया अर्थ है–एक पद्धति को दूसरी पद्धति द्वारा काटा जाना. ..एक दर्शन का काटा जाना...इसका सही अर्थ केवल इतना है कि एक दर्शन की सीमाओं को पार कर लिया गया है और उसके विशेष सिद्धांतों को उस पूर्ण सिद्धांत का मात्र एक अंश बना दिया गया है जो बाद में आया है।"[1] हेगेल के बनाए प्रवर्गों (Categories) पर यह बात खरी उतरती है। यदि हम दर्शन के इतिहास में आई विभिन्न पद्धतियों की मूल धारणा निकाल कर देखें तो लगता है कि हर धारणा हेगेल के *सायंस ऑफ लॉजिक* (तर्क का विज्ञान) का एक प्रवर्ग है। थैलिस जैसे दार्शनिक के आयनी (Ionic) विचारों की भौतिकवादी धारणाओं के अलावा, दर्शन के इतिहास में दार्शनिक इलियातिक (Eleatic) ने परम (Absolute) की पहली परिभाषा की है–'परम, अस्तित्व (Being) है'। यह हेगेल के तर्कशास्त्र का पहला प्रवर्ग है। पारमेनिदों के तुरंत बाद, हेराक्लिटस आते हैं जिनके दर्शन की मुख्य धारणा है 'संभवन' (Becoming) जो हेगेल के तर्कशास्त्र का दूसरा प्रत्यक्ष प्रवर्ग है। हेराक्लिटस के बाद प्लेटो आते हैं जिन्होंने इस बात पर बल दिया है कि अंश (Particular) की परिभाषा उस पूर्ण (Universal) के सापेक्ष करनी चाहिए जिसका वह अंश है। और, इसकी चर्चा विचारबोध (Notion) के संदर्भ में आती है जो हेगेल के तर्कशास्त्र का तीसरा भाग है। प्लेटो के बाद अरस्तू आते हैं। उनके दर्शन की मुख्य धारणा है प्रच्छन्न-अस्तित्व (Potential Being) से वास्तविक-अस्तित्व (Real Being) में परिवर्तन। विचारबोध (Notion) के प्रवर्ग के साथ हेगेल अरस्तू के दर्शन के इस पक्ष को भी प्रस्तुत करते हैं। बाद में स्पिनोजा नामक दार्शनिक का पदार्थ का दर्शन (Philosophy of Substance) आता है जो हेगेल के तर्कशास्त्र में सत्व के सिद्धांत (Doctrine of Essence) के साथ एक प्रवर्ग के रूप में सामने आता है।

हेगेल का दृढ़ विश्वास है कि दर्शन का इतिहास विकास की एक निश्चित

रेखा प्रस्तुत करता है जिसमें विरोधी चरण एक-दूसरे को अपवर्जित (exclude) नहीं करते हैं। पारमेनिदों की शिक्षा सही हैं, उसी तरह हेराक्लिटस की भी। यदि हेराक्लिटस पारमेनिदों को काटते भी हैं तो उनकी बातों को अपने दर्शन में लेकर आगे विकास करते हैं। हेगेल के दर्शन में भी, उनके 'संभवन' का प्रवर्ग 'अस्तित्व' के प्रवर्ग को सम्मिलित कर विकसित होता है। इस तरह सभी दार्शनिक सही हैं। कुछ का दर्शन कम 'पर्याप्त' है तो कुछ का अधिक लेकिन सततता एवं विकास की स्थिति सदा ही बनी रही है।

किंतु देरिदा दर्शन के इतिहास में सततता एवं विकास के पक्ष को स्वीकार नहीं करते हैं। सन् 1981 में एक साक्षात्कार में देरिदा ने कहा है, "...प्राचीन एवं आधुनिक का संबंध मात्र अंतर्निहित (Implicit) एवं सुव्यक्त (Explicit) का संबंध नहीं है। हमें ऐसा मानने की प्रवृत्ति से बचना चाहिए कि आज जो हो रहा है, वह पहले किसी-न-किसी तरह अप्रत्यक्ष रूप में उपस्थित था और सिर्फ व्यक्त किए जाने की प्रतीक्षा कर रहा था। ऐसी विचारधारा इतिहास को क्रमिक विकास की तरह समझती है और इतिहास में किसी भी उत्परिवर्तन (Mutation) और अचानक परिवर्तन (Rupture) जैसे मुख्य विचारबोधों को अपवर्जित करती है। मेरा अपना विश्वास है कि हमें दो विरोधाभासी मान्यताएं एक साथ रखनी चाहिए। एक तरफ हम इतिहास में अचानक परिवर्तनों के अस्तित्व को स्वीकार करते हैं तो दूसरी तरफ यह भी स्वीकार करते हैं कि यह अचानक परिवर्तन ऐसे अंतराल या रिक्तियों का निर्माण करते हैं जिसमें ऐसे गुप्त एवं विस्मृत अभिलेख पुनः प्रकट हो सकते हैं जो इतिहास में बार-बार प्रकट होकर अपना प्रभाव दिखा सकते हैं।"[2]

'अचानक परिवर्तन' या 'उत्परिवर्तन' के आधार पर इतिहास की व्याख्या करने का देरिदा का तरीका हेगेल के तरीके से बिल्कुल भिन्न है जिसमें वह इतिहास की व्याख्या 'सततता' एवं 'निषेध के निषेध' (Negation of Negation) के आधार पर करते हैं। देरिदा द्वारा की गई इतिहास की व्याख्या इस विचार पर आधारित है कि यथार्थ विभिन्न मॉडलों जो आपस में अपवर्जनीय एवं विरोधात्मक होते हैं, का अनुगमन करती है। निष्कर्षतः पूर्णता या एकता या तार्किकता समाप्त हो जाती है और बहुलता, खंडवाद, असततता एवं अतार्किकता को मान्यता मिलती है। किंतु हेगेल ने शब्दकेंद्रित (Logocentric) विचारों पर आधारित एकीकृत विश्व-व्यवस्था, तार्किकता एवं मानव-स्वतंत्रता पर बल दिया है। इन स्पष्टीकरणों के साथ मैं अब लेख के भाग-1 की तरफ बढ़ता हूं।

भाग-1

प्रिंसिपिया एथिका में जी. ई. मूर ने कहा है, "जो मैं सोचता हूं, जैसे कि कुछ सच है, यह इस बात से हमेशा अलग है कि मैं ऐसा सोचता हूं।...'सच होना'

का अर्थ है एक निश्चित तरीके से सोचना—अन्यथा यह निश्चय ही गलत है। फिर भी यह दृढ़ कथन कांट के दर्शन में 'कॉपरनिकन क्रांति' का आवश्यक अंग है और यह उसे पूरे आधुनिक दर्शन को बेकार बना देता है जिसे इस क्रांति ने जन्म दिया है और जिसे ज्ञानशास्त्र (Epistemology) के नाम से जाना जाता है।"[3]

कांट के 'कॉपरनिकन क्रांति' एवं ज्ञान की आवश्यक शर्तों तथा अनुभवातीतत्व (Transcendental) से संबद्ध विचारों की मुख्य विशेषताओं की व्याख्या का यह उचित अवसर नहीं है। मूर की उपर्युक्त पंक्तियों के उद्धरण का उद्देश्य यह स्पष्ट करना है कि जब एक दार्शनिक पद्धति, जैसे उत्तरआधुनिकता, कांट की आलोचना करती है तो इसमें एक निश्चित प्रणाली का उपयोग होता है। दो अलग-अलग प्रणालियों से देखने पर चीजें एक जैसी नहीं दिखती हैं। आधुनिकता एवं उत्तरआधुनिकता में प्रणलियों का अंतर है। किंतु उत्तरआधुनिकता की मुख्य चिंता का विषय आधुनिकता की मूल पूर्वकल्पनाएं हैं। अतः यह आवश्यक हो जाता है कि आधुनिकता की पूर्वकल्पनाओं को लेकर देखा जाए कि कैसे इन्हीं विषयों की अलग प्रणाली से पुनर्व्याख्या की गई है और कैसे निष्कर्ष बिल्कुल अलग निकले हैं।

प्रायः ऐसा सोचा जाता है कि उत्तरआधुनिक दर्शन, कम से कम अंशतः, देकार्त, सार्त्र एवं इनके बीच के जर्मन विचारकों की प्रतिक्रियास्वरूप उभरा है।[4] बहुत हद तक यह सही है। रोर्टी, ल्योतार, फूको एवं देरिदा तथा अन्य लोगों के दर्शन, जो इस शताब्दी के पिछले तीन दशकों में तथा उत्तरआधुनिक दर्शन में बहुत प्रभावशाली रहे हैं, मुख्य रूप से हेगेल के प्रत्ययवादी (Idealist) विचारों की चेतन प्रतिक्रिया के रूप में विकसित हुए हैं। फिर भी वह यह तथ्य हेगेल के फूको एवं देरिदा या सामान्यतः उत्तरआधुनिक दर्शन पर प्रभाव के प्रश्न का समाधान नहीं प्रस्तुत करता है बल्कि केवल प्रश्न पूछने का नया तरीका देता है और प्रश्न बहुत जटिल है। हेगेल के जटिल विचारों के प्रभाव की रूपरेखा खींचने की सामान्य कठिनाइयों के अलावा एक और विशेष समस्या देकार्त, कांट एवं हेगेल के संबंध को लेकर खड़ी होती है। जिन दार्शनिक विचारों के विरुद्ध रोर्टी, ल्योतार, फूको एवं देरिदा प्रतिक्रियाएं व्यक्त कर रहे थे और जिन्हें उन्होंने 'आधुनिकता' शीर्षक के अंदर डाल दिया है, वे कार्टीजियन, कांटियन एवं हेगेलियन थे। रिचार्ड रोर्टी ने कहा है, "इन तीनों दर्शनों की समस्या की व्याख्या यदि हम इस तरह करना चाहते हैं जैसे यह 'पादरियों की पृथक श्रेणी' की समस्या हो तो हमें 'आधुनिक के सिद्धांत' को प्रसिद्ध 'व्यक्तिनिष्ठता' (Subjectivity), जिसे कांट के बाद के दर्शन के उन इतिहासकारों ने जो कांट को देकार्त से जोड़ने के लिए उत्सुक थे, अपना प्रदर्शक सूत्र बनाया है, से अलग करके देखना होगा। बेहतर यह है कि देकार्त को 'आधुनिक दर्शन के संस्थापक' की भूमिका दी जाए क्योंकि उन्होंने वह दर्शन विकसित किया जिसे मैंने पहले 'विज्ञान का अतिउत्साही

दर्शन' कहा है—यानी वह दर्शन जिसने गैलीलियो के यांत्रिकी, विश्लेषणात्मक रेखागणित, गणितीय प्रकाशिकी तथा अन्य ऐसे क्षेत्रों का जितना आध्यात्मिक महत्त्व है उससे कहीं अधिक समझा। इस तरह का विज्ञान समझने की क्षमता मानव स्वभाव का विशिष्ट एवं आवश्यक गुण मानने के बाद और इस क्षमता को अपने स्व (Self) के सबसे निकट समझने के बाद, देकार्त ने प्राचीन विचारों में से उन विषयों को सामने रखा बैकन ने जिनकी उपेक्षा करने का प्रयास किया था। मानव की सर्वाधिक विशिष्ट मानसिक शक्ति 'स्पष्ट एवं श्रेणीबद्ध विचारों' का नानाविधि उपयोग करने की क्षमता है—प्लेटो के इस विचार को सुरक्षित रखना देकार्त का 'आधुनिक दर्शन' में सबसे महत्त्वपूर्ण और दुर्भाग्यपूर्ण योगदान है।"[5]

देकार्त ने आधुनिक यूरोपीय दर्शन में चार महत्त्वपूर्ण योगदान किए हैं। पहला, मानव मस्तिष्क का देह से पृथक होने का सिद्धांत जो कार्टीजियन तत्वमीमांसा (Metaphysics) में सबसे महत्त्वपूर्ण है। देकार्त के बाद ही हर दार्शनिक पद्धति ने देकार्त के मस्तिष्क एवं देह के पूर्ण विभाजन को समाप्त करने की चेष्टा की है। किंतु जब तक चेतना की प्रकृति एवं स्थिति उतनी विकसित नहीं हो पाती जितनी की कांट एवं हेगेल में है, कार्टीजियन विभाजन का प्रभाव समाप्त नहीं हो सकता है।

देंकार्त का दूसरा महत्त्वपूर्ण योगदान ज्ञानशास्त्र के क्षेत्र में है जिसमें उन्होंने 'संशय की प्रणाली' (Method of Doubt) बनाई है। 'संशय की प्रणाली' की मुख्य पिपासा है सत्य एवं निश्चितता की खोज। इस प्रणाली की विशेषता है पूर्वधारणाओं से मुक्त होकर, चाहे वे कितनी भी महत्त्वपूर्ण क्यों न हो, बिल्कुल प्रारंभ से शुरू करना। देकार्त के अनुसार ज्ञानशास्त्र में हमें सबसे अधिक आवश्यकता निश्चितता की है और इस लक्ष्य को प्राप्त करने का तरीका 'संशय की प्रणाली' है।

तीसरा योगदान विज्ञान के दर्शन के क्षेत्र में हैं। वैज्ञानिक व्याख्या के मूल प्रतिमान (Paradigm) की मुख्य धारणा है कि भौतिक तथ्यों का अंततः गणित के नियमों द्वारा परिमाणक निरूपण (Quantifiable Treatment) होना चाहिए। वैज्ञानिक व्याख्या के मूल प्रतिमान की दूसरी मुख्य धारणा है कि व्यक्तिगत भौतिक वस्तुओं एवं घटनाओं के पीछे कोई भौतिक द्रव्य (Substance) है।

देकार्त का चौथा प्रमुख योगदान परम द्रव्य (Absolute Substance) के रूप में ईश्वर की धारणा है। ईश्वर के अस्तित्व के प्रमाणों की चाहे जो भी गुणात्मक विशेषताएं हों, देकार्त के लिए उनकी एक विशेष उपयोगिता है—वैज्ञानिक ज्ञान को संभव बनाना। एक बार ईश्वर का अस्तित्व स्थापित हो जाए, फिर हम अपने व्यक्तिगत अस्तित्व की क्षणिक निश्चितता तक सीमित नहीं रहते, अब चूंकि ईश्वर सद्भावपूर्ण (Benevolent) है और प्रवंचक (Deceiving) नहीं है, हम बहुत हद तक प्राथमिक एवं द्वितीयक (Primary and Secondary) गुणों के साथ, बाह्य (External)

विश्व के अस्तित्व में विश्वास कर सकते हैं। और इस तरह हम ज्ञानेंद्रिय पर भी विश्वास कर सकते हैं जिससे स्पष्ट एवं श्रेणीबद्ध सत्य की पद्धतीय संरचना संभव हो जाती है।

ईश्वर के अस्तित्व के संबंध में देकार्त के प्रमाण में एक और विशेषता है। यह दिखाता है कि 'संशय की प्रणाली' बहुत कम आत्यंतिक (Radical) है। ईश्वर का अस्तित्व प्रमाणित करने के लिए देकार्त उस प्रतिज्ञप्ति (Proposition) पर निर्भर करता है जिसका सत्य स्वतः प्रमाणित हो। यह है, "कारण उतना ही यथार्थ है जितना कार्य"। इस प्रतिज्ञप्ति की सत्यता ईश्वर का अस्तित्व प्रमाणित करने के लिए आवश्यक है क्योंकि ईश्वर का उन आधार-वाक्यों के प्रमाण के लिए आह्वान नहीं किया जा सकता जो उसके अस्तित्व के प्रमाण के लिए आवश्यक हैं, अन्यथा देकार्त की पूरी कार्यप्रणाली वृत्तीय हो जाती है। इस वृत्तीयता से बचने के लिए देकार्त ने कुछ मूल तार्किक सत्यों को स्वीकार किया और कहा कि जब तक हम इन्हें स्वीकार करते हैं, इन पर संशय नहीं किया जा सकता। देकार्त का मानना है कि ऐसे सत्य जन्म के साथ ही हममें उपस्थित रहते हैं। इसका उन्होंने एक उदाहरण दिया है, 'अविरोध का नियम' (Law of Noncontradiction) यानी कुछ भी एक साथ सत्य एवं असत्य नहीं हो सकता है। ऐसे सत्य तर्क के 'स्वाभाविक प्रकाश' से ही सुस्पष्ट होते हैं और 'प्रथम चिंतन' (First Meditation) के संशयों द्वारा इन पर कभी प्रश्नचिह्न नहीं खड़ा किया जाता है। किंतु ल्योतार ने देकार्त के इस योगदान की उपेक्षा करते हुए केवल व्यक्तिनिष्ठता (Subjectivity) को देकार्त का योगदान माना है।

व्यक्तिनिष्ठता को आधुनिकता का मुख्य विषय मानने के अलावा ल्योतार कांट के अनुभवातीत प्रदर्शनों (Transcendental Pretence) और हेगेल द्वारा इनके दार्शनिकीकरण को अस्वीकार करते हैं। यहां ज्ञान में तार्किकता की पूर्ण अस्वीकृति है। "एक उत्तरआधुनिक कलाकार या लेखक दार्शनिक की स्थिति में होता है : वह जो भी पाठ (Text) लिखता है, वह जो भी कृतियां प्रस्तुत करता है वे पूर्वनिर्धारित नियमों द्वारा संचालित नहीं होती हैं और सुपरिचित प्रवर्गों को पाठ या कृति पर लागू करके निर्धारित निर्णयों के आधार पर उसकी समालोचना भी नहीं की जा सकती।"[6] कांट एवं हेगेल के बीच के विरोध को बहुत दूर तक नहीं ले जाया जा सकता है : कांट के अनुभवातीत निंगमन (Transcendental Deduction) को हेगेल की विषय-वस्तु से सीधी रेखा में रखा जा सकता है। हालांकि हेगेल की विषय-वस्तु बहुत हद तक रूपांतरित एवं परिवर्तित है फिर भी कांट को कमोबेश हेगेलियन विचारों का अग्रदूत माना जा सकता है। इन बातों पर अब जरा विस्तार से विचार करते हैं।

'सायंस ऑफ लॉजिक' में हेगेल ने कहा है, "यह याद रखना चाहिए कि

मैं प्रायः कांट के दर्शन पर विचार करता हूं...यह अब भी आधुनिक जर्मन दर्शन का आधार एवं प्रारंभ है...।"[7] यह देखा जा सकता है कि हेगेल द्वारा कांट की आलोचना कांट की अस्वीकृति नहीं हैं बल्कि हेगेल ने सदा यह प्रयास किया है कि कांट के सिद्धांत उसके अपने सिद्धांत में समाहित हो जाएं। हेगेल इस प्रक्रिया की *फिलासफी ऑफ हिस्ट्री* के सदंर्भ में व्याख्या करता है, "वह संबंध...जो दर्शन के पहले एवं बाद की पद्धतियों में है वह लगभग उस तरह का संबंध है जो तार्किक विचार से संगत चरणों में होता है : दूसरे शब्दों में पहले के चरण, बाद के चरणों में सुरक्षित रहते हैं...।"[8]

कांट की ज्ञानमीमांसा (Epistemology) के संदर्भ में, हेगेल ऐसी तीन बातों पर ध्यान देते हैं जिनको लेकर वह चिंतित हैं :

(अ) कांट की अनुभूति का सिद्धांत एकद्वंद्विक (Undialectical) है।

(ब) ज्ञान से पहले प्रवर्गों को जानने का कांट का ध्येय गलत है।

(स) अनुभवातीत चेतना के ज्ञान को नकारने का कांट का प्रयास अस्वीकार्य है।

मैं (ब) को छोड़कर अन्य आपत्तियों की विस्तार से चर्चा करूंगा—(ब) का अर्थ है दर्शन में कांट की अनुभवातीत महत्त्वाकांक्षा और हेगेल द्वारा उनका दार्शनिकीकरण। अनुभवातीत दावों पर उत्तरआधुनिकतावादियों द्वारा लगाए गए आरोपों के मूल्यांकन के लिए यह बहुत महत्त्वपूर्ण है।

कांट की ज्ञानमीमांसा के केंद्र में प्रवर्गों का अनुभवातीत निगमन है और हेगेल अपनी प्रारंभिक कृतियों में कांट की प्रशंसा करते हुए लिखते हैं, "सबसे पहले कांट का अनुभवातीत निगमन का तर्क था जो कांट के अनुमानित अस्मिता सिद्धांत (Speculative Identity Theory) के निकट आया और जिसने इसे संभव बनाया।"[9] हेगेल ने कांट की इस बात के लिए प्रशंसा की है कि उसने ह्यूम की दिशा में जाने से इंकार कर दिया। बहुत कुछ ऐसा है जो अनुभूतियों द्वारा ज्ञात नहीं होता है। इनके लिए 'विवेक' (Understanding) एवं तर्क (Reason) की आवश्यकता होती है। कांट के दर्शन के मूल में स्थित ये विचार हेगेल की अपनी ज्ञानमीमांसा के एक अत्यंत महत्त्वपूर्ण पक्ष का प्रतिनिधित्व करते हैं। हेगेल के अनुसार कांट का यह प्रमाणित करने का प्रयास बिल्कुल सही है कि मानव मस्तिष्क में 'विश्वव्यापी' (Universal) एवं आवश्यक 'रूप' (Form) एवं 'प्रवर्ग' निहित हैं जो नानाविध अनुभूतिजन्य प्रमाओं (Intuitions) को संयोजित करने में सहायक होता है। मानव संज्ञान (Cognition) मानव के प्रागनुभवों के आधार पर विश्वव्यापकता (Universality) एवं आवश्यकता (Necessity) प्रस्तुत करता है। यह मानस (Mind) वस्तुओं एवं घटनाओं को देश एवं काल के रूप में देखता है। और उन्हें एकता, यथार्थता, तात्विकता (Substantiality), कारणता (Causaltiy) आदि के प्रवर्ग में समझता है। प्रवर्गों द्वारा ज्ञान के संगठन को

कांट ने मानस की अनुभवातीत क्रिया (Transcendental Activity) माना है क्योंकि, "...अंततः हम स्वयं ही सामान्य धारणाएं बनाने के लिए उत्तरदायी हैं। हमारा मानस क्रियात्मक रूप से धारणाएं बनाती हैं और इसी रूप में ये प्रत्यक्ष ज्ञान से अलग हैं। जहां तक हम सामान्य विचारों के संदर्भ में अपनी क्षमता का उपयोग करते हैं, हमारे बारे में ऐसा कहा जा सकता है कि हम दत्त के स्वीकार मात्र की स्थिति से आगे जा चुके हैं। दूसरी तरह से कहा जाए तो दत्त बोधगम्य का सामान्य शब्दों को लेकर अपने लिए वर्णन करने की हमारी क्षमता हमारी विशुद्ध बौद्धिक क्रिया का संप्रेषण है।"[10] हेगेल ने दर्शन में कांट के अनुभवातीत दावों को स्वीकार किया है। फिर भी कांट के दर्शन में प्रवर्गों को वैसे बनाया गया है जैसे यथानियम तर्कशास्त्र (Formal Logic) में बनाया जाता है और हेगेल तर्कशास्त्र में द्वंद्ववाद जोड़ देते हैं। हेगेल कहते हैं, "सोचना एवं इसके प्रवर्ग एक ही साथ विषय एवं विषय की परीक्षा करने की प्रक्रिया दोनों हैं। यह आवश्यक है कि वे अपनी समालोचना स्वयं करें। सोचना आत्म-आलोचना, आत्म-विकास का द्वंद्व है...।"[11]

उत्तरआधुनिकतावादियों ने जो दूसरा आरोप कांट एवं हेगेल पर लगाया है तदनुसार उनकी ज्ञान में एकता या पूर्णता या तार्किकता की धारणा को तथा उनके विचार को कि हम विश्व का यथार्थतः ज्ञान प्राप्त कर सकते हैं, के अमान्य करार दिया है; इनको उत्तरआधुनिकतावादियों ने खंडता, असततता, बहुलता एवं अतार्किकता से प्रतिस्थापित कर दिया है। वस्तुतः हेगेल ने परम सत्य के बारे में लिखा है, "सत्य संपूर्ण है। किंतु सत्व (Essence) का विकास के माध्यम से अपना उत्कर्ष करने के अलावा 'पूर्ण' और कुछ नहीं है।"[12] वस्तुएं अपने अस्तित्व की निश्चित स्थिति में नहीं रहती हैं। ज्ञात (Finite) और इसकी नकारात्मकता में एकता होती है। इस एकता को स्थापित करना 'तर्क' का लक्ष्य है। 'इंद्रिय-ज्ञान की निश्चितता' (Sense-Certainty) एवं 'विवेक' पृथक्कृत सत्ताएं हैं जबकि 'तर्क' 'विरोधियों की एकता' (Unity of Opposites) को स्वीकार करता है। तर्क विरोधियों को जोड़कर या मिलाकर एकता नहीं स्थापित करता बल्कि उन्हें इस तरह परिवर्तित करता है कि वे विरोधी नहीं रह जाते हैं। यद्यपि उनका सारांश उच्च एवं अधिक यथार्थ रूप में सुरक्षित रहता है। "विरोधियों के एकीकरण की प्रक्रिया यथार्थ के हर भाग को छूती है और किसी निष्कर्ष तक तभी पहुंचती है जब तर्क ने पूर्ण को इस तरह संगठित कर लिया है कि हर भाग का अस्तित्व केवल पूर्ण के सापेक्ष है और व्यक्तिगत सत्ता का अर्थ एवं महत्त्व पूर्णता के सापेक्ष ही है।"[13] विरोधियों के एकीकरण की प्रक्रिया में ज्ञात एवं इसकी नकारात्मकता को तर्क नकार देता है और उन्हें पारस्परिक प्रतिवाद पर इस तरह जोड़ता है कि वे बृहत्तर पूर्ण के क्षणों की तरह प्रकट होते हैं। तर्क से पद्धतिकृत पूर्ण को हेगेल

सत्य कहते हैं। हेगेल के कथन 'सत्य पूर्ण है' की ल्योतार ने आलोचना की है और इसे 'आतंक' एवं दर्शन में 'पूर्ण तथा एक की स्मृति' कहा है। हेगेल के इस तर्क को एकीकरण का माध्यम मानने की धारणा का उत्तर ल्योतार ने यह कहकर दिया है कि, "समग्रता के विरुद्ध हम युद्ध करें...।"[14]

हेगेल के ही शब्दों से एक सूत्र लेकर कि यदि अनुमानित दर्शन (Speculative Philosophy) को भौतिक विज्ञानों पर लागू किया जाए तो यह हमें 'संशय के रास्ते...निराशा के रास्ते...संदेहवाद" [15] की ओर ले जाएगा, ल्योतार ने हेगेलवाद को अंतिम धक्का दिया। "...अनुमानित उपस्कर (Speculative Apparatus) ज्ञान के साथ अस्पष्ट संबंध रखता है। यह दिखाता है कि ज्ञान इस नाम के योग्य तभी तक है जब तक यह द्वितीय-स्तर विमर्श (Discourse)–जो स्वतंत्रता है–वैधता प्रदान करनेवाले कथनों को उद्धृत कर अपने-आपको पुनर्प्रस्तुत ('आपने-आपको उठाता' या विस्तृत करता) करता है। यह लगभग ऐसा कहना है कि अपनी सन्निकटता में, किसी निर्दिष्ट विषय (कोई जीवित अवयवी, रासायनिक गुण, भौतिक घटना इत्यादि) पर द्योतक विमर्श (Denotative Discourse) यह नहीं जानता कि वह क्या जानता है। प्रत्यक्ष विज्ञान ज्ञान का रूप नहीं है। और अनुमान इसके दमन पर जीता है। इस तरह हेगेल का अनुमानित आख्यान (Narrative) प्रत्यक्ष शिक्षा (Positive Learning) के प्रति विशेष संदेहवाद को आश्रय देता है। हेगेल ने खुद भी ऐसा स्वीकार किया है।"[16]

उत्तरआधुनिकतावादियों द्वारा आधुनिकता की पूर्वमान्यताओं पर, यानी देकार्त-कांट-हेगेल की परंपरा पर लगाए गए आरोपों को हम इस तरह संक्षेप में रख सकते हैं–वस्तुतः यह आधुनिकता की सभी पूर्वमान्यताओं को अस्वीकार कर देता है–"स्व एवं व्यक्तिनिष्ठता के अनुष्ठान को, इतिहास की नई समालोचना को और सबसे बढ़कर विश्व को, यथार्थतः जानने की हमारी क्षमता में कम होते हुए हमारे दार्शनिक विश्वास को–सबको अस्वीकार कर देता है। एक वाक्य में यह पूरे अनुभवातीत प्रदर्शनों (Transcendental Pretence) की एक साथ अस्वीकृति है।"[17] अपने पारस्परिक अंतरों के बावजूद फूको एवं देरिदा दोनों ही आधुनिकता के दावों, आधार-वाक्यों और पूर्वमान्यताओं पर प्रहार करते हैं : आधुनिकता के ज्ञान में विश्वास पर, इसकी इस धारणा पर कि सभी जगह लोग एक जैसे हैं और सबसे बढ़कर इसके स्वतंत्रता एवं मानव-व्यक्तिनिष्ठता (Human Subjectivity) के सिद्धांत पर।

भाग-2

हेगेलवाद या आधुनिकता के स्थान पर दर्शन में फूको की क्या प्रायोजना है ? सन् 1983 में एक साक्षात्कार में फूको ने अपनी कृतियों का सार इस तरह प्रस्तुत

किया है–वंशक्रम के तीन क्षेत्र संभव हैं। पहला, सत्य के संदर्भ में हमारी अपनी ऐतिहासिक सत्तामीमांसा (Ontology) जिसके माध्यम से हम अपने 'ज्ञान का कर्त्ता' (Subject of Knowledge) बनाते हैं; दूसरा, शक्ति के क्षेत्र के संदर्भ में हमारी अपनी ऐतिहासिक सत्तामीमांसा जिसके माध्यम से हम दूसरों पर कार्य करनेवाला कर्त्ता बनाते हैं; तीसरा, नीतिशास्त्र के संदर्भ में हमारी ऐतिहासिक सत्तामीमांसा जिसके माध्यम से हम अपने-आप को नैतिकता का प्रतिनिधि बनाते हैं।''[18]

इस वंशक्रम के तीन अक्ष हो सकते हैं। यहां हमारे लिए यह संभव नहीं है कि हम इन तीनों अक्षों का विस्तृत वर्णन करें। अतः मैं फूको के लेखन में इन अक्षों की सामान्य अर्थापत्तियों की चर्चा करूंगा।

फूको इस अर्थ में एक पूर्णतावादी हैं जब वे इस बात पर बल देते हैं कि किसी तत्त्व का परिचय पूरे तंत्र में उसके स्थान के आधार पर ही हो सकता है और इसके बाहर इसकी कोई अस्मिता नहीं है। इस प्रतिमान में स्व, जो तंत्र को पहचानता और उसे एकीकृत करता है, की भूमिका अस्वीकृत कर दी गई है। और यह किसी भी प्रकार की और किसी भी सीमा तक की मानव स्वतंत्रता को अस्वीकार कर देने जैसा है। फूको की प्रणाली, जिसे 'पुरातत्त्व' (Archaeology) के नाम से जाना जाता है, के दो गुण हैं, ''...पहला, यह निकाय के संभावित क्रमचयों (Permutations) से संबद्ध न होकर केवल इसके वास्तविक, ऐतिहासिक दृष्टांतों से संबद्ध है; दूसरा, वाद-विवाद से अर्थों को अलग करने का कोई प्रयास नहीं है।''[19] वस्तुतः, भाषा (विमर्श) फूको के अधिकतर सिद्धांतों में है और यह वास्तविकता परिस्थितियों एवं अर्थ में होनेवाले परिवर्तनों का वर्णन कर सकती है। सामान्यतः कांट के अनुभवातीत प्रत्ययवाद एवं हेगेल के परम प्रत्ययवाद (Absolute Idealism) में सदा यह प्रयास रहा है कि एक ऐसी सर्व-सहमति करनेवाली धारणा विकसित की जाए जिसकी सहायता से ज्ञान की व्युत्पत्ति हो सके और स्वतंत्रता की उपलब्धि हो सके। इन आवश्यकताओं की संतुष्टि के लिए कांट ने दो क्षेत्र बनाए–एक ज्ञान का क्षेत्र जिसमें कांट के प्रवर्ग महत्त्वपूर्ण हैं और दूसरा नैतिकता का क्षेत्र जिसमें तर्क निरूपाधिक विधियों (Categorical Imperatives) के सिद्धांतवाक्य आरोपित किए गए हैं। दोनों क्षेत्रों में, कांट ने इस बात पर बल दिया है कि ज्ञान के विश्व और नैतिकता के विश्व को एकीकृत और संयोजित रूप से प्रस्तुत किया जाए। इस एकीकरण के लिए स्व के अस्तित्व की पूर्वकल्पना की गई है। हेगेल के भी यही दार्शनिक विचार हैं किंतु वह कांट द्वारा बनाए गए ज्ञान एवं नैतिकता के द्विवाद (Dualism) को समाप्त कर देता है। इस तरह हेगेल की परियोजना कांट से व्यापक एवं विस्तृत है। अब इन विचारों की व्याख्या की ओर चलें।

हेगेल ने प्रारंभ में ही कांट की ज्ञानमीमांसा के केंद्र में इस विचारबोध को माना

है–'स्व-चेतना की अनुभवातीत एकता'। हमारे अनुभव में विश्व-व्यापकता एवं आवश्यकता के अदृश्य स्रोत की तरह इस विचारबोध की आवश्यकता है। यद्यपि कांट यहां ह्यूम की इस बात से सहमत हैं कि ये गुण अनुभव में नहीं पाए जा सकते, कांट ह्यूम की तरह अनिश्चयात्मक (Sceptical) निष्कर्ष नहीं निकालते हैं। इस तरह कांट यह दिखाता है कि 'अनुभवातीत चेतना' 'प्रमा के रूपों' (देश एवं काल अर्थात् Space and Time) तथा 'विवेक के रूपों' (प्रवर्ग) से बनी है जो उसके अनुसार स्थिर रूप नहीं है बल्कि क्रिया के वैसे रूप हैं जो इंद्रियज्ञान का बोध एवं उसकी समझ के लिए ही अस्तित्व में है। प्रमा के रूप नानाविधि इंद्रियज्ञानों का देश एवं काल के क्रम में संश्लेषण करते हैं। प्रवर्गों की सहायता से, देश-काल (Space-Time) के निष्कर्ष कार्य-कारण संबंध, द्रव्य, गुण आदि जैसे विश्वव्यापक एवं आवश्यक संबंधों की श्रेणी में लाए जाते हैं। और यह पूरी जटिलता 'अनुभवातीत चेतना' में एकीकृत होती है जो सभी अनुभवों को 'विचारक अहं' (Thinking Ego) से जोड़ता है और इस तरह अनुभव को 'मेरा' अनुभव होने की सततता प्रदान करता है। 'अनुभवातीत चेतना' वह मैट्रिक्स (Matrix) है, वह अंतिम स्रोत है जिसके द्वारा प्रकटन (Appearance) के क्षेत्र में क्रम एवं नियमितता आती है।

हेगेल अपनी इस मान्यता में कि प्रकृति के नियम चेतना (या Geist) के नियमों से निकलते हैं, कांट की इस खोज की प्रशंसा करता है कि 'अनुभवातीत चेतना' धारणात्मक विश्लेषण का अंतिम स्रोत है। किंतु 'अनुभवातीत चेतना' न तो इंद्रियज्ञान से उपलब्ध है और न ही इंद्रियज्ञान के द्वारा। अतः इस पर प्रवर्गों को लागू नहीं किया जा सकता है। इसकी अनुभवातीत व्यक्तिनिष्ठता (Transcendental Subjectivity) का कोई ऐसा सह-संबंध वस्तुनिष्ठ तथ्य नहीं है जिस पर तार्किक रूप से यह दावा किया जा सके कि यह इसका 'संप्रेषण' या 'प्रतिबिंब' है। हेगेल ने कांट की आलोचना को स्वीकार किया है। किंतु हेगेल कहते हैं कि ऐसा इसलिए नहीं है क्योंकि प्रवर्ग अपनी वैध सीमाएं पार कर सकता है। बल्कि ऐसा इसलिए है कि आत्मा एक जीवित, क्रियाशील अस्तित्व (Being) है, जो उतना ही जटिल है जितना यह निजएकरूपता (Self Identifically) में साधारण है। वस्तुतः इसकी साधारणता में उतनी ही अविभाज्य पूर्णता भी है। किंतु यह इसकी विविध विशेषताओं, पक्षों और क्रियाओं की संसक्ति और अविभाज्यता से बनी है। हेगेल के अनुसार कांट की आपत्तियां सही हैं किंतु उनके तर्क गलत हैं।

हेगेल कांट से यह विचार लेते हैं कि चेतना निश्चित रूप से द्विध्रुवीय है और इसके लिए कर्त्ता और वस्तु का अंतर होना आवश्यक है। हेगेल इस सिद्धांत को अपना बनाते हैं और यह उनके इस विचार के समर्थन का एक भाग है कि, "...युक्तिमूल अभिज्ञान (Rational Awareness) के लिए विभाजन आवश्यक है। चेतना तभी संभव है जब कर्त्ता वस्तु पर पूरी तरह हावी न हो।"[20] हेगेल कहते

हैं कि चेतना (गाइस्ट) 'प्रतिबिंब' या 'संबंध' और 'प्रकटन' जैसे चरणों की संस्थापना करती है। ये शब्द जो चेतना के कर्त्ता और वस्तु के विरोध की विशेषताएं दर्शाते हैं, कांट के 'अनुभवातीत चेतना' के सिद्धांत का स्थान लेने के हेगेल के प्रयास के लिए मूलभूत हैं। हेगेल के लिए कर्त्ता की आत्मा (Spirit) या गाइस्ट उदय के साथ-साथ वस्तु उदित होती है। हेगेल से पहले, फिक्टे ने 'शुद्ध अहं' (Pure Ego) की एक स्व-प्रतिबिंबित धारणा बनाने की कोशिश की थी जो कांट की समस्याओं को सुलझा सके। फिक्टे ने यह सिद्धांत लिया कि अहं एक अनहं (Non-Ego) है, क्योंकि यह चेतना की एक शर्त है। वस्तुतः कांट की 'अनुभवातीत चेतना' 'संश्लिष्ट प्रागानुभव ज्ञान' (Synthetic a Priori Knowledge) को संभव बनाते समय स्वयं मात्र एक आकारिक अस्मिता रह जाती है या विश्लेषणात्मक इकाई बन जाती है जिसे केवल विश्लेषणात्मक या तादात्म्यक प्रतिज्ञप्ति जैसे 1=1, द्वारा संप्रेषित किया जा सकता है। फिक्टे प्रथम व्यक्ति थे जिन्होंने शुद्ध चेतना की ऐसी धारणा दी जो केवल विश्लेषणात्मक न हो बल्कि विश्लेषण एवं संश्लेषण के उस अंतर को भी स्पष्ट कर सके जो अहं की अपनी स्व-मान्यता की मूल क्रिया से उत्पन्न हुई हो। यह क्रिया अहं के द्वारा अपने-आपको उस अहं से पृथक करने की क्रिया होगी जो उसकी अपनी अस्मिता है। हेगेल इस सिद्धांत को अपना बना लेते हैं और यह गाइस्ट के विश्लेषण का आधार बनता है जो विरोधियों के एकीकरण की प्रक्रिया में ज्ञान एवं इसकी नकारात्मकता दोनों को नकार देता है और दोनों को पारस्परिक निर्भरता से इस तरह बांधता है कि वे समाहित करनेवाले बृहत्तर पूर्ण के क्षण बनकर सामने आते हैं। जैसा कि लेख के भाग - I में लिखा गया है, वह पूर्णता जिसमें विरोध सुलझाया जाता है उसे हेगेल ने 'परम' या 'सत्य' का नाम दिया है। इनके बारे में वे *फेनोमेनोलॉजी ऑफ स्पिरिट* के प्राक्कथन में लिखते हैं, "सत्य पूर्ण है...परम के बारे में यह कहा जाना चाहिए कि यह निश्चित रूप से एक ऐसा निष्कर्ष है जो अंत में जाकर ही वह होता है जो यह है, और ठीक इसी में इसका स्वभाव (अर्थात् वास्तविक होना, कर्त्ता होना, अपने आप का अनायास संभवन होना) निहित है।"[21]

तर्क से पद्धतिकृत पूर्ण आत्मा (Spirit) हेगेल के विचारबोध का सर्वोच्च संप्रेषण है। फूको अपनी प्रारंभिक कृतियों से ही इस तरह की संभावनाओं के प्रति सशंक रहे हैं और जैसे-जैसे उनका काम आगे बढ़ता गया, उनकी यह शंका गहरी होती गई। जर्मन प्रत्ययवाद की परंपरा अपने स्व के ज्ञान तथा नैतिकता के बिंदुपथ होने के सिद्धांत के साथ अपने-आप में मानवता की भावना को लेकर व्यापक है। फूको स्वयं में मानवता के प्रवेश के विचार पर स्पष्ट हैं और मानव स्वतंत्रता एवं तर्क में उनका कोई विश्वास नहीं है।

देरिदा फूको के शिष्य हैं किंतु उनकी कृतियों में फूको की कड़ी आलोचना हुई है। देरिदा द्वारा फूको की आलोचना देरिदा के ' Cogito and the History of Madness' शीर्षक लेख में तथा उसके बाद के लेख 'Sign, Structure and Play in the Human Science'[22] में फूको के प्रति संकेतों में देखी जा सकती है। वस्तुतः देकार्त की आलोचना संरचनावाद एवं उत्तर-संरचनावाद की बहस के लिए विचार-भूमि प्रदान करता है जिसका प्रतिनिधित्व, क्रमशः फूको एवं देरिदा में वैचारिक स्थितियों द्वारा होता है। किंतु मैं यहां फूको एवं देरिदा में वैचारिक अंतरों की विशद चर्चा नहीं कर सकता। यहां मेरा मुख्य ध्येय यह समझना है कि कैसे फूको की तरह देरिदा ने भी जर्मन प्रत्ययवाद के मूल सिद्धांतों का विरोध किया है। देरिदा इसे संक्षेप में 'उपस्थिति का मिथक' कहते हैं, चाहे वह 'अंतर्भूत उपस्थिति' ईश्वर की उपस्थिति, परिमित सत्ता के रूप में विश्व या अंतःनिश्चितता की तरह स्व की उपस्थिति के रूप में हो। यह धर्म-सत्तामीमांसा परंपरा (Theo-ontological Tradition) इस संभावना पर विचार करने से इंकार करता है कि ऐसी कोई निश्चितता नहीं है और दर्शन पर बात करने के लिए हम जिसका प्रयोग करते हैं वह भी ऐसे प्रभेदों और विश्वों से भरी पड़ी है जो इस मिथक को परिहार्य बनाती है।''[23]

इस विचार के पीछे देरिदा की जो मुख्य धारणा है उसे विस्तार से समझने के लिए हमें उसकी मूल दार्शनिक स्थिति को स्पष्ट करना पड़ेगा। सन् 1981 में पेरिस में दिए एक साक्षात्कार में देरिदा ने कहा था, ''मेरी दार्शनिक रचनाएं हेगेल, हसर्ल और हाइडेगर की बहुत ऋणी हैं।''[24] देरिदा मूल रूप से हसर्ल, हाइडेगर और लेवीनास के दृश्यप्रपंचशास्त्र आंदोलन (Phenomenological Movement) से आते हैं; और बाकी किसी भी दर्शन की तुलना में इसी आंदोलन की वैचारिक संरचना से उनके विचार अधिक विकसित हुए हैं। उनकी प्रणाली 'विरचना' (Deconstruction) के नाम से जानी जाती है। रिचर्ड कर्नी ने प्राक्कथनीय लेखन में देरिदा के बारे में कहा है, ''देरिदा अपनी अंतर (Difference) की असरलीकरणीय संरचना के मुख्य विचार को वैसे विकसित कर रहे थे जैसे कि ये मानवीय चेतना, सामयिकता, इतिहास और सबसे बढ़कर लेखन की मूल एवं अभिभावी क्रिया में कार्य करती हैं। इस Difference, जो एक नया शब्द है, जिसका अर्थ Defer तथा Differ दोनों हो सकता है, की धारणा के माध्यम से देरिदा ने इन मुख्य तत्वमीमांसीय परिभाषाओं की 'विरचना' दिखाने का प्रयास किया है। अस्तित्व (Being) की एक समयहीन स्व-अस्मिता या उपस्थिति (जैसे, शब्द...) की ये तत्वमीमांसीय परिभाषाएं पाश्चात्य दर्शन में प्लेटो से आजतक महत्वपूर्ण मानी जा सकती है। इस तरह की विरचना यह दिखा सकती है कि Difference हमेशा उपस्थिति (Presence) से पहले आया है न कि इसका उल्टा।''[25] कठोर विरचना

का देरिदा का कार्य इस बात का प्रयास है कि शब्दकेंद्रित विचारों, जैसे प्लेटो के चिरंतन प्रयास (Eternal Idea), अरस्तू के स्व-विचारक-विचार (Self-thinking Thought), देकार्त के चिंतन (Cogito), कांट की अनुभवातीत चेतना तथा हेगेल के गाइस्ट, को एक आमूल चुनौती दी जाए।

देरिदा के प्रत्ययवाद की आलोचना को, विशेषकर जब वह 'हेगेल को गंभीरता से लेते हैं', सबसे अच्छी तरह उनके हेगेल के प्रतिनिधित्व एवं संकेत के सिद्धांत के विवेचन में देखा जा सकता है। जैसा कि देरिदा ने स्वयं कहा है, "संकेत की समस्या मूलतः शब्दकेंद्रवाद (Logocentrism), चेतना या स्रोत कर्त्ता (Originary Subject) के दर्शन से ही निकलता है।"[26] *ऑफ ग्रामाटॉलौजी*[27] (Of Grammatology) में और इसके संक्षिप्त संस्करण *पोजीशन्स* (Positions)[28], जिसमें जुलिया क्रिस्तेवा द्वारा लिया गया साक्षात्कार भी शामिल है, में देरिदा ने अपने संकेत के विचारबोध के प्रसिद्ध इतिहास का प्रतिपादन किया है। इसमें यह दिखाने का प्रयास किया गया है कि संकेत की धारणा सदा से अनुभवगम्य एवं बोधगम्य के बीच मूल तत्वमीमांसीय विरोध पर निर्भर रही है या उससे निर्धारित होती रही है। देरिदा ने संकेत का कई प्रकार से विवेचन किया है और दिखाया है कि तत्वमीमांसीय परंपरा ने संकेत को सदा उपस्थिति के इन दो क्षणों के बीच संक्रमण या पुल की तरह समझा है। चूंकि वस्तु (अनुभवगम्य) के रूप में उपस्थिति एवं स्व-उपस्थिति (बोधगम्य) के रूप में उपस्थिति के बीच संकेत एक अस्थायी संबंध की तरह काम करता है, देरिदा ने इसे ऐसे संबंध के समय (Time of Referral) की तरह देखा जो स्व-अस्तित्व को संकेतित करता है : हेगेल के संदर्भ में, जैसा कि इस लेख के प्रथम भाग में लिखा गया है, यह परम के कर्त्ता या 'परम व्यक्तिनिष्ठता' (Absolute Subjectivity), जिसमें स्वतंत्रता स्थित है, की स्व-उपस्थिति (Self-Presence) है।

द पिट एंड द पिरामिड : इंट्रोडक्शन टु हेगेल्स सेमियोलॉजी[29] में देरिदा ने हेगेल के वाचन एवं लेखन (Speech and Writing) के सिद्धांत की व्यापक विवेचना की है। उन्होंने *द इनसाइक्लोपीडिया ऑफ द फिलोसोफिकल साइन्सेज* के दो लंबे उद्धरणों को लेकर यह विवेचना की है। ये उद्धरण 'सब्जेक्टिव स्पिरिट'[30] के 'साइकोलॉजी' अध्याय के 'इमैजिनेशन' उप-अध्याय में देखे जा सकते हैं। वस्तुतः हेगेल के वाचन एवं लेखन सिद्धांत–उनके संकेतविज्ञान–को कर्त्ता आत्मा (Subjective Spirit) के क्षेत्र में अधिक अच्छी तरह समझा जा सकता है और विशेषकर मनोविज्ञान के क्षेत्र में और भी अच्छी तरह। किंतु मानवशास्त्र एवं दृश्यप्रपंचशास्त्र के क्षेत्रों में नहीं जो कर्त्ता आत्मा के पूर्वकालिक क्षण हैं। यह स्मरणीय है कि हेगेल की पुस्तक *इनसाइक्लोपीडिया,* जो उनकी दार्शनिक पद्धति को अधिकतम व्यापक रूप में प्रस्तुत करती है, तीन भागों में विभाजित है :

1. **तर्कशास्त्र :** विचार के अपने में होने का और अपने लिए होने का विज्ञान।

2. **प्रकृति का दर्शन :** विचार के अपने अन्यत्व (Otherness) में होने का विज्ञान।
3. **आत्मा (Spirit) का दर्शन :** विचार के अपने अन्यत्व से अपने में लौटने का विज्ञान (खंड 18)।

विचार या तर्क की पद्धति के तीनों क्षणों–मानवशास्त्र, दृश्यप्रपंचशास्त्र एवं मनोविज्ञान–में से संकेत का सिद्धांत विचार के तीसरे क्षण में यानी आत्मा के दर्शन में आता है। अधिक स्पष्ट रूप से कहें तो, आत्मा (Spirit) तीन भागों में प्रतिपादित है :

1. **कर्त्तानिष्ठ आत्मा :** आत्मा का अपने-आप से संबंध, विचार की एकमात्र आदर्श पूर्णता; यह आंतरिक स्वतंत्रता के रूप में निज-निकट-अस्तित्व (Being-near-to-itself) है। यह निजनिष्ठविचार (Idea-in-itself) है।
2. **वस्तुनिष्ठ आत्मा :** उस विश्व की तरह जो यथार्थ के रूप में उत्पन्न भी हो और उसे उत्पन्न भी करे। यहां आत्मा से बाहर विश्व में स्वतंत्रता अस्तित्वात्मक आवश्यकता (Existing Necessity) बन जाती है। यह निज-हेतु विचार (Idea-in-and-for-itself) है।
3. **परम आत्मा :** कर्त्तानिष्ठ आत्मा एवं वस्तुनिष्ठा आत्मा का ऐक्य। आत्मा परम सत्य में है। यह निजनिष्ठ एवं हेतु विचार (Idea-in-and-for-itself) है।

हेगेल के संकेत का सिद्धांत आत्मा की पहली गति यानी कर्त्तानिष्ठ आत्मा में स्थित है। चूंकि यह निर्धारण ज्ञात एवं संक्रमक (Transitory) है, देरिदा तर्क करते हैं कि, "...संकेत उस ज्ञात और कर्त्ता आत्मा के निर्धारण का तरीका लगता है जो अपने आप का मध्यवर्ती एवं अतिक्रामी है। यह संक्रमण के अंदर संक्रमण का संक्रमण है।"[31] वस्तुतः हेगेल के लिए मध्यस्थता (Mediate) करने का मतलब बीच में होकर दो छोरों को जोड़ना है। हेगेल के संकेतों के सिद्धांत में, यह बोधगम्य से अनुभवगम्य में परिवर्तन, संकेतक (Signifier) से संकेतित (Signified) में परिवर्तन का प्रतिनिधित्व करता है। किंतु देरिदा के अनुसार, हेगेल का संकेतों का सिद्धांत 'आत्मा का अपने में लौटने' को प्रस्तुत करता है न कि 'अपने-आप से दूर जाने' का मार्ग बताता है। देरिदा कहते हैं कि यह पद्धति की पूर्णता की 'तत्वात्मक प्रवीणता' (Idealizing Mastery) का दूसरा संस्करण है।

देरिदा को तत्वमीमांसा, जिसमें स्वतंत्रता, ज्ञान एवं संकेतों के बिंदुपथ की तरह स्व की तत्वमीमांसा भी है, पर विश्वास नहीं है। देरिदा के अनुसार, दर्शन का कार्य पद्धतियों पर निर्भर करना या उनका विवेचन करना नहीं है बल्कि उनकी 'विरचना' करना है। किंतु आधुनिकता के दर्शन की पूर्वकल्पनाओं को काटते हुए देरिदा ऐसी गंभीर एवं रचनात्मक परिकल्पना देने में असफल रहते

हैं जो आत्मा एवं स्वतंत्रता के सिद्धांत, जो जर्मन प्रत्ययवाद के मूल में है, का स्थान ले सके।

अंत में कहा जा सकता है कि देकार्त, कांट एवं हेगेल के दर्शनों का धारणात्मक विकास बहुत ही धनी एवं प्रबल है। उत्तरआधुनिकतावादी प्रतिक्रियाएं ऐसे नए मार्ग दिखाती हैं जिनसे नए बौद्धिक वातावरण में आधुनिक दर्शन की उपलब्धियों की पुनर्परीक्षा की जा सकती है। यदि ल्योतार, फूको एवं देरिदा ने आधुनिक दर्शन की पूर्वमान्यताओं को काटने का प्रयास किया है तो इसके साथ ही उससे उन पूर्वकल्पनाओं की पुनर्परीक्षा एवं उनके महत्त्व का पनुर्मूल्यांकन करने के लिए नई अंतर्दृष्टि भी मिली है।

REFERENCES

1. Hegel, G.W.F., **Philosophy of History,** quotation from David Macgregor, **The Communist Ideal in Hegel and Marx,** (London, George Allen & Unwin, 1984), pp. 143-5.
2. Kearney, Richard, **Dialogues with Contemporary Continental Thinkers, The Phenomenological Heritage,** (Manchester University Press, 1984), pp. 112-3.
3. Moore, G.F., **Principia Ethica** (Cambridge, Cambridge University Press, 1903), pp. 132-33.
4. Solomon, R.C., **Continental Philosophy since 1750** (New York, Oxford University Press), p. 194.
5. Rorty, Richard, 'Habermas and Lyotard on Postmodernity' in **Habermas amd Modernity,** (ed) Richard J. Bernstein, (Cambridge, Polity Press, 1985). p. 170.
6. Lyotard, Jean-Francois, **The Post Modern Condition : A Report on Knowledge,** trans. from Fench Geoff Benniengton and Brian Massumi, vol. 10, of **Theory of History of Literature,** (ed), by Wlad Godzich and Jochen Schulte Sasse, (Manchester University Press, 1984), p. 81.
7. Hegel, **Science of Logic,** trans. Johnston & Struthers, Vol. I, (London, George Allen & Unwin Ltd. , 1966). p. 73.
8. Hegel, **Philosophy of History,** quotation from David Macgregor, **The communist Ideal in Hegel and Marx,** (London, George Allen & Unwin, 1984), pp. 134-5.
9. Hegel, **The Difference Between Fichte's and Schelling's System of Philosophy,** trans. H. Harris and W. Cerf Albany, (New York, Sunny Press, 1977), p. 80.

10. Cassirer, H.W. **Kant's First Critique : An Appraisal of the Permanent Significance of Kant's Critique of Pure Reason,** (London, Geroge Allen & Unwin Ltd., 1961), p. 55.
11. Harris, Errol E., **An Introduction of the Logic of Hegel,** (New York, University Press of America, 1983), p. 64.
12. Hegel, **Phenomenology of Spirit,** trans. A.V. Miller, (Oxford, Clarendon Press, 1973), p. 11.
13. Marcuse, Herbart, **Reason and Revolution,** (London, Routledge and Kegan Paul, 1977). p. 47.
14. Lyotard, **The Postmodern Condition,** etc. pp. 81-82.
15. Hegel, **The Phenomenology of Spirit,** etc., Preface.
16. Lyotard, **The Postmodern Condition,** etc. p. 38.
17. Solomn, **Continental Philosophy Since 1750,** etc. p. 194.
18. Gane, Mike, 'Introduction : Michel Foucault,' In **Towards a Critique of Foucault,** (ed) by Mike Gane, (London & New York, Routledge & Kegan Paul, 1985), p. 4. All three axes were present, **albeit** in a somewhat confused fashion in **Madness and Civilization.** The Truth axis was studied in **The Birth of the Clinic,** and, **The Order of Things,** the power axis was studied in **Discipline and Punish,** and ethical axis in **The History of Sexuality.**
19. Solomon, **Continental Philosophy Since 1750,** etc. p. 198.
20. Taylor, Charles, **Hegel and Modern Society,** (London, cambirdge University Press, 1979). p. 26.
21. Hegel, **Phenomenology of Spirit** etc. Preface.
22. Derrida, Jacques, **Writing and Difference,** trans. Alan Bass (Chicago, University of Chicago Press, 1979); reference of Michel Foucault are from **Folie et de raison : L'Historie de la folie a l'age Classique** (Paris, Gallimard, 1966). Also see 'Derrida and Descartes : Economising Thought' by Dalia Judoviz in **Continental Philosophy : Derrida and Deconstruction** (ed) Hugh J. Silverman, New York, Routledge, 1989.
23. Solomon, **Continental Philosophy Since 1750,** etc. p. 200.
24. Kearney, Richard, **Dialogues with Contemporary Continental Thinkers : The Phenomenological Heritage,** (Manchester, University Press Manchester, 1984), p. 109.
25. Ibid., pp. 105-106.
26. Derrida, 'Positions', and Interview with Jean-Louis Houdebine

and Guy Scarpetta in **Position,** trans. Alan Bass (Chicago, University of Chicago Press, 1981). p. 61.

27. Derrida, **Of Grammatology,** trans. Gayatri Chakravorty Spivak (Baltimore, Johns Hopkins University Press, 1978), pp. 3-140.
28. Derrida, 'Semiology and Grammatology' in **Positions,** etc. pp. 15-36.
29. Derrida, **Margins of Philosphy,** trans. Alan Bass (Chicago, Chicago University Press, 1982) pp. 69-108.
30. Hegel, **The Encyclopaedia of the Philosophical Science,** trans. M.J. Petry (Dordrecht and Botson, D. Reidel publishing company, 1977). Section 445-60, pp. 103-208.
31. Derrida, **Margins of Philosophy,** etc., p. 74.

संस्कृत भाषा-दर्शन और संरचनावादी एवं उत्तरसंरचनावादी चिन्तन *

❑ गोपीचंद नारंग

भारतीय चिन्तन एवं दर्शन में भाषा की प्रकृति, उसके स्वरूप और अर्थ की समस्या पर विचारणा का इतिहास बहुत प्राचीन है। इनमें मीमांसा, न्याय, वैशेषिक, बौद्ध और जैन आदि चिंतन परंपराएं विशेष रूप से सहभागी रही हैं। प्राचीन भारतीय चिंतन में दर्शन के जो छह प्रधान संप्रदाय हैं उनमें भाषा-दर्शन पर किसी-न-किसी कोण से अवश्य विचार हुआ है। इनमें से कुछ मूलग्रंथ तो बहुत ही पुराने हैं और उनका काल वेदों के तुरंत बाद का है। कुछ मूलग्रंथ तो समय की नोच-खसोट से सुरक्षित न रहे सके, किंतु परवर्ती विचारकों के यहां इनका उल्लेख मिलता है, और इनकी उठाई हुई समस्याओं की गूंज मिलती है। संस्कृत में यह परंपरा रही है कि परवर्ती आचार्यों ने पूर्ववर्ती मूल पाठों के भाष्य लिखे और समस्याएं निराकृत कीं। इनमें से कुछ भाष्य स्वयं इतने महत्त्वपूर्ण हैं कि उनका स्वरूप मूल पाठ का-सा हो गया है। दार्शनिकों और तर्कविदों के अतिरिक्त व्याकरण, अलंकारशास्त्र और काव्यशास्त्र के विशेषज्ञों ने भी काव्य-भाषा और अर्थ की समस्याओं पर चिंतन-मनन किया है। यूं तो पाणिनि के चमत्कारों का पाश्चात्य भाषाविद् भी लोहा माना करते हैं और भाषा पर उनकी सूक्ष्म दृष्टि और फिर उनके अत्यंत निपुण पदरचना-संबंधी श्रेणीकरण से लाभान्वित होते हैं, किंतु शब्द और अर्थ के संबंध और शब्दार्थ की समस्या के बारे में जो कुछ भी प्राचीन भारतीय दार्शनिकों ने लिखा है, उसकी जानकारी व्यापक रूप से ज्ञात नहीं है। यह वास्तविकता है कि यह मीमांसा इतनी विचारोत्तेजक और आधारभूत है कि वर्तमान युग की नई साहित्यिक 'थ्योरी' के संदर्भ में उस पर नए सिरे से विचार हो सकता है। प्रस्तुत आलेख का उद्देश्य यही है कि सोस्यूर के भाषा-दर्शन उत्तर-संरचनावाद और विरचनावाद के शब्दार्थ-दर्शन के परिप्रेक्ष्य में यह देखा जाए कि इस विषय पर भारतीय परंपरा में क्या-क्या बहसें उठाई गई हैं और भारतीय मानस का

* यहां विरचनावाद सहित सोस्यूर से देरिदा तक की समस्त चिंता-धारा अभिप्रेत है।

दृष्टिकोण क्या रहा है। इस दृष्टि से भारतीय चिंतन परंपरा और काव्यशास्त्र का विश्लेषण करने पर कुछ आश्चर्यजनक परिणाम सामने आते हैं। अर्थात् पश्चिम में जो अंतर्दृष्टियां अब संरचनावादी और विरचनावादी चिंतन के द्वारा सामने आ रही हैं, उनसे मिलती-जुलती अंतर्दृष्टियां भारतीय चिंतन और दर्शन, और विशेष रूप से बौद्ध-दर्शन में शताब्दियों पूर्व से विमर्श का विषय रही हैं। उनके उल्लेख से पूर्व भारतीय चिंतन और काव्यशास्त्रीय परंपरा की एक संक्षिप्त-सी रूपरेखा का दृष्टिगत रहना आवश्यक है।

प्राचीन भारतीय चिंतन में भाषा की समस्या पर कई प्रकार से बहस उठाई गई है। प्रथम वैयाकरणिक चिंतन के संप्रदाय में, द्वितीय न्याय और वेदांती चिंतन और मीमांसा चिंतन के संप्रदाय में, और तृतीय अलंकारशास्त्री अथवा साहित्यशास्त्र के संप्रदाय में। इनमें वैयाकरण सबसे प्राचीन हैं जिनमें यास्क पाणिनि के भी पूर्ववर्ती माने जाते हैं। पाणिनि ने अपने लब्धकीर्ति ग्रंथ *अष्टाध्यायी* में संस्कृत संरचना के सिद्धांत गढ़े और उन्हें वैज्ञानिक सर्वदेशीयता के साथ नियमबद्ध किया। कात्यायन ने उस पर वार्त्तिक लिखा और पाणिनि के सूत्रों में वृद्धि की। पाणिनि के विषय में प्रसिद्ध है कि सूर्य पश्चिम से उदित हो सकता है किंतु पाणिनि का लिखा मिथ्या नहीं हो सकता। पतंजलि ने पाणिनि और कात्यायन दोनों के मूलपाठों की टीका *महाभाष्य* के नाम से लिखी। व्याडि *महाभाष्य* से पूर्व ही संग्रह लिख चुका था, किंतु संग्रह का मूलपाठ नहीं मिलता। पतंजलि के पश्चात् व्याकरण परंपरा का सबसे बड़ा चिंतक भर्तृहरि को माना जाता है जिसने न केवल पतंजलि के *महाभाष्य* की टीका लिखी अपितु *वाक्यपदीय* के नाम से भाषा-दर्शन पर एक संवर्धित ग्रंथ लिखकर ऐसे सिद्धांत भी स्थापित किए जिनकी अर्थवत्ता कहीं अब जाकर पूरी तरह स्पष्ट हो रही है। भर्तृहरि के उत्तरवर्ती युग में नागेश भट्ट कृत *स्फोटवाद* जैसे महत्त्वपूर्ण ग्रंथ मिलते हैं किंतु छठी-सातवीं शताब्दी के उपरांत व्याकरण-परंपरा का वेग क्षीण हो गया और यह अलंकारशास्त्र और काव्यशास्त्र की परंपराओं में समाविष्ट हो गई।

दूसरी धारा भारतीय दर्शन के छह मुख्य संप्रदायों की है। इनमें शब्दार्थ की समस्या पर सर्वाधिक बहसें मीमांसकों ने उठाई हैं। इस शृंखला का मूलपाठ जैमिनि का *मीमांसा-सूत्र* है जिस पर शबर ने विस्तृत भाष्य लिखा। शबरकृत भाष्य के निष्कर्षों से मतामत के आधार पर कुमारिल भट्ट और प्रभाकर के वाद-प्रतिवाद से दो आनुषंगिक संप्रदाय अस्तित्व में आए जो सिलसिला मध्यकाल तक चलता रहा। अद्वैत मतावलंबियों में अधिसंख्य कुमारिल भट्ट के अनुयायी हैं। योग-संप्रदाय का मूलग्रंथ *योग-सूत्र* है जिसका संबंध पतंजलि से है। नियमनिष्ठ विशेषज्ञ इस पतंजलि को पाणिनि के भाष्यकार पतंजलि से भिन्न मानते हैं। भारतीय दर्शन में भाषा और

अर्थ की समस्या पर मीमांसा के पश्चात् सर्वाधिक विचारणा न्याय दर्शन में हुई है जो मूलतः तर्कविदों का समुदाय है।

बौद्ध तार्किकों में नागार्जुन और दिङ्नाग विशेष रूप से उल्लेखनीय हैं जिनके शून्य और अपोह के सिद्धांतों की विवेचना से बीसवीं सदी के सोस्यूर और देरिदा की विवेचनाओं से विलक्षण समानताएं मिलती हैं। नागार्जुन का काल दूसरी शताब्दी ईस्वी और दिङ्नाग का काल 450 ईस्वी का है। बौद्ध अपोह चिंतन को आगे बढ़ानेवालों में धर्मकीर्ति और रत्नकीर्ति (अपोह-सिद्धि) विशेष रूप से उल्लेख्य हैं।

भाषा-दर्शन और अर्थ-दर्शन के संबंध में तीसरी धारा साहित्यिक-चिंतन अर्थात् नाट्यशास्त्र काव्यशास्त्र/अलंकारशास्त्र/साहित्यशास्त्र की है। सिद्धांततः *नाट्यशास्त्र* ही को भारतीय काव्यशास्त्र का सर्वाधिक प्राचीन और महत्त्वपूर्ण ग्रंथ माना जाता है। कालांतर में उठाए गए सभी विवादों का मूलस्रोत *नाट्यशास्त्र* ही है जिसका समय छठी-सातवीं शताब्दी ईसा-पूर्व कहा जाता है, यद्यपि बाद में भी इसमें बहुत कुछ जुड़ता गया। भरत का उल्लेख कालिदास के यहां भी मिलता है। भरत के बाद आनेवालों में भामह *(काव्यालंकार)*, दंडी *(काव्यादर्श)*, वामन *(काव्यालंकार सूत्रावती)* और उद्भट *(काव्यालंकार सार-संग्रह)* ने काव्यशास्त्र संबंधी प्रश्नों पर पुनर्विचार किया। गुप्त-युग के बाद नाट्य का ह्रास और काव्य का उत्कर्ष आरंभ होता है। अतः नवीं शताब्दी में आनंदवर्धन ने भरत के रस-सिद्धांत को विधिपूर्वक काव्य पर चरितार्थ करते हुए काव्य-भाषा की बहस को अपनी प्रसिद्ध कृति *ध्वन्यालोक* से स्थापित किया। सैद्धांतिक व्यवस्थापन की दृष्टि से *ध्वन्यालोक* को संस्कृत काव्यशास्त्र के सर्वाधिक महत्त्वपूर्ण मूलग्रंथ के रूप में स्वीकार किया जाता है। अभिनव गुप्त ने *ध्वन्यालोक* के समर्थन में अपनी सशक्त कृति *ध्वन्यालोक लोचनम्* में भरत के नाट्यशास्त्र पर नए सिरे से विचार किया और उसकी भी नई टीका *अभिनव भारती* लिखी। अभिनव गुप्त का आनंदवर्धन से वैचारिक संबंध वही है जो पतंजलि का पाणिनि से है, अर्थात् अभिनव गुप्त ने आनंदवर्धन के ध्वनि-सिद्धांत के समर्थन और उसे सैद्धांतिक आधारों पर दृढ़ बनाने में ऐतिहासिक भूमिका निभाई और काव्यशास्त्र की बहसों को नाट्य की नहीं वरन् काव्य की दृष्टि से निरूपित किया। काव्यशास्त्र की इस परंपरा में आगे चलकर धनंजय, भोज, विश्वनाथ, नागभट्ट, हेमचंद्र, जयदेव, जगन्नाथ और कई दूसरों ने परिवर्धन किए।

प्राचीन भारतीय परंपरा का एक रोचक पक्ष यह भी है कि संस्कृत काव्यशास्त्र पर सबसे अधिक कार्य हिमालय की उन चोटियों और घाटियों में हुआ जो कश्मीर में हैं। आनंदवर्धन, अभिनव गुप्त और मम्मट, सभी कश्मीरी शैव ब्राह्मण थे। बौद्ध विचारकों की संख्या भी कम नहीं। नागार्जुन और दिङ्नाग बौद्ध थे और पूर्वी हिमालय क्षेत्र नागादेश के रहनेवाले थे। फिर भामह और दंडी भी बौद्ध या जैन

थे। इससे यह रोचक वास्तविकता भी दृष्टिगत होती है कि संस्कृत काव्यशास्त्र पर यद्यपि अधिक कार्य शैव ब्राह्मणों ने किया है किंतु संस्कृत काव्यशास्त्र केवल ब्राह्मण चिंतकों का ऋणी हो, ऐसा नहीं है। इसकी दो धाराएं स्पष्ट रूप से मिलती हैं। यानी ब्राह्मण-धारा जो ब्रह्म और आत्मा को मानती है और ब्राह्मणेतर धारा जो इनका प्रतिवाद करती है। नागार्जुन और दिङ्नाग के बारे में तो ज्ञात है कि ये बौद्ध थे, भामह, दंडी, शिवधूधनी, शिलामेध वरुण और रत्नाश्री ज्ञान के बारे में भी समझा जाता है कि ये भी बौद्ध या जैन थे। यह एक अद्भुत संयोग है कि संरचनावादी और उत्तर-संरचनावादी पाश्चात्य चिंतन एवं प्राचीन भारतीय चिंतन में जो विस्मयकारी समानताएं मिलती हैं उनका संबंध ब्राह्मणेतर चिंतन परंपरा से अपेक्षया अधिक है, विशेष रूप से बौद्ध चिंतक नागार्जुन और दिङ्नाग के सिद्धांतों से, जिसकी चर्चा आगे आएगी।

स्पष्ट रहे कि संस्कृत काव्यशास्त्र के अवयवों, यथा अलंकार, गुण, लक्षण, व्यंजना और रीति या इसी प्रकार की दूसरी कई तकनीकी समस्याओं की बहस यहां जान-बूझकर नहीं उठाई जाएगी, अपितु संस्कृत काव्यशास्त्र की केंद्रीय अवधारणाएं यानी भाषा-दर्शन और अर्थ के दर्शन की उन समस्याओं से सरोकार रखा जाएगा जिनकी स्थिति मूल उत्प्रेरकों की है और जिन पर संस्कृत काव्यशास्त्र मूलतः स्थापित है। आनुषंगिक बहसों और प्राविधिक शब्दों की परिभाषाओं से यथाशक्य बचा जाएगा जिससे कि अनावश्यक उलझाव न पैदा हो और ध्यान केंद्रीय प्रतिपाद्य विषय से हटने न पाए। हमारी इस गवेषणा का उद्देश्य यही है कि वे विचार बहस में आ जाएं जो संरचनावाद, उत्तर-संरचनावाद और विरचनावाद की अंतर्दृष्टियों से लग्गा खाते हैं और जिनके आधुनिक सिद्धांतीकरण से नई साहित्यिक 'थ्योरी' में विचारणा के नए पथ प्रशस्त हो रहे हैं।

शब्द की सबसे बड़ी क्षमता उसकी अर्थोत्पादकता है; इसे शक्ति कहा गया है। शब्द-शक्ति, जो शब्द को अर्थ से जोड़ती है। शब्द और अर्थ के संबंध के बारे में भारतीय काव्यशास्त्र में दो सिद्धांत हैं : मीमांसकों का कहना है कि 'शब्द' का 'अर्थ' से संबंध नैसर्गिक है, जबकि नैयायिकों का कहना है कि संबंध नैसर्गिक नहीं है बल्कि इसका स्वरूप औपचारिक और पारंपरिक है। मीमांसकों ने *मीमांसा-सूत्र* में यह बहस उठाई है कि अर्थ के मर्म तक पहुंचना चूंकि असंभव है अतः यह स्वीकार कर लेना चाहिए कि शब्दों के अर्थ उसी प्रकार नैसर्गिक हैं जिस प्रकार मानवेंद्रियों में संवेदनों की क्षमता नैसर्गिक होती है। मीमांसक इस क्षमता को शब्द की योग्यता कहते हैं अर्थात् शब्द में निसर्गतः यह क्षमता होती है। अर्थात् शब्द सत्तावान है और अर्थ नित्य। शब्द और अर्थ का संबंध नित्य एवं अपरिवर्तनशील है। मीमांसक चूंकि वेदों के अलौकिक अर्थ स्थापित करना चाहते थे, इसलिए अर्थ

की नित्यता पर बल देना और शब्द को सत्तावान सिद्ध करना उनकी मुख्य समस्या थी। किंतु नैयायिक और वैशेषिक इस सिद्धांत से तर्कसंगत असम्मति रखते हैं। इनका कहना है कि न शब्द सत्तावान है न अर्थ नित्य, यानी शब्द और अर्थ का संबंध नैसर्गिक नहीं है, और यह संबंध स्थायी भी नहीं है अपितु यह औपचारिक और पारंपरिक स्वरूप का है। यानी शब्द में अर्थ अंतर्हित या अंतर्भूत नहीं है। अर्थ रीति और चलन से निर्धारित होते हैं। गौतम ऋषि का कहना है कि शब्द और अर्थ में सीधे कोई संबंध नहीं है। यदि हमारा आशय शब्द 'अग्नि' से जलानेवाली चीज और 'गाय' से एक पशु-विशेष होता है तो ऐसा इसलिए नहीं है कि शब्द 'अग्नि' में जलाने और 'गाय' में पशु के गुण हैं, वरन् ऐसा मात्र इसलिए है कि परंपरा और चलन से इन शब्दों के यही अर्थ निश्चित हो गए हैं। नैयायिक इसे शब्द की 'शक्ति' या अभिधा कहते हैं और चूंकि यह रीति से स्थापित हुआ है इसलिए इसे 'परिभाषा' भी कहा गया है। यह भी स्पष्ट किया गया है कि यदि शब्द और अर्थ का संबंध नैसर्गिक होता तो 'शब्द' और 'अर्थ' साथ-साथ मौजूद होते। तलवार कहने से जिह्वा कट नहीं जाती, न ही 'मधु' कहने से मुंह मीठा हो जाता है। नैयायिकों ने यह नुकता भी उठाया कि यदि शब्द और अर्थ का संबंध स्वाभाविक और नित्य होता तो हर जगह अर्थात् हर भाषा में शब्दों के अर्थ और वस्तुओं के नाम समान होते। यदि शब्द और अर्थ के नैसर्गिक संबंध की बात को मान भी लिया जाए तो शब्दों के विभिन्न अर्थो, या एक अर्थ के लिए विभिन्न शब्दों के चलन का कोई तर्कसंगत स्पष्टीकरण संभव नहीं है। इसी प्रकार एक वस्तु के लिए विभिन्न नामों के प्रयोग से भी 'शब्द' और 'अर्थ' के स्वाभाविक संबंध के सिद्धांत का खंडन अपरिहार्य हो जाता है। ध्यान से देखा जाए तो नैयायिकों का दृष्टिकोण वही है जो आधुनिक भाषिकी यानी सोस्यूर के भाषा-दर्शन का है : 'शब्द' और 'अर्थ' में कोई अंतर्हित संबंध नहीं है। यह संबंध मनमाना (आर्बिट्ररी) है और मनुष्य द्वारा निर्धारित है; औपचारिक है और परंपरा या रीति से अस्तित्व में आया है। नैयायिकों के यहां 'शब्द' और 'अर्थ' से वही भाव अभिप्रेत है, जिनके लिए सोस्यूर अपने दो विशेष पदों, 'संकेतित' (सिग्निफाइड) और 'संकेतक' (सिग्निफाइर) का प्रयोग करता है, और बल देता है कि इन दोनों का संबंध व्यक्तिनिष्ठ है अर्थात् मानव-मन से निर्धारित है और मनमाना है। नैयायिकों ने स्पष्ट किया है कि 'शब्द' मात्र उन ध्वनियों का पुंज नहीं जो वस्तुतः बोली गई हैं, (अर्थात् 'पारोल'); बल्कि 'शब्द' उस ध्वनिशास्त्रीय या आक्षरिक ढांचे पर स्थापित है जो वास्तव में मानसिक अवधारणा है और भाषा-तंत्र (सोस्यूर के 'लांग') का अंग है। इसी प्रकार अर्थ भी वस्तुमात्र नहीं है अपितु 'वस्तु' की मानसी अवधारणा या विकल्प है; अर्थात् मानसिक संरचना या वस्तु की वह सार्वजनीन सामान्य संकल्पना है जो इस प्रकार की सारी वस्तुओं पर हावी है और कोई भी वस्तु-विशेष

उसका एक संदर्भ-मात्र है (*न्याय-सूत्र,* 2, 1, 55)।

नैयायिकों ने इस संदर्भ में समानार्थक शब्दों और समान ध्वनिवाले किंतु नानार्थ शब्दों की भी चर्चा की है अर्थात् पहली वह अवस्था जहां शब्द अलग-अलग हैं और अर्थ एक है और दूसरी वह जहां शब्द एक जैसे हैं और अर्थ अलग-अलग हैं। यह शब्द और अर्थ का वह मूलभूत 'विभेद' है जिस पर सोस्यूर ने अपने भाषा-दर्शन की इमारत खड़ी की है। इस 'विभेद' का प्रथम उल्लेख यास्क के यहां आया है जिसे पाणिनि का भी पूर्वगामी कहा जाता है। पतंजलि ने इस बहस को आगे बढ़ाया है कि शब्द और अर्थ का संबंध अनित्य या नाशवान है। *काव्यालंकार सार-संग्रह* का प्रणेता उद्भट इस संबंध में 'श्लेष' का तर्क लाता है।

यहां यह संकेत करना भी आवश्यक है कि मीमांसकों और वैयाकरणों का दृष्टिकोण यद्यपि अर्थ की नित्यता का है किंतु उनमें थोड़ा अंतर है। व्याडि, जो भर्तृहरि का अगुवा है, अर्थ-विशेष को 'द्रव्य' कहता है। भर्तृहरि इससे बहस करते हुए कहता है कि प्रथम तो शब्दार्थ परिकल्पनात्मक अर्थात् अमूर्त होता है जो अपनी जाति की सारी चीजों पर हावी है, यानी वह 'फॉर्म-मेन्ट' है; अनंतर वह उस वस्तु-विशेष पर चरितार्थ होता है जिसके लिए शब्द उच्चरित हुआ है। भर्तृहरि जाति और व्यक्ति में भेद करता है और जाति से उसका अभिप्राय समूह की अमूर्त अवधारणा से है। वैयाकरणों के 'द्रव्य' से तात्पर्य किसी वस्तु-विशेष का ठोस अस्तित्व नहीं अपितु उसकी मानसिक अवधारणा है; यानी अर्थ मानसिक अमूर्तन है, कोई ठोस सामयिक चीज नहीं। देखा जाए तो 'द्रव्य' की अवधारणा 'पारोल' की अवधारणा की अपेक्षा बहुत कुछ सोस्यूर के 'लांग' की अवधारणा से मिलती-जुलती है। पतंजलि ने (सूत्र 5, 1, 119) में बहस की है कि द्रव्य वह है जिसकी सत्ता विभिन्न व्याख्याओं के सम्मुख भी अडिग रहे। द्रव्य असल है और व्याख्याएं गुणों के रूप में सापेक्ष हैं। संदर्भों और गुणों के संयोजन से मूल में कोई दोष या परिवर्तन घटित नहीं होता। यहां यह स्पष्टीकरण भी आवश्यक है कि वैयाकरणों के भाषा-विन्यास के अध्ययन का प्राक्कलन अधिकतर 'समकालिक' है जिसे सोस्यूर 'डायाक्रॉनिक' (ऐतिहासिक विकासशील) की तुलना में 'सिंक्रॉनिक' कहता है। ऐसा नहीं है कि संस्कृत परंपरा में भाषा के ऐतिहासिक विकास और परिवर्तन की समस्याएं नहीं उठाई गईं, लेकिन चूंकि वैयाकरणों का अधिक ध्यान भाषा की संरचना के निरूपण और उसके तंत्र (सिस्टम) के निर्धारण पर था इसलिए उनका रवैया सामान्यतया समकालिक (सिंक्रॉनिक) है, ऐतिहासिक क्रमिक विकासशील (डायाक्रॉनिक) नहीं। संस्कृत कोशकारों ने भी शब्द के उद्भव और उसके परिवर्तनों की बहसें उतनी नहीं उठाईं। उनका विशेष ध्यान शब्दों की धातुओं, व्युत्पत्तियों और प्रयोग-रूपों के पारस्परिक संबंधों की संसक्ति पर रहा। मानो प्राचीन भारतीय चिंतन भाषा की उस संरचना का वर्णन करता है जो समय के किसी एक स्तर

पर मिलती है, न कि उस रूप का जिसमें विकास के साथ परिवर्तन होता रहा है। पाणिनि और पतंजलि अधिक वैज्ञानिक इसलिए हैं, और पश्चिम के आधुनिक भाषा-चिंतन को इसीलिए आकृष्ट करते हैं कि वे भाषा के विकास की आनुमानिक एवं काल्पनिक और अवैज्ञानिक बहसों में नहीं पड़ते, बल्कि समकालिक वैज्ञानिक वस्तुपरकता से भाषा की संरचना का विश्लेषण करके उसे नियमबद्ध करते हैं। भारतीय परंपरा में इस बात को भी स्वीकार किया जाता रहा है कि ऐतिहासिक अर्थ की तुलना में वह अर्थ प्रधान होता है जो चलन में है या प्रस्तुत अर्थ है। अर्थात् रीति और चलन की स्थिति प्रभुत्वशाली है। पाणिनि कहता है कि संज्ञा अर्थात् वर्तमान 'अर्थ' को पूर्व-अर्थ पर वरीयता मिली हुई है। पतंजलि भी इसी पर बल देता है। शिष्ट या वाग्विदग्ध लोग जो बोलते और समझते हैं वही प्रभुत्वशाली हैं। कात्यायन और पतंजलि बहुधा विवादास्पद भाषाई समस्याओं में प्रचलित प्रयोग से प्रमाण लेते हैं। भाषा की संरचना के विश्लेषण का यह वह रवैया है जिसे सोस्यूर ने वैज्ञानिक अध्ययन हेतु प्राथमिकता दी। वह इसलिए कि किसी ऐसे पदार्थ पर वैज्ञानिक विश्लेषण की नींव नहीं रखी जा सकती जो अनिश्चित हो या परिवर्तनशील हो। अर्थात् भाषा का मात्र वह स्तर वैज्ञानिक अध्ययन का औचित्य रखता है जिस पर वह उपस्थित क्षण में अवस्थित है; शेष परिवर्तित होते रहते विवरण को उसने ऐतिहासिक अध्ययन के लिए छोड़ दिया।

भारतीय चिंतन परंपरा में बौद्ध परंपरा ब्राह्मण परंपरा के साथ-साथ मिलती है। ऊपर हमने देखा कि भाषा-दर्शन की दृष्टि से ब्राह्मण परंपरा में न्याय-वैशेषिक की परंपरा अपने तार्किक वैशिष्ट्य के कारण मीमांसा या किसी भी दूसरे विचार-संप्रदाय की अपेक्षा अधिक व्यापक है। बौद्ध परंपरा की विशेषता यह है कि अधिकांश मामलों में यह न्याय पंरपरा से भी अधिक दृढ़ और तर्कसंगत है। इसका कारण यह है कि बौद्ध परंपरा तत्त्वमीमांसात्मक अलौकिकता और प्रत्ययवाद की अवधारणा से पूर्णतया स्वतंत्र है। मुद्दे, मुद्दे ही हैं और किसी अलौकिक अवधारणा से व्युत्पन्न नहीं हैं और न ही किसी ऐसे निष्कर्ष पर समाप्त होते हैं। बौद्ध-चिंतन में अपोह-सिद्धांत वास्तविकता की बौद्ध अवधारणा 'शून्य' का ही एक अनिवार्य अंग है। इस सिद्धांत का स्वरूप ऐसा है कि उसके निहितार्थ पर विचार करते हुए आश्चर्य होता है कि जिन परिणामों तक आधुनिक भाषिकी और उत्तर-संरचनावाद तथा विरचनावाद बीसवीं शती में पहुंचे हैं, उन तक बौद्ध-मनीषा शताब्दियों पूर्व पहुंच चुकी थी। जैसा कि हमने देखा कि 'शब्द' और 'अर्थ' के संबंध को मीमांसक, नैसर्गिक और नैयायिक औपचारिक एवं पारंपरिक मानते हैं, लेकिन दोनों का दृष्टिकोण सकारात्मक है—अर्थात् शब्द और अर्थ के संबंध की वे जो भी व्याख्या करते हैं, सकारात्मक दृष्टिकोण से करते हैं। बौद्ध-विचारणा इस दृष्टि से इन दोनों

ब्राह्मण-परंपराओं से बहुत आगे है। यह 'शब्द' और 'अर्थ' के संबंध को इस प्रकार देखती ही नहीं, बल्कि उसे पूर्णतया विभेदात्मक मानकर उसकी तार्किक व्याख्या करती है। यथार्थतः यह वही रवैया है जिस पर आधुनिक भाषिकी, उत्तर-संरचनावाद और विरचनावाद स्थित हैं। बौद्ध मनीषी कहते हैं कि शब्द में सीधे-सीधे कदापि कोई वस्तुमत्ता नहीं होती। अर्थ अपनी प्रकृति से विभेदात्मक अर्थात् नकारी है। उनके अनुसार 'शब्द' चूंकि केवल परिकल्पनात्मक बिम्ब है, यह विशुद्ध रूप से मानस-जनित विकल्प है; अतः शब्द और 'वस्तु' में कोई वास्तविक संबंध नहीं हो सकता। बौद्ध-चिंतक दिङ्नाग का कहना है कि 'शब्द' ऐसा 'विकल्प' है जिसका प्रमुख वैशिष्ट्य उसकी नकारात्मकता है। अपनी 'जाति' के दूसरे सारे तत्त्वों से उसके संबंध का स्वरूप विभेदात्मक है। शब्द 'गाय' से आशय सीधे 'गाय' नहीं है बल्कि उन सब चीजों का नकार है जो 'गाय' नहीं हैं। धर्मकीर्ति कहता है कि शब्द से अर्थ की सकारात्मकता का बोध इसलिए होता है कि भाषा में मानसिक अवधारणा की आवृत्ति होती रहती है। बौद्ध चिंतन का यह बिंदु बहुत महत्त्वपूर्ण है कि अर्थ का सापेक्ष विभेद प्रयोगाधिक्य के कारण प्रतीत नहीं होता, जबकि अर्थ की विधेयात्मकता निरंतर अनुभूत होती है। बौद्ध तर्कविदों के अनुसार 'प्रत्यक्ष' केवल वह है जो इंद्रियों के माध्यम से हमारे बोध का अंग बनता है। चीजों के सामान्य नाम और मानसिक बिंब या अवधारणा, जिनके माध्यम से हमें विशेष वस्तुओं का बोध होता है, इंद्रियों का भाग नहीं, क्योंकि उन्हें प्रत्यक्ष कदापि नहीं कहा जा सकता है। स्पष्ट है कि बौद्ध चिंतन के इन बिंदुओं और सोस्यूर के विचारों और देरिदा के विभेदात्मकता-सिद्धांत में आश्चर्यजनक सामंजस्य और समानता है। बौद्धों के यहां यह बिंदु बिलकुल सोस्यूर से मिलता-जुलता है कि भाषा के परिकल्पनात्मक बिंब में (जिसका वाहक शब्द है) और चीजों में कोई अनिवार्य संबंध नहीं है और अर्थ की वैयक्तिकता केवल उसकी विभेदात्मकता में है। इस समस्या पर मीमांसकों और नैयायिकों ने भी विचार किया है और वैयाकरणों ने भी, लेकिन बौद्धों की बहस सबसे अधिक परिपक्व है और उन्हीं धाराओं में है जो सोस्यूर के भाषा-दर्शन की भी विशिष्टता है। बौद्धों का कहना है कि श्वेत या काली गाय केवल इसलिए श्वेत या काली गाय है कि वह भूरी या चितकबरी या किसी दूसरे वर्ण की नहीं है। शब्द 'काली' या 'श्वेत' में कोई उपस्थिति (प्रेजेन्स) उस वर्ण की नहीं है। संकेतन-व्यापार (सिग्निफिकेशन) की विभेदात्मकता का यह वही नुकता है जिसे देरिदा ने सोस्यूर से लेकर अपने चिंतन और तर्कना के जोर से क्या से क्या बना दिया है, और जो अब विरचनावादी दर्शन की नई चिंतन परंपरा का प्रस्थान-बिंदु है। देरिदा के विरचनावाद का स्रोत भाषा की यही नकारात्मकता और विभेदात्मकता है।

बौद्ध चिंतक यह भी कहते हैं कि शब्द से जो बिंब बनता है वह पूर्णरूपेण

मानसिक और परिकल्पनात्मक अर्थात् मूलहीन और अवास्तविक है। किंतु हम उसे वास्तविक समझते हैं। नागार्जुन ने *माध्यमिककारिका* (24, 8) में यह बहस उठाई है कि सच्चाई वह भी है जो वास्तविकता और वह भी जो निरपेक्ष है : अर्थात् मानसी बिंब या रूप या वास्तविक सार्वजनीन रूप जिससे घटनात्मक यथार्थ मूर्तिमान होता है।

शून्य या शून्यता बौद्धमत का आधारभूत सिद्धांत है। प्रथम दृष्टि में यह सिद्धांत नकारात्मक प्रतीत होता है किंतु अपने तार्किक निष्कर्षों में यह नकारी और द्वंद्वात्मक है। शून्य की अवधारणा की नींव नागार्जुन के नकारी तर्क-वितर्क से पड़ी और क्रमशः यही तर्कणा-प्रणाली बौद्ध दर्शन की केंद्रीय प्रवृत्ति बन गई। नागार्जुन ने बड़ी ही युक्तियुक्त बहस की है कि सारे मानवीय संबंध और अस्तित्व की सारी अवधारणाएं और उनके सारे प्रकार जो इनसे उद्भूत हैं, उनको द्वंद्वात्मक रूप से खंडित किया जा सकता है, और जो भी कुछ बचा रहता है वह 'शून्य' है। शून्य हर प्रकार की परिभाषा और स्थिरीकरण से इतर है क्योंकि हर परिभाषा संग्रथन और सीमांकन की ओर ले जाती है। शून्य वास्तविकता की कुल उपस्थिति का मूल है इसलिए हर परिभाषा के इतरेतर है। 'सत्य' का मूल सिद्धांत या तत्त्व यदि कुछ है तो 'शून्य' है तथा शून्य ही संपूर्ण सार्वभौम सत्य है; यानी इसी 'तथता' का लक्ष्य निर्वाण या अखंड निरपेक्षता का लक्ष्य है। बौद्धमत के विरोधियों ने शून्यवाद पर कठोर आपत्तियां करते हुए कहा है कि यह अराजकतावाद का दर्शन है या निराशावाद और नकारवाद की ओर ले जाता है। किंतु बौद्धों के निकट 'शून्य' बुद्धि की पराकाष्ठा है। उनका कहना है कि इसके बिना न तो ज्ञान संभव है और न ही ज्ञान का संप्रेषण। सांसारिक सत्य को भी इसके बिना नहीं जाना जा सकता। अपनी निरपेक्ष सत्ता से 'शून्य' नैसर्गिक मानव-अस्तित्व (जो अस्थायी है) में अनस्तित्ववाद की अनुभूति है। यह नकार-मात्र नहीं है बल्कि अस्तित्व के होने से इतर जो अस्तित्व या अस्तित्व के होने की अनुभूति है उसके नकार का नकार है।

'शून्य' की इस अवधारणा को नकारात्मक रूप से ही समझाया जा सकता है क्योंकि सारी विधेयात्मक प्रणालियां और परिभाषाएं न केवल 'शून्य' को सीमित कर देती हैं अपितु उसकी निरपेक्षता को अम्लान भी नहीं रहने देतीं। बौद्ध-मनीषियों ने स्पष्ट किया है कि बौद्धेतर भारतीय चिंतन में यद्यपि 'शून्य' की अवधारणा इतनी सर्वव्यापी नहीं है लेकिन उसमें भी ऐसे अनेक स्थलों पर शून्य से काम लिया जाता है जहां निरपेक्षता या अनस्तित्व पर बल देना अभिप्रेत है। उपनिषदों में जब ब्रह्म के स्वरूप का प्रश्न उठाया गया तो सारे वाद-प्रतिवाद के बाद 'नेति-नेति' ही कहा गया। ब्रह्म निर्गुण है। ब्रह्म को अमूर्त भी कहा गया है। यानी ब्रह्म की कोई

अवधारणा हो ही नहीं सकती। ऐसी कोई कोशिश की जाए तो 'सत्य प्रदूषित' हो जाएगा। शून्य के संदर्भ में 'मौन' एक प्रबल गतिशील अवधारणा है जो स्वर से कहीं अधिक शक्तिशाली और ध्वनियों और अर्थ की अनंत संभावनाओं से परिपूर्ण है; गहरे रहस्य या मानव-नियति के गहरे भेदों को उद्घाटित करने हेतु 'शून्य' अर्थात् 'मौन' से श्रेष्ठतर प्रणाली संभव नहीं। स्वर का श्रेष्ठ से श्रेष्ठ प्रकार अर्थात् शब्द 'मौन' ही का एक रूप है। नीरव मंत्र या नीरव जाप धीमे-धीमे गुनगुनाए या पढ़े जानेवाले जाप से श्रेयस्कर है। वाद्ययंत्र से निकले स्वर सौंदर्यपरक आनंद का हेतुक तो होते हैं किंतु जो स्वर सुनाई नहीं देते वे अनंत के संकेत हैं। योगी और ऋषि अपने मस्तिष्क को स्वरावगुंठन में उस श्रवण न किए जानेवाले स्वर पर केंद्रित करते हैं जो मौन के गर्भ से फूटता है तथा अनंत निरपेक्षता एवं अथाह स्वतंत्रता की अनुभूति कराता है। इस संदर्भ में 'गालिब' का यह शेर असंगत नहीं—*आगही दामे-शुनीदन जिस क़दर चाहे बिछाए, मुद्दआ अन्क़ा है अपने आलमे-तक़रीर का*। बौद्ध दार्शनिकों ने शून्य का जो प्रयोग शब्दार्थ-विज्ञान पर किया है वह संरचनावादी और उत्तर-संरचनावादी दृष्टि से रोचक भी है और विस्मयकर भी। संभव है कि सोस्यूर का भाषा की विभेदात्मकता का प्रत्यय बौद्धों से ही गृहीत हो। 'अपोह' का अर्थ ही है नकारना, अपवर्जित करना, परिणामतः किसी शब्द, अभिव्यक्ति या अवधारणा से कोई भी अर्थ केवल उतना ही प्रकट होता है जितना वह अपने अर्थ में 'अनर्थ' के विभेद से स्थापित है। अर्थात् 'गाय' से अभिप्राय वह अवधारणा है जो अ-गाय नहीं है। तात्पर्य यह कि यथार्थ का बोध शब्द के विभेदक संबंधों के वैशिष्ट्य से होता है; दूसरे शब्दों में, किसी भी चीज़ के अस्तित्व की परिकल्पना उसके अस्तित्व से संरचित होती है, नितांत वैसे ही जैसे संसार 'अ-संसार' से अस्तित्व में आया है।

बौद्ध मातानुयायी नागार्जुन को अपना सबसे बड़ा विचारक और तर्कविद् मानते हैं। नागार्जुन का कहना है कि यद्यपि संसार ठोस दिखाई देता है किंतु यथार्थ की श्रेष्ठ व्याख्या के अनुसार यह अवास्तविक है, यह कार्य-कारण के फलस्वरूप आविर्भूत होता है और उसका अपना कोई 'स्वभाव' नहीं होता। वह वैयक्तिक संवेद भी उसी अवास्तविक का एक अंश है जिसके माध्यम से उसके अवास्तविक होने का बोध होता है, अतएव वह भी अवास्तविक है। अतः अवास्तविक के माध्यम से वास्तविकता को जानना और समझना असंभव है। न तो उसे नकारा जा सकता है और न ही उसे स्वीकार किया जा सकता है। यही कारण है कि सारे तत्त्वमीमांसीय प्रश्नों का उत्तर बुद्ध ने 'मौन' (शून्य) से दिया है। इस पराकाष्ठा या उस पराकाष्ठा से बचने और मध्यम मार्ग स्वीकार करने का कारण भी यही है। इस पर भी चेतावनी दी गई है कि मध्यम मार्ग की अवधारणा भी सापेक्षतावादी और विश्वसनीय है क्योंकि निश्चयात्मक रूप से नहीं कहा जा सकता कि (1) यह अस्तित्व रखता

है, (2) अस्तित्व नहीं रखता, (3) ये दोनों स्थितियां संभव हैं, (4) ये दोनों स्थितियां असंभव हैं। तात्पर्य यह कि 'शून्य' एक निरपेक्ष 'रिक्तता' है जिसमें वैयक्तिकता, स्वीकार, अस्मिता आदि किसी चीज की निश्चित सकारात्मकता तर्कसंगत रूप से संभव नहीं। विस्तृत व्याख्या के लिए देखें : (शेर्बास्की, *बुद्धिस्ट लॉजिक,* बिब्लिऑथिका, बुद्धिका 26, लेनिनग्राद, 1930)। बौद्ध-विचारणा से सामंजस्य के संदर्भ में प्राफेसर फ़र्थ का 55 वर्ष पूर्व का यह वाक्य अत्यंत महत्त्वपूर्ण है : 'यह बिल्कुल संभव है कि उसे (सोस्यूर को) भारतीय दर्शन का कुछ बोध रहा हो' (*टेक्नीक ऑफ सिमैन्टिक्स,* ट्रेन्जैक्शंस ऑफ द फिलालॉजिकल सोसाइटी)।

रॉबर्ट मैग्ल्यूला ने अपनी पुस्तक में पूरा तीसरा अध्याय इसी बहस पर केंद्रित किया है कि देरिदा का विरचनावादी चिंतन और नागार्जुन की 'शून्यता' में गहरा संबंध है : और आगे यह कि बौद्ध परंपरा में अर्थ 'सकारात्मकता' नहीं रखता इसलिए कि यह क्षणिक है, केवल स्वलक्षण है; अर्थ चूंकि केवल विकल्प है इसलिए वह वस्तुनिष्ठ यथार्थ नहीं हो सकता। यह मूलतः नकारी है क्योंकि यह स्वतः अपनी विशिष्टता स्थापित नहीं कर सकता और केवल दूसरे तत्त्वों के अपवर्जन से प्रभावकर होता है। परिणामतः अर्थ को उसकी नकारात्मकता के आधार पर ही पहचाना जा सकता है। अर्थात् दूसरे संपृक्त तत्त्वों से विभेदकारी वैशिष्ट्य के आधार पर। बौद्ध परंपरा में इसे 'अन्यापोह' कहा गया है। अर्थ की नकारी क्रिया के सिद्धांत से दिङ्नाग ने 'प्रमाण-समुच्चय' के पांचवें अध्याय में बहस की है। कुञ्जुन्नी राजा का कहना है कि इस क्रम में कुछ मूल पाठ जो सुरक्षित रह सके हैं वे तिब्बती भाषा में हैं जिनका विस्तृत परिचय शेर्बास्की ने दिया है (पृ. 82)। धर्मकीर्ति के यहां भी अपोह-सिद्धांत की गूंज मिलती है। किंतु अधिकांश मूल पाठ नष्ट हो चुके हैं। निस्संदेह बौद्धों के भाषा-सिद्धांत के विरोध में वामन, कुमारिल भट्ट और दूसरे ब्राह्मण विचारकों ने जो कुछ लिखा उसमें 'अन्यापोह' का प्रश्न भी उठाया गया है। दिङ्नाग का अपोह-सिद्धांत चूंकि तार्किक रूप से अर्थ की विधेयात्मकता का नकार करता है, इसलिए ब्राह्मण-परंपरा का उसका विरोध करना सहज ही समझ में आ सकता है।

बौद्ध-सिद्धांत 'अपोह' और सोस्यूर के चिंतन में सामंजस्य और समरूपता की यह खोज काफी महत्त्वपूर्ण है, विशेषतया देरिदा के विभेदात्मकता-सिद्धांत और विरचनावाद के प्रादुर्भाव के बाद, जिनकी नींव ही भाषा के विभेदक संबंधों पर है। इससे इस 'समरूपता' और 'सामंजस्य' का महत्त्व और भी बढ़ जाता है। इस क्रम में अंतिम बात यह कि अर्थोत्पत्ति की प्रक्रिया वस्तुतः दोहरी प्रक्रिया है और यह प्रक्रिया समय की एक ही धुरी पर अर्थात् युगपत् होती है। यह भी बौद्ध चिंतन की ही देन है। सकारात्मक अर्थ तत्काल प्रकट हो जाते हैं और अनुपस्थित अर्थ परिकल्पनात्मक और अवचेतन रूप में सक्रिय रहते हैं। अर्थात् वे तत्त्व जिनके नकार

से अर्थ की सकारात्मकता स्थापित होती है उनकी अवधारणा अनुपस्थिति में कारगर रहती है। यह बिलकुल वही बिंदु है जिसे विभेदात्मकता-सिद्धांत के प्रसंग में देरिदा बार-बार उठाते हैं—अर्थ विभेद से भी स्थापित होता है और 'स्थगन' में भी रहता है, और 'अनर्थ' अनुपस्थित होते हुए भी अवचेतन में अपनी झलक (ट्रेस) रखता है। देरिदा का सारा बल इसी बात पर है कि अनर्थ कभी विस्थापित नहीं होता। वह भाषा-क्रिया का अपरिहार्य अंग है और सामने के जाने-पहचाने या औपचारिक अर्थ के विस्थापन हेतु 'अनर्थ' हर समय व्यग्र रहता है। शांतरक्षित कहते हैं कि प्रत्यक्ष अर्थ, जिसे सकारात्मक समझा जाता है वह नकारात्मक है क्योंकि अद्वितीय है। यों बौद्ध चिंताधारा में उपस्थित अर्थ के साथ अप्रत्यक्ष अर्थ की क्रिया कभी समाप्त नहीं होती। देरिदा भी यही बात कहते हैं। दोनों में अंतर केवल सिद्धांत-निरूपण की शैली का है।

भर्तृहरि के स्फोट-सिद्धांत की मूल्यवत्ता अनेक स्तरों पर असंदिग्ध मानी जाएगी। इसके अनुसार 'वाक्य' मात्र विभिन्न ध्वनियों अथवा शब्दों का समूह नहीं बल्कि एक ऐसी इकाई है जिससे युगपत् अर्थ प्रतिबिंबित होता है। भर्तृहरि ध्वनियों या शब्दों की 'इकाई' को, जिससे तत्क्षण अर्थ फूटता है, 'स्फोट' की संज्ञा देता है : अर्थात् भाषिक कथन में ध्वनियां मात्र माध्यम हैं जिनसे 'प्रतीक' बनता है और यह प्रतीक अर्थ का वाहक होता है। भर्तृहरि के यहां 'इकाई' अविभाज्य है और स्वभावतः उसमें कोई कालगत क्रमिकता नहीं होती। वाणी के अवयवों से निसृत होनेवाली ध्वनियों में निःसंदेह कालगत क्रमिकता होती है। अर्थात् ध्वनियां समय की धुरी पर एक विशेष क्रम से एक के बाद एक घटित होती हैं। लेकिन अर्थ का निस्सरण बिलकुल बिजली कौंधने की प्रक्रिया के समान तुरंत होता है। प्रोफेसर ब्रो का कहना है कि संस्कृत काव्यशास्त्र में 'स्फोट' आधुनिक भाषिकी के पद (टर्म) 'संकेत' (साइन) का स्थानापन्न है, इस अर्थ में जिसमें 'संकेत' सोस्यूर के यहां विवेच्य है और जिसके अर्थगत ऐक्य को देरिदा द्वारा दी गई चुनौती से विभेदात्मकता की अवधारणा सामने आई।

भर्तृहरि ने व्यंजना के आधार पर 'वाणी' या 'वाक्य' को चार वर्गों में रखा है : 1. परा, 2. पश्यंती, 3. मध्यमा, 4. वैखरी। भर्तृहरि ने मूलतः तीन का उल्लेख किया था। सोमानंद ने *शिवदृष्टि* में 'परा' की वृद्धि की और उसे भाषा का सूक्ष्मतम स्तर कहा। भर्तृहरि का कथन है कि ध्वनियां और अर्थ वाक्-प्रक्रिया के दो जुड़वां पक्ष हैं, अतः 'शब्द' को एक अविभाज्य 'इकाई' के रूप में ही लिया जा सकता है : *एकोऽनवयश शब्दः* (वाक्यपदीय 11, 1) तथा यह कि अर्थ का स्वरूप कौंधे की लपक का-सा है जिसे वह 'प्रतिभा' कहता है। भर्तृहरि इस बात पर बल देते हैं कि शब्द मानसिक अमूर्तन है, वाक्य अर्थ को 'उपस्थित' करता है। वाक्य उस

पौराणिक देव के समान है जो अंदर की ओर भी देख सकता है और बाहर की ओर भी। 'ध्वनि' वाक्य का बाह्य रूप है और 'अर्थ' वाक्य का आंतरिक रूप है। इसी को सोस्यूर 'संकेतक' (सिग्निफाइर) और 'संकेतित' (सिग्निफाइड) कहकर कागज की दोनों तरफों के समान बताता है और उनमें ऐक्य का टांका लगा देता है। पाणिनि का कथन है : *स्वम् रूपम् शब्दस्याशब्दसंज्ञा।*

शब्द जो 'पद' (टर्म) नहीं है वह अपना रूप स्वयं है, (पाणिनि 68, 1, 1) यानी शब्द अपने रूप को भी व्यक्त करता है और अर्थ को भी। भर्तृहरि ने इस दिव्य को सोस्यूर की तरह एक ऐक्य में पिरो दिया है। वह बार-बार कहता है कि शब्द दोहरी शक्ति रखता है। वह रूप अर्थात् मानसिक अमूर्तन भी है और इस मानसिक अमूर्तन के निरूपण का यानी अर्थ का द्योतक भी। बिलकुल प्रकाश या बोध की तरह, जैसे प्रकाश अपने-आप को भी प्रकट करता है और दूसरी चीजों को भी। यथार्थतः वाक्य अपने रूप को भी स्थापित करता है और 'स्फोट' को भी। दर्शन की एक विशेष समस्या रही है शब्द और अर्थ का द्वित्व। निस्संदेह भारतीय भाषा चिंता धाराओं में भर्तृहरि एकमात्र ऐसा दार्शनिक है जिसने भाषा के द्वित्व में ऐक्य की राह निकाल ली। भर्तृहरि से पूर्व भाषा-दर्शन मुख्यतः व्युत्पत्ति और पदयोजना संबंधी विवादों में उलझा रहा और काफी हद तक शाब्दिक अर्थ का मुखापेक्षी भी रहा। भर्तृहरि ने शब्द-व्यापार को नियमबद्ध करके उसे ऐक्य प्रदान किया। पश्चिम में यह महत् कार्य शताब्दियों बाद सोस्यूर ने आधुनिक भाषिकी में 'संकेतक' (सिग्निफाइर) और 'संकेतित' (सिग्निफाइड) के विभेद को स्वीकार करके निष्पन्न किया। किंतु उसकी अव्यवस्था पर नियंत्रण पाने के लिए इन दोनों पदों के युग्म को 'संकेत' (साइन) कहा। संरचनावाद में साहित्य के पूरे तंत्र की गवेषणा का कार्य ऐक्य की इसी अवधारणा से आरंभ हुआ है लेकिन बाद में देरिदा ने अपनी सूक्ष्म तार्किकता से इस जोड़ का टांका खोलकर इस पर बल दिया कि भाषा का मूल तत्त्व और उसकी प्रवृत्ति विभेदात्मकता ही है। संरचनावाद और उत्तर-संरचनावाद में जो विशेष अंतर है उसके मूल में भाषा के ऐक्य और विभेदात्मकता का द्वंद्व है। कुछ भी हो, भर्तृहरि के सिद्धांत 'स्फोट' और सोस्यूर के 'संकेत' की अवधारणा में जो सामंजस्य और समानांतरता है, वह प्रकट है।

स्फोट-सिद्धांत के बाद ध्वनि-सिद्धांत की चर्चा अपरिहार्य है। इन दोनों में गहरा संबंध है। भर्तृहरि ने यह सिद्ध कर दिया था कि 'वाक्य' के अर्थ का आधार उसकी समग्रता है; और वाक्य के अर्थ अलग-अलग शब्दों के अर्थ से भिन्न भी हो सकते हैं और उनसे अधिक भी। आनंदवर्धन ने इस विचार को और अधिक विस्तार दिया। आनंदवर्धन का सरोकार चूंकि अर्थतत्त्व से अधिक काव्य की सौंदर्यपरक विवेचना से था, उन्होंने काव्यार्थ के प्रभाव पर अपना ध्यान केंद्रित कर ध्वनि का सिद्धांत

प्रस्तुत किया। वह भर्तृहरि के स्फोट-सिद्धांत से लाभान्वित होना स्पष्ट रूप से स्वीकार करते हैं। आनंदवर्धन की उपलब्धि यह है कि उन्होंने नवीं शती तक संस्कृत व्याकरण, दर्शन और काव्यशास्त्र की परंपरा को दृष्टि में रखते हुए *नाट्यशास्त्र* से *वाक्यपदीय* तक की परंपरा के विभिन्न तत्त्वों में मैत्री पैदा की और साहित्यिक सौंदर्यशास्त्र का एक संपूर्ण एवं सर्वतोमुखी सिद्धांत दिया। अर्थात् पहले से चले आ रहे रस-सिद्धांत को (जो नाटक के लिए गढ़ा गया था) आनंदवर्धन ने 'काव्य' पर चरितार्थ किया और 'स्फोट' के मिश्रण से उसे काव्यात्मक सौंदर्यशास्त्र के एक नए सिद्धांत 'ध्वनि' का रूप दे दिया। 'ध्वनि' से आनंदवर्धन का आशय काव्यमय सांकेतिकता या प्रभाव या सौंदर्य-प्रतीति है। आनंदवर्धन स्वयं कहते हैं कि उन्होंने शब्द 'ध्वनि' वैयाकरणों से लिया है जहां उससे तात्पर्य ध्वनियां हैं, अर्थात् जिस तरह ध्वनि में 'स्फोट' यानी 'संकेत' उभरता है, बिलकुल उसी तरह एक अच्छे वाक्य या पद्य की ध्वनियों और अर्थ से सौंदर्यपरक अवस्था यानी ध्वनि उभरती है जो शाब्दिक अर्थ से श्रेष्ठतर और उच्चतर है। ध्वनि कविता की आत्मा है। आनंदवर्धन का प्रसिद्ध कथन है : *काव्यास्यात्मा ध्वनिः।*

आनंदवर्धन कहते हैं कि 'ध्वनि' उन लोगों की पहुंच से बाहर है जिनका ज्ञान व्याकरण, शब्द या छंदों की तकनीकी जानकारी का बंधक है। ध्वनि से आनंदित होने और उसके प्रभाव को आत्मा की गहराइयों में अनुभव करने के लिए सहृदय होना अनिवार्य है, अन्यथा 'ध्वनि' तक पहुंच नहीं होगी। हीरे का मूल्य केवल पारखी ही जानता है।

ध्वनि का सौंदर्यपरक अनुभव स्वयं अपना औचित्य है और यह दैनंदिन जीवन और अनुभव से पृथक अपना अस्तित्व रखता है। यह पूर्णरूपेण भाषिक संरचना है। ध्वनि को सौंदर्यपरक अनुभव के अतिरिक्त दूसरा कोई नाम दिया ही नहीं जा सकता। यह किसी चीज का प्रतिरूप भी नहीं है और न ही कोई चीज इसका प्रतिरूप है। अभिनव गुप्त के अनुसार यह अस्तित्व की वह श्रेष्ठतम अनुभूति है जिसे वाक्चार में 'आनंद' कहा है, या जिसके लिए उपनिषदों के इस कथन की ओर ध्यान जाता है : *रसो वै सः*, रस ही वह है यानी 'रस ही आनंद है।'

यह तो स्पष्ट है कि ध्वनि एक सौंदर्यपरक अवधारणा है, लेकिन चूंकि वह सांकेतिक अर्थ से संबद्ध है या उस अर्थ से जो परिचित अर्थ से आगे जाता है, अतः उसकी व्याख्याओं में अर्थ के 'दूसरेपन' (अदरनेस) पर भी जोर है जो सदैव 'अनुपस्थिति' (ऐब्सेंस) में रहता है। अर्थ के 'दूसरेपन' की न्यूनाधिक यह वही अवधारणा है जिस पर देरिदा का आग्रह है और जिसे वह भाषा की मूल शक्ति भी कहते हैं। इस दृष्टि से देखें तो ध्वनि की व्यापक अवधारणा में देरिदा के विभेदात्मकता-सिद्धांत की झलक स्पष्टतः मौजूद है, अर्थात् अर्थ 'विभेद' में भी है और 'स्थगन' में भी। एडविन गेरो की गणना संस्कृत काव्यशास्त्र के विषयज्ञों में

होती है। उनकी सन् 1971 की कृति से यह उद्धरण और उसमें देरिदा की विशेष 'टर्म्स' (प्राविधिक शब्दों) 'अदर', 'प्रेजेन्स', 'ऐब्सेंस' की उपस्थिति और उनका 'ध्वनि' से सामंजस्य विचारणीय है।

यह तो ज्ञात ही है कि हमारे यहां सौंदर्यशास्त्रियों ने सौंदर्यपरक अनुभव का बयान करते हुए 'सुख' और 'भोग' में अंतर किया है। वैसे तो सौंदर्यपरक अनुभव की पराकाष्ठा सार्वभौम आनंद को कहा गया है किंतु स्पष्ट किया गया है कि 'सुख' निजी, वैयक्तिक और सीमित अनुभव है, जबकि 'आनंद' अनंत और समष्टिगत अवस्था है जहां अहं स्वयं से इतर हो जाता है। सौंदर्यपरक अनुभव की इस पराकाष्ठा को 'रस', या 'आनंद', या 'ध्वनि' आदि विभिन्न नामों से पुकारा गया है। स्मरण रहे कि इसको 'परम भोग' कहा गया है। भट्टनायक का कथन है : *रस भोगेन भुज्यते*—रस भोग से भोगा जाता है। अर्थात् रसानुभव आस्वाद के रूप में ही किया जा सकता है। भोग अहं तथा अनहं के बौद्धिक धरातल पर शेष नहीं रहता। अपितु वैयक्तिक अहं का परिसीमन भी कुहासाछन्न हो जाता है। यह उस अवस्था से भी आगे की बात है जिसका उल्लेख रोलां बार्थ सौंदर्यपरक अनुभव (प्लेज़र-प्रिंसिपल) के अंतर्गत करता है। विचारणीय है कि संस्कृत-विशेषज्ञों ने इसको 'विमर्श' भी कहा है और 'शक्ति' भी, जो प्रकृति की कार्यशाला में नारी-सुलभ उत्प्रेरणा का द्योतक है।

पाठकवादी आलोचना में पाठक या श्रोता पर जो बल दिया जाता है वह पश्चिम में 'नई आलोचना' या मार्क्सवादी आलोचना की अपेक्षा नई चीज है। 'नई आलोचना' जब कि रूप के वस्तुनिष्ठ दृष्टिकोण और मार्क्सवादी आलोचना सामाजिक-ऐतिहासिक दृष्टिकोण से लिखी जाती है, उसकी अपेक्षा पाठकवादी आलोचना में पाठक के उद्यम की अवधारणा हावी रहती है और दृश्यप्रपंच-विज्ञान (फ़ेनॉमिनॉलॉजी) के अनुसार 'पढ़त' की प्रक्रिया में व्यक्तिनिष्ठता और वस्तुनिष्ठता का द्वित्व समाप्त हो जाता है। पश्चिम में ये बहसें नई हैं किंतु भारतीय परंपरा में श्रोता (या पाठक) का दृष्टिकोण और नाट्य (काव्य) के प्रभाव से उत्पन्न सौंदर्यपरक अवस्थाओं की चर्चाएं अत्यंत प्राचीन हैं। बल्कि भारतीय काव्यशास्त्र और सौंदर्यशास्त्र का आरंभ ही ये वादानुवाद हैं। भारतीय सिद्धांतों में रस-सिद्धांत सबसे प्राचीन है। इस दृष्टि से देखा जाए तो भारतीय काव्यशास्त्र का मूलबिंदु ही वह रवैया है जो आज पाश्चात्य पाठकवादी आलोचना का आधार है। *नाट्यशास्त्र* यों तो नाटक के व्यावहारिक पक्षों का दस्तावेज है, लेकिन इससे रस-सिद्धांत का आरंभ हुआ और आगे चलकर जिसे भर्तृहरि और आनंदवर्धन और अभिनव गुप्त ने काव्य पर चरितार्थ किया और जो भारतीय साहित्य चिंतन की खास विशेषता बन गया। यह रस-सिद्धांत मूलतः उन भावों पर आधृत है जो कलाकृति की

प्रतिक्रिया के रूप में कलाकृति को स्वीकार करनेवालों के मानस में उत्पन्न होती है। नाट्य के उन्नति-काल में इन बहसों का केंद्र दर्शक था और अनंतर काव्य जैसे-जैसे नाटक का स्थान लेने लगा, इस परिचर्या में दर्शक की केंद्रीयता श्रोता या पाठक को मिलती गई। इस संबंध में जानकारी इतनी व्यापक है कि किसी और व्याख्या की आवश्यकता नहीं।

संस्कृत काव्यशास्त्र के जो विचारक शब्द के अवास्तविक स्वरूप से बहस करते हैं वे इस पर बल देते हैं कि शब्द में अर्थ अंतर्हित नहीं होता; अर्थ 'वाक्य' से निर्धारित होते हैं और अर्थ की झलक श्रोता के बोध में स्थित है। यास्क और औदंबरायण भी संकेत करते हैं कि वाक्य श्रोता के मानस में पहले से अस्तित्व रखता है। चॉम्स्की का सामर्थ्य (कॉम्पिटेंस)-सिद्धांत, और वाक्य के रूप की पूर्व मानसिक अनुभूति इस संदर्भ में विचारणीय है।

पाठकवादी आलोचना के क्रम में संस्कृत काव्यशास्त्र की 'सहृदय' की अवधारणा भी विचार योग्य है। लगभग सभी चिंतकों ने इसका उल्लेख किया है। शाब्दिक रूप में इससे ऐसा पाठक अभिप्रेत है जिसे उर्दू में 'साहिबे-ज़ौक' या 'सुख़न-फ़हूम' से अभिहित करते हैं, लेकिन उर्दू के पारिभाषिक शब्दों में 'समझ' के तत्त्व की अधिक भूमिका है जबकि संस्कृत काव्यशास्त्र में सौंदर्यपरक अनुभूति हावी है। 'सहृदय' को प्रतिभा से संपन्न भी कहा गया है। प्रतिभा के बिना न कोई काव्य रच सकता है और न ही पाठक उससे 'रस' ग्रहण कर सकता है। नई पाश्चात्य 'थ्योरी' में 'इंप्लाइड रीडर' और 'इंफॉर्म्ड रीडर' की बहसें 'सहृदय' की अवधारणा से अधिक दूर नहीं है।

पाठकवादी आलोचना के प्रसंग में मीमांसकों की अवधारणा 'आकांक्षा' भी विचार करने योग्य है। जहां वाक्य में पदयोजना विषयक सामंजस्य की बात उठाते हुए अर्थ-ग्रहण की प्रक्रिया का विश्लेषण किया गया है। इस क्रम में तीन संचालक शब्दों का विशेष उल्लेख मिलता है : 'सन्निधि' यानी ध्वन्यात्मक मैत्री, 'योग्यता' यानी तार्किक संबंध, और 'आकांक्षा' यानी पदयोजना की अपेक्षा जिसके अनुसार वाक्य के टुकड़े मिलकर पदयोजना विषयक इकाई में ढलते हैं। इनमें 'आकांक्षा' की अवधारणा खासी व्यापक है और पाठक के मानस में वाक्य की कार्यक्षमता बड़ी हद तक उस पर निर्भर है। 'वाक्य' में शब्द पारस्परिक अपेक्षा के सूत्र में बंधे हुए हैं। सर्वप्रथम इसका उल्लेख जैमिनि ने *मीमांसा-सूत्र* में किया है। पाणिनि उसकी अभिवृद्धि करते हुए कहते हैं, शब्दों में मात्र पदयोजना विषयक, 'आकांक्षा' ही नहीं होती, उनमें विपेक्षा भी होती है और शब्दों का संबंध अर्थ-संबंधी अपेक्षाएं पैदा करता है। आकांक्षा से अभिप्राय है पूर्ति की अपेक्षा जो हर शब्द में होती है, जिसे वह दूसरे शब्द या शब्दों से मिलकर पूरी करता है। यह अपेक्षा पाठक की भी हो सकती है जो पढ़त की प्रक्रिया में अर्थ को पूरा करना चाहता है।

हर शब्द दूसरे की आकांक्षा करता है ताकि वह बात को पूरा कर सके। वेदांतियों ने आगे चलकर आकांक्षा के दो प्रकारों–वास्तविक और संभावित–की ओर ध्यान दिलाया। 'वास्तविक' वह जो घटनात्मक और अनविार्य है, 'संभावित' वह जिसकी कल्पना पाठक कर सकता है; यह दूसरी तरह की आकांक्षा अर्थ के अनदेखे क्षितिज पर क्रियान्वित होती है और अधिक महत्त्वपूर्ण है। हर वाक्य की तह में 'महावाक्य' है और 'महावाक्य' (मेटालैंग्वेज) अर्थ का खजाना और मूल स्रोत है। देखा जाए तो ये और इससे जुड़ी बहसें आज की 'रिसेप्शन-थ्योरी' (संग्रहण-सिद्धांत) की पूर्वगामी लगती हैं। अंतर केवल इतना है कि 'रिसेप्शन-थ्योरी' के संदर्भ में ये पुरानी बहसें नई अर्थवत्ता से संपन्न दिखती हैं और उनको समझने से स्वयं नई 'थ्योरी' में नई अर्थवत्ता का सुराग मिलने लगता है, मानो नूतन और पुरातन की द्वंद्वात्मक प्रक्रिया यहां भी कारगर है और आज का साहित्यिक बोध उससे बाहर नहीं।

निष्कर्ष : ऊपर हमने संरचनावादी और उत्तर-संरचनावादी साहित्यिक चिंतन और संस्कृत काव्यशास्त्र के संधि-स्थलों और समानताओं का विश्लेषण करके, इन दोनों में संबंध स्थापित करने का प्रयास किया है। यह यात्रा आसान नहीं थी, क्योंकि संस्कृत काव्यशास्त्र के इतिहास और सिद्धांतों पर जो प्रामाणिक ग्रंथ हैं वे सबके सब संरचनावाद और नई 'थ्योरी' के सामने आने से पहले के हैं और इनमें इस प्रकार की बहसें नहीं मिलतीं। दूसरी ओर संरचनावाद और उत्तर-संरचनावाद पर जो सैकड़ों पुस्तकें उपलब्ध हैं, उनमें से किसी भी मूलपाठ में भारतीय भाषा-दर्शन या काव्यशास्त्र से किसी भी समन्वय का कोई उल्लेख नहीं है। पाश्चात्य चिंतन का रवैया एशियाई बौद्धिक उपार्जनों के साथ जैसा रहा है और जिन कारणों से रहा है, उस पर किसी टिप्पणी की आवश्यकता नहीं। एशियाई बौद्धिक उपार्जन उनके लिए कोई अस्तित्व ही नहीं रखते; यह वैचारिक बेईमानी शताब्दियों से चली आ रही है। यह इसलिए भी दुखद है कि इस प्रकार मानवीय चिंतन का जो इतिहास सामने आता है वह पक्षपातपूर्ण और एकांगी रह जाने के लिए अभिशप्त है। यह स्थिति ज्यादा कष्टकर इसलिए भी है कि इसका थोड़ा-बहुत दायित्व हमारे विशेषज्ञों पर भी है। अपने दायित्वों से उदासीनता बरतने में हमारा भी कोई जवाब नहीं। उदाहरण के लिए, हमारे विशेषज्ञ इस प्रकार के वक्तव्य प्रायः औपचारिकता के तौर पर भी देते रहते हैं कि नई पाश्चात्य 'थ्योरी' बहुत कुछ वही है जो भारतीय दार्शनिक परंपरा में शताब्दियों पूर्व कहा जा चुका है। गुजराती के लब्ध-प्रतिष्ठ आलोचक डॉ. हरिवल्लभ भयानी के इस वक्तत्व से दूसरों का भी अनुमान किया जा सकता है : 'आज के नए समालोचनात्मक रवैयों का ज्यादातर झुकाव भाषा-विज्ञान, संरचनावादी और संकेत-विज्ञान संबंधी बहसों की ओर है। इन

दृष्टिकोणों और साहित्यिक पाठों में मुझे भारतीय काव्य-सिद्धांत और आलोचना के समानांतर कई बिंदु मिलते हैं।'

यही हाल जवाहरलाल नेहरू विश्वविद्यालय के प्रोफेसर एच.एस. गिल का है जो फ्रांसीसी भाषा और संकेत-विज्ञान दोनों के विशेषज्ञ हैं। अपने सन् 1990 के एक लेख में उन्होंने भी यह विषय छेड़ा है और समरूपताओं का उल्लेख किया है, किंतु विस्तार से कुछ नहीं कहा और केवल विमर्श हेतु आमंत्रित कर यह कार्य दूसरों के लिए छोड़ दिया है।

हमारे विचारकों का सामान्य रवैया यही है। मेरी धारणा थी कि कम से कम वे भारतीय विचारक जो विदेशी विश्वविद्यालयों से संबद्ध हैं या अंग्रेजी के विद्वान हैं, उन्हें तो बहरहाल यह परिप्रेक्ष्य लभ्य है। उन्होंने कुछ ध्यान दिया होगा। मदन स्वरूप और राजनाथ का उल्लेख मैंने कई मित्रों से सुना, एतदर्थ बड़े चाव से ये पुस्तकें हासिल कीं : मदन स्वरूप, *पोस्ट-स्ट्रक्चरलिज्म एंड पोस्ट-मॉडर्निज्म* (एथेन्स, ज्योर्जिया, 1989) और राजनाथ (सं.), *डीकंस्ट्रक्शन : अ क्रिटीक* (मैकमिलन, लंदन, 1989)। मदन स्वरूप गोल्डस्मिथ कॉलेज, लंदन विश्वविद्यालय में पढ़ाते हैं और राजनाथ इलाहाबाद विश्वविद्यालय में अंग्रेजी के प्रोफेसर हैं; लेकिन यह देखकर बहुत आश्चर्य हुआ कि दोनों पश्चिमवालों से भी अधिक पश्चिम के मारे निकले। मदन स्वरूप हों कि राजनाथ, दोनों ने बराबर इसका ध्यान रखा है कि उनके लेखन में पूर्वी अथवा भारतीय मानस भूले से भी प्रतिबिंबित न हो।

सन् 1990 में जब वह आलेख लगभग लिखा जा चुका था, बंबई के कृष्णारायण का लेख, 'लिटरेरी थ्योरी एंड इंडियन क्रिटिकल प्रैक्टिस' *(द लिटरेरी क्राइटीरियन,* मैसूर, वॉल, 25, 1, 1990) दृष्टिगत हुआ। कृष्णारायण गिनती के उन विद्वानों में हैं जिन्हें दोनों परंपराओं का सम्यक् बोध है। मैंने उनसे संपर्क स्थापित किया तो ज्ञात हुआ कि वे नई 'थ्योरी' के परिप्रेक्ष्य में भारतीय साहित्य-शास्त्र का पुनर्गठन करना चाहते हैं, और उनकी पुस्तक, *साहित्य, ए थ्योरी* प्रकाशित होनेवाली थी।

वैसे देखा जाए तो विरचनावाद की पहली ईंट ही में पूर्व का हाथ लगा है। तात्पर्य देरिदा की *ऑफ ग्रैमाटॉलॅजी* (1976) से है जिसका अंग्रेजी अनुवाद गायत्री स्पीवाक का है और उसी की विस्तृत भूमिका के साथ प्रकाशित हुआ है। लेकिन देरिदा के चिंतन की बौद्ध तर्कविदों और विशेष रूप से नागार्जुन के 'शून्य' से अनुरूपता शायद गायत्री के कार्यक्षेत्र से बाहर थी। उसका उल्लेख निःसंदेह रॉबर्ट मैग्लिओला ने अपनी पुस्तक *देरिदा ऑन द मेन्ड* (1984) में किया जिस पर हम ऊपर विचार कर चुके हैं। अतः इन्हें अपवाद ही कहा जाएगा।*

इन स्थितियों में मुझे सबसे अधिक मार्ग-निर्देश मद्रास विश्वविद्यालय के संस्कृत विद्वान कुञ्जुन्नी राजा से मिला। उन्होंने अपना शोध-प्रबंध संस्कृत प्रोफेसर

जॉन ब्रो के पर्यवेक्षण में पूरा किया था। जॉन ब्रो उन मर्मज्ञों में से थे जो न केवल संस्कृत काव्यशास्त्र में निष्णात् थे और *वाक्यपदीय* एवं *ध्वन्यालोक* पर उनकी गहरी दृष्टि थी, बल्कि उन्होंने आधुनिक पाश्चात्य भाषिकी और संस्कृत काव्यशास्त्र पर तुलनात्मक दृष्टि से बड़ा ही मौलिक कार्य किया था। उनकी यही विशेषता कुञ्जुन्नी राजा को उनके पास खींच लाई होगी। सन् 1952 से सन् 1954 का यह वह काल था जब साहित्यिक 'थ्योरी' पर संरचनावाद के हमले अभी शुरू नहीं हुए थे। और तो और, सोस्यूर की पुस्तक का अंग्रेजी अनुवाद भी अभी तक नहीं हुआ था (अंग्रेजी अनुवाद सन् 1959 में आया)। लेकिन सोस्यूर के महत्त्व का अनुभव होने लगा था। अतः संस्कृत परंपरा में अर्थ-सिद्धांत पर विचारणा के दौरान कुञ्जुन्नी राजा ने कई स्थलों पर सोस्यूर से तुलना भी की है। बौद्ध तर्कविदों के अपोह-सिद्धांत और दिङ्नाग का पहला सुराग भी मुझे कुञ्जुन्नी राजा के यहां मिला। बहरहाल ये सारी कृतियां संरचनावादी, उत्तरसंरचनावादी और नए साहित्यिक चिंतन के आरंभ से पूर्व की है और इस प्रसंग में उनसे अधिक सहायता नहीं मिल सकती थी। टोह निस्संदेह मिल गई।

इस शृंखला की एक रोचक कड़ी सोस्यूर की संस्कृतविज्ञता भी है, किंतु संरचनावादी सिद्धांत से जुड़ी आरंभिक बहसों में पाश्चात्य चिंतक इस तथ्य को वह महत्त्व नहीं देते जिसका यह अधिकारी है, यद्यपि समानताओं का कुछ न कुछ बीज इसी तत्त्व में छिपा हुआ है। दिल्ली विश्वविद्यालय की संस्कृत विद्वान डॉ. उषा चौधरी ने विचार-विनिमय के दौरान इस पर बहुत बल दिया। यह वास्तविकता है कि सोस्यूर ने केवल संस्कृत का अध्ययन ही नहीं किया, अपितु इंडो-योरोपीय के अतिरिक्त वे पेरिस और जेनेवा में वर्षों संस्कृत पढ़ाते भी रहे। इक्कीस वर्ष की आयु में उन्होंने इंडो-योरोपीय के स्वर-तंत्र पर अपना एकमात्र आलेख प्रकाशित किया और सन् 1880 में संस्कृत व्याकरण पर डॉक्टरेट ली। बाद में वे पेरिस में और अपने नगर जेनेवा में संस्कृत और भाषा-विज्ञान पढ़ाते रहे। यहां तक कि सन् 1906 में किसी प्रोफेसर के अवकाश ग्रहण करने पर उन्हें सामान्य-भाषा-विज्ञान का कोर्स पढ़ाने को कहा गया। यों एक-एक वर्ष छोड़कर सन् 1907 से सन् 1911 तक सोस्यूर यह कोर्स पढ़ाते रहे। सन् 1912 की गर्मियों में वे बीमार हुए और

---

* हैरॉल्ड कोवर्ड की पुस्तक *देरिदा एवं इंडियन फिलॉसफी* भारत में हाल ही में आई है। इसमें देरिदा की तुलना भर्तृहरि, नागार्जुन, शंकराचार्य और अरविंद से की गई है। देरिदा के विभेदात्मकता-सिद्धांत के संबंध में कोवर्ड ने भी शंकराचार्य और अरविंद की अपेक्षा नागार्जुन पर और भर्तृहरि के शब्द तत्त्व पर विशेष बल दिया है। यह अनुवाद गोपीचंद नारंग के जिन दो लेखों पर आधारित है वे कोवर्ड की उक्त पुस्तक से बहुत पहले प्रकाशित हो चुके थे जो अब उनकी पुस्तक *साख्तियात, पस-साख्तियात और मशरिकी शेरियात* (1993) में एक अध्याय के रूप में सम्मिलित है।—सं.

फरवरी 1913 में 56 वर्ष की आयु में उनका देहांत हो गया। उनकी युग-प्रवर्तक कृति *कोर्स इन जनरल लिंग्विस्टिक्स* का संपादन करके उनके छोड़े हुए नोट्स की सहायता से उनके दो सहयोगियों ने उसे सन् 1916 में प्रकाशित किया।

मानव-चिंतन में दीपक से दीपक जलता है और एक का बीज दूसरे स्थान का महाकाय वृक्ष बन जाता है। लेकिन बहुधा ऐसा भी हुआ है कि दो विचार-परंपराएं एक जैसे सत्य तक विभिन्न कालों में स्वतंत्र रूप से पहुंचीं। अतः निश्चयपूर्वक नहीं कहा जा सकता कि सोस्यूर ने संस्कृत परंपरा से लाभ उठाया और यदि उठाया तो कैसा लाभ उठाया। निस्संदेह वे असाधारण बौद्धिक क्षमता के स्वामी थे और संस्कृत भाषा-दर्शन पर उनकी गहरी दृष्टि रही होगी। बौद्ध चिंतक के अपोह-सिद्धांत तक उनकी पहुंच असंभव नहीं, क्योंकि वे भी संस्कृत परंपरा के हिस्से हैं। लेकिन कोर्स से सीधे इसका कोई प्रमाण नहीं मिलता, न ही नोट्स से कोई सुराग़ मिलता है। यह सब कुछ मरणोपरांत प्रकाशित हुआ है। अनुमान ही किया जा सकता है कि यदि सोस्यूर अपनी पुस्तक की पांडुलिपि स्वयं तैयार करते तो संभव है संस्कृत परंपरा का उल्लेख भी उसमें होता। या यह भी हो सकता है कि ये प्रभाव सोद्देश्य न होकर अवचेतन रूप में रहे हों। क्योंकि इतना तो बहरहाल ज्ञात है ही कि संस्कृत उन्होंने आरंभ से पढ़ी थी और उनका मस्तिष्क और बोध संस्कृत परंपरा में रचा-बसा हुआ था।

ऊपर दोनों परंपराओं के संधि-स्थलों की जो पड़ताल की गई, संक्षेप में उसके निष्कर्ष इस प्रकार हैं :

1. आधुनिक भाषिकी में इस बात को सामान्यतया स्वीकार किया जाता है कि सोस्यूर ने भाषा की जिस संरचना पर बल दिया है, उसका 'प्रोटोमॉडल' संस्कृत वैयाकरणों की, विशेष रूप से पाणिनि की देन है। सोस्यूर के संरचनावादी भाषा-विज्ञान का सारा विकास इसी दिशा में रहा है। यास्क, पाणिनि, कात्यायन, पतंजलि और अन्य वैयाकरणों की समस्या भाषा की व्याकरणिक संरचना थी। भाषा के समकालिक (सिंक्रॉनिक) अध्ययन का मार्ग भी उन्होंने दिखाया। शब्द-चर्चा भारतीय दर्शन के विभिन्न संप्रदायों में, विशेषतया मीमांसा और न्याय में की गई थी। फिर बौद्ध और जैन विचारकों ने उन्हें तार्किक विवेचना की शक्ति के साथ प्रस्तुत किया। इस दृष्टि से भारतीय परंपरा में ये बहसें नई पाश्चात्य 'थ्योरी' की बहसों से बहुत प्राचीन और प्रौढ़ हैं।
2. मीमांसकों की चिंता शब्द की सत्ता के स्थापन में थी, न्याय परंपरा में शब्द और अर्थ का संबंध नैसर्गिक न मानने की प्रवृत्ति रही है। यह संबंध औपचारिक और पारंपरिक है। इसे अभिधा कहा गया है। यह दृष्टिकोण

सोस्यूर के दृष्टिकोण से मिलता-जुलता है कि शब्द और अर्थ में 'स्वभावतः' कोई संबंध नहीं है। यह रिश्ता 'मनमाना' है अर्थात् परंपरा और रीति से अस्तित्व में आता है।

3. न्याय दर्शन के अनुसार अर्थ वस्तुमात्र नहीं है वरन् वस्तु की मानसिक अवधारणा या विकल्प है, अर्थात् मानसिक संरचना या वस्तु की वह अमूर्त अवधारणा जो इस प्रकार की तमाम वस्तुओं पर हावी है, और कोई विशेष वस्तु जिसका एक संदर्भ मात्र है। अर्थ के लिए ठीक-ठीक यही बात सोस्यूर कहते हैं।
4. व्याडि और भर्तृहरि के यहां 'द्रव्य' की जो अवधारणा है वह अपनी दृढ़ता और सर्वदेशीयता के कारण बहुत कुछ सोस्यूर के 'लांग' (भाषा-तंत्र) की अवधारणा से मिलती-जुलती है 'पारोल' (भाषा-व्यवहार) से भिन्न।
5. शब्द और अर्थ के विभेदात्मक संबंध के आरंभिक संकेत यद्यपि यास्क, पाणिनि और पतंजलि के यहां मिल जाते हैं, लेकिन उन्हें सैद्धांतिक रूप में बौद्ध चिंतकों ने स्थापित किया। बौद्ध चिंतन का अपोह-सिद्धांत जो 'शून्य' का अनिवार्य अंग है, अर्थ को विभेदात्मकता का परिणाम कहकर उसकी तार्किक व्याख्या करता है। यह वस्तुतः वही तर्क है जिस पर सोस्यूर का 'मॉडल' स्थापित है, और जिसे विरचनावाद में देरिदा ने विभेदात्मकता-सिद्धांत के माध्यम से पराकाष्ठा पर पहुंचाया है।
6. नागार्जुन का 'शून्य' या 'शून्यता' का सिद्धांत बहुत कुछ देरिदा के विरचनावादी चिंतन या देरिदा के नकारी तर्क से मिलता-जुलता है। शून्य सत्य के समस्त प्रत्यक्ष एवं अप्रत्यक्ष का मूल है। द्वंद्वात्मक रूप से प्रत्येक अर्थ को निरस्त किया जा सकता है। मानो अर्थ का मूल यदि कुछ है तो शून्य है। इस प्रकार शून्य एक गत्यात्मक सकारी अवधारणा बन जाता है। देरिदा का आग्रह है कि विरचनावादी 'पढ़त' अर्थ की अनुपस्थिति को कार्यान्वित करती है। उसे विध्वंसक कहना गलत होगा। भाषा की विभेदात्मकता संबंधी सोस्यूर की अवधारणा जिस प्रकार स्पष्ट रूप से बौद्ध 'अपोह' से गृहीत है, अर्थ के नकार पर नकार, अर्थात् देरिदा के 'स्थगन' और विभेदात्मकता-सिद्धांत एवं बौद्ध शून्य-सिद्धांत में स्पष्ट समानांतरता देखी जा सकती है।
7. संस्कृत काव्यशास्त्र में भर्तृहरि का स्फोट-सिद्धांत संरचनावादी अवधारणा 'संकेत' (साइन) का पूर्वगामी है। 'संकेत' के ऐक्य को सोस्यूर और उनके संरचनावादी अनुयायियों ने स्थापित किया था जिसे देरिदा और उनके उत्तर-संरचनावादी समयुगीनों ने विस्थापित कर दिया। भर्तृहरि के 'स्फोट' और सोस्यूर की अवधारणा 'संकेत' में समरूपता स्पष्ट है।

8. आनंदवर्धन का ध्वनि-सिद्धांत जो वस्तुतः काव्यशास्त्र में रस-सिद्धांत का समरूप है, चूंकि सांकेतिक अर्थ से जुड़ा हुआ है और उस अर्थ से भी जो सामने के अर्थ से आगे जाता है। उनकी कुछ व्याख्याओं में अर्थ के दूसरेपन (अदरनेस) का जो आग्रह है वह अर्थ के अनुपस्थित होने की उस अवधारणा से मिलता-जुलता है जिसे देरिदा ने विभेदात्मकता के रूप में सिद्धांतबद्ध किया है।
9. अंतिम और सबसे महत्त्वपूर्ण बात यह है कि रस-सिद्धांत जो संस्कृत काव्यशास्त्र का प्राण है बिलकुल उसी तरह दर्शक-केंद्रित है जिस तरह आलोचना (पाठकवादी) है। आज की पाश्चात्य रीडर्स-रेस्पोन्स आलोचना, दृश्यप्रपंच-विज्ञान और स्वीकार-सिद्धांत (रिसेप्शन थ्योरी) की समस्या भी यही है कि अर्थ-ग्रहण में पाठक की भूमिका क्या है या 'पढ़त' की प्रक्रिया का स्वरूप क्या है या 'पढ़त' के प्रकार्य (फंक्शन) के अनुसार अर्थ का निर्धारण किस प्रकार होता है, इस प्रकार देखा जाए तो रस और ध्वनि के विमर्श आज की साहित्यिक थ्योरी में पाठकवादी आलोचनात्मक रवैयों के सैद्धांतिक पूर्वगामी कहे जा सकते हैं।

इस संदर्भ में यह विचारणीय हैं कि कभी-कभी आधुनिक के हवाले से प्राचीन या प्राचीन का कोई हिस्सा नया हो जाता है या नई अर्थवत्ता हासिल कर लेता है। उदाहरणार्थ रूसी रूपवादी अपना काम करके अज्ञात मर गए और अधिसंख्य के जीवनों में किसी ने उनकी ओर आंख उठाकर भी न देखा किंतु जब संरचनावाद की उन्नति हुई तो उन्हीं रूसी रूपवादियों की उठाई हुई बहसें नए सिरे से साहित्यिक थ्योरी के मध्य आ गईं। अतः इस पर आश्चर्य नहीं होना चाहिए कि भारतीय तथा पूर्वी काव्यशास्त्र की वे अवधारणाएं और सूक्ष्म-बिंदु जो आधुनिक भाषाओं में विलीन होकर स्वयं अपनी धरती में भूली-बिसरी स्मृति बन गईं, नई थ्योरी से कुछ वैचारिक समरूपताओं के कारण नए सिरे से विवादप्रियता का केंद्र बन जाएं और साहित्यिक अपेक्षाओं के क्षितिज पर नई अर्थवत्ता के वाहक नजर आने लगें। याद रहे, केवल पाठक ही पाठ को नहीं पढ़ता, पाठ भी पाठक को पढ़ता है और यह गत्यात्मक प्रक्रिया जारी रहती है। यह विषय चूंकि विशद् और गूढ़ है इसलिए आगे इस पर और अधिक चिंतन-मनन होगा।

आधुनिक, उत्तरआधुनिक तथा मानवता का भविष्य
(अप्राप्य की स्मृति)

❑ पाउलोस मार ग्रेगोरिओस

उत्तरआधुनिकता की परिभाषा नहीं हो सकती है क्योंकि यह कोई दत्त वस्तु नहीं है, जिसे समय एवं काल में निर्धारित किया जा सके। परिभाषाओं तथा वस्तुनिष्ठता से दूर रहना और सत्य को प्रतिज्ञप्तियों (Propositions) के रूप में लिखने से बचना उत्तरआधुनिकता की अंतर्वस्तु (Essence) का भाग है। उत्तरआधुनिकता की परिभाषा इसलिए भी नहीं हो सकती है क्योंकि यह कला तथा साहित्य, वास्तुकला तथा नृत्य, दर्शन तथा भाषा-खेलों (Language Games) में एक नहीं है।

मुझे उत्तरआधुनिकता एक विचारधारा या लक्ष्य-केंद्रित या नियम-अनुशासित आंदोलन न होकर पश्चिमी मानवतावाद की दुर्दशा लगती है। यह लक्ष्यों, नियमों, सरल रेखाओं तथा साधारण विचारों पर विचार नहीं करती है। यह आधुनिक पाश्चात्य मानवतावाद की अग्र (Avant Garde) चेतना की एक स्थिति है। इसमें मानस दुखी है, आत्मा कष्ट में है और समय के प्रवाह में एक दरार आने की व्यथा है। यह एक ऐसी जटिल स्थिति है जो आधुनिकता की मूल अंतश्चेतना से निकली है।

उत्तरआधुनिकता में अप्राप्य एवं हाइडेगर की तरह बिना अपने अस्तित्व (Being) को समर्पित किए अपने अस्तित्व के लिए निश्चित आधार बनाने के प्रति एक इप्सास्मृति (Nostalgia) है। यदि हम सांख्य दर्शन की शब्दावलियों का प्रयोग करें तो यह अदृष्ट या अव्यक्त, अव्याकृत तथा अप्रस्तुत्य की प्रस्तुति का प्रयास है। इस प्रयास में यह चेतना उपस्थित है कि इनसे अलग हटकर इन्हें वस्तुनिष्ठ रूप में प्रस्तुत करना संभव नहीं है। सत्य के बारे में दुर्ग्राह्य निश्चितता को प्रतीकों में समझने का यह कठोर प्रयास है। इस प्रयास में प्रबोधन युग की उन परियोजनाओं को भी छोड़ा जा सकता है जिनमें धर्म के स्थान पर तर्क एकीकरण का सिद्धांत बन जाता है, जिनमें तर्क अपने-आपको कला, भाषा तथा दर्शन में संप्रेषित करता

है और तर्क मानव स्वायत्तता, स्वतंत्रता तथा एकता का आधार बनता है। सत्य पर विजय पाकर उस पर स्वामित्व पा जाना पाश्चात्य मानवता की एक नितांत अस्वस्थ इच्छा है।

'उत्तर' एवं 'आधुनिक'

जब आधुनिक या आधुनिकता के पहले उत्तर–उपसर्ग लगाया जाता है तो इसका क्या अर्थ होता है ? क्या इसका अर्थ यह है कि जैसे यूरोपीय इतिहास का प्राचीन शास्त्रीय (Classical) एवं मध्य काल गुजर चुका है, उसी तरह अब हम एक नए चौथे युग उत्तरआधुनिक युग में आ गए हैं?

कुछ लोग ऐसा विचार रखते हैं। उनमें से एक आर्नोल्ड टोयनबी (Arnold Toyanbee) थे। उन्होंने जो विचार प्रस्तुत किए हैं वे मुख्यतः इतिहास के क्षेत्र में लागू हैं। सबसे पहले टोयनबी ने अपनी पुस्तक *ए स्टडी ऑफ हिस्ट्री* (A Study of History, भाग 1, पृष्ठ 1, 1924) में कहा कि आज से लगभग 120 वर्ष पूर्व सन् 1850 से सन् 1875 के बीच आधुनिक युग समाप्त हो गया। जब तक टोयनबी अपनी पुस्तक के पांचवें भाग में पहुंचे (जिसका प्रकाशन सन् 1939 में हुआ) उन्होंने दो यूरोपीय युद्धों के सन् 1918 से सन् 1939 के बीच के काल के लिए उत्तरआधुनिक शब्द का प्रयोग शुरू कर दिया था। टोयनबी के अनुसार उत्तरआधुनिकता के मसीहा फ्रेडरिक नित्शे (Friedrich Nietzsche : 1844-1900) थे हालांकि उनके विचार उनकी असमय एवं दुखद मृत्यु के दो दशक बाद दोनों युद्धों के बीच के काल में यूरोप में फैले।

ग्रीक नाटकों पर विचार करते समय नित्शे ने इसके दो प्रकार दिखाए थे जो सामान्य दुखांत एवं सुखांत नाटकों से अलग थे। नित्शे के सुझाए प्रकार थे–अपोलोनियन (Apollonian) तथा डायोनिसियन (Dionysian)। अपोलोनियन में क्रम, आकार, नियंत्रण, नियमितता, संगति एवं सौंदर्य–यानी अतार्किक एवं जानवरों जैसी चेष्टाओं पर तार्किक नियंत्रण जैसी विशेषताएं मिलती हैं। डायोनिसियन में बैकनेलियन (Bacchanalian) तथा अतार्किकता का साम्राज्य मिलता है। और अपने-आपको भावनाओं के हाथ में सहर्ष छोड़ देने की एक खुशी मिलती है। *दि डिक्लाइन ऑफ दि वेस्ट* (The Decline of the West) के प्रसिद्ध लेखक ओस्वाल्ड स्पेंगलर (Oswold Spengler : 1880-1936) भी टोयनबी के इतिहास संबंधी विचारों से सहमत हैं। कार्ल पॉपर (Karl Popper) इन विचारों से सहमत नहीं हैं क्योंकि इन विचारों ने ही नाजीवाद तथा पॉपर के विचार में साम्यवाद (Communism) जैसी सर्वसत्तात्मक विचारधाराओं को आधार प्रदान किया। पॉपर के विचार में विगत इतिहास के बहिर्वेशन के आधार पर आने वाले इतिहास की भविष्यवाणी नहीं की जा सकती है। ज्ञान का विकास एक ऐसा कारण था जिसके

संबंध में भविष्यवाणी नहीं की जा सकती थी और जिसने बहुत सारे अप्रत्याशित परिवर्तन लाए।

हेगेल, मार्क्स, टोयनबी तथा कौम्ट जैसे इतिहासवादी विचारकों का कहना है कि मानव इतिहास में विकास के बहुत सारे नियमों को देखा जा सकता है। स्पेंगलर ने अपोलोनियन एवं डायोनिसियन संबंधित नित्शे के विचारों को संस्कृतियों के अध्ययन में लागू किया और किसी भी सभ्यता की अवनति का कारण डायोनिसियन जैसी अतार्किकता की स्थिति को माना। *पैटर्न्स ऑफ कल्चर* (Patterns of Culture-1934) में प्रस्तुत इन विचारों को अमरीकी सांस्कृतिक नृवैज्ञानिक रुथ बेनेडिक्ट (Ruth Benedict : 1887-1948) ने आकारिक रूप दिया।

टोयनबी के अनुसार आधुनिकता के बाद उत्तरआधुनिकता तब शुरू होती है जब लोग कई अर्थो में अपने जीवन, विचार एवं भावनाओं में अपोलोनियन तार्किकता एवं संगति को त्याग कर डायोनिसियन अतार्किकता एवं असंगतियों को अपना लेते हैं। उनके अनुसार उत्तरआधुनिकता की चेतना विगत को एवं विगत के प्रतिमानों को भुला देने के सक्रिय उत्साह में दीख पड़ती है। यह एक प्रकार का साभिप्राय एवं निजप्रेरित स्मृति-लोप (Amnesia) है जो क्रमबद्ध समाज एवं तार्किक-अकादमीय-संस्थानों के प्रतिमानों को भुला देता है।

अतीत का त्याग तथा परंपरा एवं बाह्य सत्ताओं की अस्वीकृति की इच्छा आधुनिक काल की एक महत्त्वपूर्ण विशेषता है। इस इच्छा के पीछे स्वायत्त मानवीय तार्किकता की इस क्षमता में पूरा विश्वास था कि केवल इसी की सहायता से सभी समस्याओं को सुलझाया जा सकता है और यथार्थ के सभी रहस्यों को जाना जा सकता है। यदि हम अतीत को भूलकर सुविचारित ढंग से वर्तमान पर अपना ध्यान केंद्रित करें तो विज्ञान एवं प्रौद्योगिकी की सहायता से तर्क द्वारा वस्तुनिष्ठ विश्व पर ऐसा नियंत्रण स्थापित कर सकते हैं कि यह हमारे लिए किसी भी प्रकार का खतरा उपस्थित नहीं कर सकता है।

दूसरी तरफ, उत्त-आधुनिक वर्तमान को भी भूलकर एक ऐसे भविष्य में रचनात्मक छलांग लगाना चाहता है जो वर्त्तमान समाज के नियमों, प्रतिमानों एवं संस्थाओं से पूर्णतः स्वच्छंद हो। यह ऐसा उत्तर-उदारवाद (Post-Liberal) तथा उत्तर-मार्क्सवाद है जो न केवल परवर्ती पूंजीवाद (Late capitalism) बल्कि परवर्ती मार्क्सवाद के धराशायी होने की बात को स्वयंसिद्ध मानता है। विज्ञान, प्रौद्योगिकी, समाजविज्ञान की रूढ़ि विचारधाराएं, साहित्य के प्रतिमान तथा अन्य जो कुछ भी अस्तित्व में है वह भविष्य में इस छलांग के लिए आवश्यक निर्देश नहीं प्रदान कर सकता है।

इस अर्थ में उत्तरआधुनिक, आधुनिक विरोधी नहीं है। उत्तरआधुनिकता के सर्वाधिक उत्तेजक मसीहा ज्यां फ्रान्स्वा ल्योतार ने कहा है, "संभवतः यह बेहतर

होगा कि उत्तरआधुनिकता पर 'आधुनिकता के पुनर्लेखन' के अनुष्ठान के अंतर्गत पुनर्विचार किया जाए।" (L'Inhumain में Reecrire la modernite, Galilee, Paris, 1988, पृष्ठ 33-34)।

उत्तरआधुनिकता में आधुनिकता के कई पक्ष मौजूद हैं। फिर भी यह तर्कशास्त्र एवं तार्किकता के उन कठोर प्रतिमानों को अस्वीकार करता है जो आधुनिकता की विशेषता है। यह पीछे की ओर नहीं लौटना चाहता है और इस अर्थ में आधुनिकता-विरोधी नहीं है। यह उन धार्मिक एवं पारंपरिक प्रतिमानों को पुनर्स्थापित नहीं करना चाहता है जिन्हें आधुनिकता ने अस्वीकार कर दिया था। और न ही यह आधुनिकता के ऐसे प्रतिमानों को स्वीकार करना चाहता है जिनमें लिखित भाषा एवं तर्कशास्त्रीय तार्किकता पर बल दिया जाता है।

आधुनिकता क्या है ?

उत्तरआधुनिकता को समझने के लिए हमें आधुनिकता को और विशेषकर उत्तर-नित्शे विचारों में उस आंदोलन को समझना होगा जो हमें आधुनिकता से दूर ले जाता है। बाद में हम इन आंदोलनों, विशेषकर उत्तर-मार्क्सवाद या नव-वामपंथ, उत्तर-संरचनावाद या विरचनावाद, उत्तर-भाषाविज्ञानवाद या उत्तर-प्रत्यक्षवाद पर विचार करेंगे।

मैक्स वेबर ने सांस्कृतिक आधुनिकता की यह विशेषता बताई है कि इसमें धर्म तथा तत्त्वमीमांसा में संप्रेषित 'संज्ञात्मक तर्क' (Substantive Reason) को तीन स्वायत्त क्षेत्रों में बांटा जा सकता है : विज्ञान, नैतिकता एवं कला। पीटर बर्गर (Peter Berger) ने अपनी पुस्तक *फेसिंग अप टु मॉडर्निटी* (Facing up to Modernity : न्यूयार्क, 1977) में आधुनिकता की पांच प्रमुख विशेषताएं बताई हैं :

1. अमूर्तिकरण (Abstraction)
2. भविष्यवाद (Futurity)
3. वैयक्तिकता (Individualism)
4. मुक्ति (Liberation)
5. धर्मनिरपेक्षीकरण (Secularization)

मैं मैक्स वेबर की परिभाषा से प्रारंभ करना पसंद करूंगा किंतु इस परिभाषा में थोड़ा परिवर्तन कर दूंगा। धार्मिक चेतना के संज्ञात्मक तर्क के अलगाव और इनकी मूल एकता के पीछे आधुनिकता की यह मूल धारणा है कि अनुभवातीत (Transcendental) के स्थान पर मानव तार्किकता (Human Rationality) को एकीकरण का सिद्धांत बनाया जाए। यह मानव तार्किकता सर्वश्रेष्ठ है तथा सभी अनुभवों एवं ज्ञान को एकीकृत करने का आधुनिक सिद्धांत है। मेरे विचार से

आधुनिक मुख्यतः एवं मूलतः व्यक्ति एवं समाज की ऐसी स्वायत्तता की स्वीकृति पर बल देता है जो यथार्थ पर न तो निर्भर हो और न उसके प्रति उत्तरदायी हो। यह वह स्वीकृति है जो मानव तर्क से बाहर की हर सत्ता को नकारता है चाहे वह धार्मिक हो या पारंपरिक। किसी भी बाह्य सत्ता की इस अस्वीकृति तथा मानव स्वायत्तता एवं प्रभुसत्ता से आधुनिक के अन्य घटकों का जन्म होता है जैसे, आधुनिक विज्ञान/प्रौद्योगिकी, आधुनिक नगरीय-औद्योगिक सभ्यता, आधुनकि दर्शन एवं साहित्य आदि।

अठारहवीं शताब्दी के मध्य में यूरोप में बौद्धिकता के प्रति जो उत्तेजना आई वहीं से आधुनिक युग का प्रारंभ माना जा सकता है। सन् 1789 में हुई फ्रांसीसी क्रांति पश्चिमी समाज में इस बौद्धिक-मानसिक तथा राजनीतिक-सामाजिक-आर्थिक उत्तेजना की चरम सीमा थी। यूरोप में यह प्रक्रिया अठारहवीं शताब्दी के मध्य से उन्नीसवीं शताब्दी के मध्य तक चलती रही और अब भी उन भू-भागों में फैल रही है जहां की संस्कृतियों ने नगरीय-प्रौद्योगिकी-औद्योगिक तंत्र को इसकी पूंजीवादी उत्पाद प्रविधि (Mode of Production) तथा मानवीय श्रेष्ठता एवं स्वायत्तता पर आधारित कैल्विनवादी-व्यक्तिवादी मूल्य, संस्कृति, चिकित्सापद्धति, संचार तंत्र, शिक्षा पद्धति तथा राजनीतिक-आर्थिक संस्थाओं को अपना लिया है। आज के हम सभी 'आधुनिक शिक्षा प्राप्त लोग' इसी उत्तेजना एवं प्रक्रिया के उत्पाद हैं। भारत में भी यह प्रक्रिया बहुत बड़े स्तर पर फैल चुकी है लेकिन अभी तक इसने सभी लोगों को अपने प्रभाव में नहीं लिया है क्योंकि अभी तक सारे लोग शिक्षित नहीं हुए हैं।

यूरोपीय प्रबोधन क्या है ? यह प्रश्न इमानुएल कांट (1724-1804) ने उठाया और 'बर्लिनिशर मोनाट्सश्रिफ्ट' (Berlinischer Monatsschrift) नामक पत्रिका के दिसंबर 1783 के अंक में जर्मन में छपे अपने लेख 'Answer to the Question : What is Enlightenment ?' में इसका उत्तर देते हुए लिखा (अनुवाद कर सकने की अपनी सीमाओं के बावजूद हम इसका अनुवाद कर रहे हैं।) :

"मुनष्य द्वारा अपने-आप पर थोपी गई अप्रौढ़ता से निकलने को प्रबोधन कहते हैं। अपनी समझ को निश्चित दिशा में प्रयोग नहीं कर पाने की अक्षमता को अप्रौढ़ता कहते हैं। यह अप्रौढ़ता अपने-आप पर स्वयं की थोपी हुई है। तर्क स्वयं समाप्त होने लगता है। और, ऐसा इसलिए नहीं है कि इसमें समझने की क्षमता नहीं है। बल्कि, ऐसा इसलिए है कि इसमें दृढ़ता एवं साहस की कमी है। इसमें यह इच्छा नहीं है कि यह बिना किसी बाह्य सत्ता के अपनी सहायता करें। बुद्धिमान बनो। जागो। हिम्मत करो कि तुम अपनी समझ के अनुसार व्यवहार करो। यह प्रबोधन युग का नारा है।"

ज्यां फ्रान्स्वा ल्योतार का लेख 'Answering the Question : What is Post-

Modernism' [Hassan I.and Hassan S. (eds), Innovation/Renovation, Univ of Wisconsin Press Madison, Wis, 1983, पृष्ठ 71-82] कांट के प्रबोधन पर उपर्युक्त लेख से निकलती हुई बात है।

आधुनिक को यदि उस बौद्धिक-मानसिक उत्तेजना की प्रक्रिया से एकात्म न मानें तो भी इतना तो कहा ही जा सकता है कि आधुनिक उस प्रक्रिया का परिणाम है जिसे अन्य प्रबोधनों, जैसे बौद्धों का प्रबोधन (संभवतः जिनके लिए 'प्रबोधन' सबसे पहले प्रयोग में लाया जा सकता है), से अलग करने के लिए यूरोपीय प्रबोधन का नाम दिया गया। प्रबोधन उदारता (Enlightenment Liberalism) के दो परिणाम हैं–आधुनिक विज्ञान/प्रौद्योगिकी एवं नगरीय-औद्योगिक समाज। इनसे दो विचारधाराएं निकलती हैं–आदर्श समाज की स्थापना का मार्क्सवादी प्रयास एवं सत्य को शब्दों के माध्यम से जानने का प्रत्यक्षवादी–भाषावैज्ञानिक विमर्श (Discourse) एवं प्रयास। ये सभी व्यक्ति एवं विश्व को जानने, निश्चित रूप देने एवं क्रमबद्ध करने की उसकी क्षमता की स्वायत्तता की स्वीकृति पर आधारित है। यदि ये चारों आधुनिक की विशेषताएं हैं तो उत्तरआधुनिक उत्तर-प्रबोधन, उत्तर-मार्क्सवाद/फ्रॉयडवाद तथा उत्तर-विमर्श (Post-Discourse) है। उत्तरआधुनिक को समझने के लिए हमें इन तीनों पक्षों पर ध्यान देना होगा।

उत्तर-प्रबोधन-फ्रैंकफर्ट स्कूल

नित्शे (Nietzsche) के बाद इस शताब्दी में यूरोपीय प्रबोधन की पहली सुविचारित आलोचना जर्मनी के फ्रैंकफर्ट युनिवर्सिटी के फ्रैंकफर्ट स्कूल ऑफ सोशल रिसर्च द्वारा की गई। मैक्स होर्खाइमर (Max Horkheimer) तथा थेयोडोर अडोर्नो (Theodor Adorno) ने सन् 1944 में 'डायलेक्टिक्स ऑफ दी एनलाइटनमेंट' (Dialectics of the Enlightenment) प्रकाशित की किंतु इन विचारों पर फ्रैंकफर्ट स्कूल में हिटलर-वर्षों में ही बहस होती रही थी। अडोर्नो और होर्खाइमर दोनों ने कहा कि "प्रबोधन एकसत्तात्मक (Totalitarian) है।" नाजी एकसत्तावाद इसी प्रबोधन स्वच्छंदतावाद का परिणाम है जिसका मुख्य लक्ष्य सभी कुछ पर मानव का प्रभुत्व स्थापित करना तथा इस प्रभुत्व का विरोध करनेवालों को समाप्त करना है।

"अब द्रव्य पर बिना किसी सत्तात्मक एवं आतंरिक शक्ति तथा छिपे हुए गुणों के भ्रम के अधिकार प्राप्त किया जा सकता है। प्रबोधन उस पर संदेह करता है जो गणित एवं उपयोगिता के नियमों के संगत न हो।" (Dialectics, पूर्वउद्धृत, पृष्ठ 6)

इसी किताब में दूसरे स्थान पर उन्होंने लिखा है, "पूर्ण प्रबोधित पृथ्वी अनर्थकारी विजय विकीरित करती है।" प्रबोधन युग का प्रयास था कि प्रकृति को वश में कर इसे पूर्ण तर्क का जामा पहना दिया जाए। और इस पूर्ण तर्क को

प्रबोधन ने गलती से वैज्ञानिक तर्क समझ लिया।

अडोर्नो की पुस्तक *एगेन्स्ट एपिस्टमोलॉजी (Against Epistemology)* वैज्ञानिक तार्किकता के दावों पर अधिक बड़ा आक्रमण था जो सुनिश्चित तत्त्वमीमांसी आधार पर खड़ा था। अडोर्नो ने सभी तत्त्वमीमांसाओं में उपस्थित एक मूल दोष पर प्रश्न उठाया। यह मूल दोष यह है कि किसी भी तत्त्वमीमांसा को स्वयं इसी के आधार पर स्थापित नहीं किया जा सकता है। हेगेल ने पहले भी यह प्रश्न कांट के प्रवर्गों की तत्त्वमीमांसा के बारे में उठाया था। किन प्रवर्गो द्वारा इन प्रवर्गों की स्थापना की गई थी ? यही हेगेल का प्रश्न था जो कि हमारे महान भारतीय दार्शनिक नागार्जुन ने हेगेल से 18 शताब्दी पहले अपनी पुस्तक *विग्रहव्यवर्तिनी* में उठाया था। ''यदि आपके शास्त्र प्रमाणों पर आधारित हैं तो क्या मैं यह पूछ सकता हूं कि किन प्रमाणों द्वारा ये प्रमाण स्थापित किए गए हैं ?''

उत्तरआधुनिकता निश्चितता के असंदेहास्पद आधार पर किसी ज्ञानतंत्र की स्थापना की कठिनाइयों को स्वीकार करती है। सन् 1932 में ही गोडल (Goedel) के प्रमेय ने गणितीय रूप से यह दिखाया था कि किसी भी तंत्र (System) में एक या दो तत्त्व ऐसे होंगे जिन्हें तंत्र में आंतरिक रूप से प्रमाणित नहीं किया जा सकता है और जो परिकल्पना के बाहर से लाए गए होते हैं। आधुनिक ज्ञान को उस असंदेहपूर्ण निश्चितता की खोज है जो 'प्रमाणित एवं वस्तुनिष्ठ' हो तथा अनुभव एवं तर्क द्वारा प्रदत्त हो। कुछ समय के लिए विज्ञान ने सोचा कि यह सत्य को वस्तुनिष्ठ रूप से कह सकता है और इसे प्रमाणित कर सकता है। अब हम यह जानते हैं कि सभी प्रमाण अनुगमनात्मक होते हैं और इसलिए पूर्णतः सुनिश्चित नहीं होते। इन पर आगे के अनुभवों द्वारा प्रश्न उठाया जा सकता है। हम यह भी जानते हैं कि अनात्मनिष्ठ वस्तुनिष्ठता जैसा कुछ नहीं होता। हर प्रत्यक्षज्ञान (Perception) में वस्तुनिष्ठता होती है और प्रत्यक्षद्रष्टा (Perceiver) सदा ही प्रत्यक्षदृष्ट यथार्थ का भाग होता है। कोई भी वैज्ञानिक सिद्धांत वस्तुनिष्ठ यथार्थ द्वारा प्रदत्त नहीं होता। यह मानव-आत्मनिष्ठता है जो वैज्ञानिक परिकल्पनाएं करती है और प्रयोगों द्वारा इसकी सत्यता की जांच करती है। विज्ञान न तो अनात्मनिष्ठ रूप से वस्तुनिष्ठ है और न ही अंतिम रूप में प्रमाणित है।

प्रबोधन एक ऐसी परियोजना है जो असफल हो चुकी है। केवल मानव तर्क के एकद्वंद्वात्मक तर्क द्वारा सभी अनुभवों को एकीकृत करने का प्रयास विफल हो चुका है। नित्शे (Nietzsche) ने पिछली शताब्दी में ही प्रबोधन एवं इसे क्षीण करनेवाली तथा स्वतंत्रता समाप्त करनेवाली इसकी तार्किकता, विज्ञानवाद (Scientism) एवं इतिहासवाद (Historicism) को अस्वीकृत कर दिया था। उत्तरआधुनिकता नित्शे द्वारा किए गए अर्थ में उत्तर-प्रबोधन है। वस्तुतः यह डायोनिसियन-बैकनेलियन शैली में सभी नियमों एवं परंपराओं की अस्वीकृति है। यह एक ऐसी रचनात्मकता

है जो ऊर्जा की अधिकता से निकलती है और जिसकी प्रकृति यौनात्मक एवं उच्छृंखल है। इसे नित्शे ने नियमों से बंधी हुई बेस्वाद प्रबोधन की तार्किकता का प्रभाव काटनेवाली दवा बताया है। इसलिए ल्योतार ने यह कौतूहल भरा शीर्षक दिया है–*एकोनोमी लिबिदिनाल* (Economie Libidinale) यानी *कामी अर्थशास्त्र*।

फ्रैंकफर्ट-विद्वानों में से अंतिम विद्वान जुरगन हाबरमास ने आधुनिकता को विश्वव्यापी परिणामवाद (Universal Pragmatism) से मिलाकर इसे कुछ वैधता प्रदान करने का प्रयास किया है। हाबरमास ने अपनी पुस्तक *फिलोसॉफिकल डिस्कोर्स आफ मॉडर्निटी* (Philosophical Discourse of Modernity, MIT, Press, 1987) में पश्चिम के इस परियोजना की विफलता स्वीकार की है कि धर्म को पूर्ण एकीकृत करनेवाले तर्क द्वारा विस्थापित किया जाए। नित्शे को यह संदेह था कि आधुनिकता का कभी भी उद्धार हो सकता है। यह अपने-आपसे अपने लिए कोई भी मापदंड नहीं बना सकता है ''क्योंकि अपने आप से हम आधुनिकों के पास कुछ नहीं है।'' (On the Advantage and Disadvantage of History for Life, Cambridge, 1980, पृष्ठ 80 जिसकी मूल पुस्तक है Vom Nutzen und Nachteil der Historie fuer das Leben, 874)। किंतु हाबरमास ने एक ऐसा प्रयास किया है जो फ्रैंकफर्ट स्कूल में एक विसंगति है। उन्होंने कहा है कि जब प्रमाण संभव नहीं है, तब भी प्रतिज्ञप्तियों की सत्यता करना संभव है हालांकि सत्यता का मापदंड विषयों के अनुसार बदलता है। सत्यता का जो मापदंड भौतिक विज्ञानों के लिए सही होगा वह समाजविज्ञानों के लिए सही नहीं होगा। कला एवं साहित्य की आलोचना में आगे बढ़ने पर समाजविज्ञानों के मापदंड भी सही नहीं बैठते। किसी विचारधारा के निर्माण के लिए आवश्यक है कि सत्यता पर वैधता के मापदंडों का अलग समुच्चय बनाया जाए।

हाबरमास का यह प्रयास उन्हें उत्तर आधुनिकतावादी गुट से अधिक आधुनिकतावादियों के गुट की ओर ले जाता है। वे अभी भी प्रतिज्ञप्तियों की सत्यता एवं उनकी वैधता की बात कर रहे हैं। इस तरह वे अभी भी प्रत्यक्षवादी (Positivist) परंपरा में हैं।

फ्रैंकफर्ट स्कूल के दूसरे प्रमुख दार्शनिक हैं हर्बर्ट मार्क्यूज जिनके बारे में हम आगे बात करेंगे।

उत्तर-विमर्श के रूप में उत्तरआधुनिकता

फ्रांसीसी दर्शन में हुए हाल के परिवर्तन यूरोप में हुए उत्तरआधुनिक चेतना के विकास का एक महत्त्वपूर्ण पक्ष प्रस्तुत करते हैं। द्वितीय विश्वयुद्ध के कुछ उत्तरवर्ती वर्षों में नाजी अधिकृत फ्रांस ने अस्तित्ववाद को दार्शनिक साधन बनाया। सत्य व्यक्तिनिष्ठ हो गया एवं ऐसे विश्व में आधारित हो गया जहां बाह्य एवं वस्तुनिष्ठ

विश्व बहुत ही अस्थिर एवं अनिश्चित था। फ्रांसीसी प्रतिरोध के दौरान नाजी जेल का हर फ्रांसीसी नागरिक इस संभावना के विचार के साथ जागता था कि उसे या तो उस दिन गोली मार दी जाएगी या फिर अगले दिन उसी स्थिति को झेलने के लिए वह बच जाएगा। युद्ध का सामना करते हुए भी दुश्मन के सामने समर्पण नहीं करने की व्यक्तिनिष्ठ दृढ़ता–यही वह संदर्भ था जिसमें अस्तित्ववाद ने सचमुच काम कर दिखाया।

जैसे ही फ्रांस स्वतंत्र हुआ और फ्रांस की संपन्नता बढ़ी, लोगों का ध्यान वस्तुनिष्ठ की ओर फिर लौटा। बाह्य यथार्थ का खाका खींचने की ऐसी परियोजना के साथ संरचनावादी आंदोलन का जन्म हुआ जो उन सभी संबंधों के कथनों पर विचार करता है जिनके संदर्भ में कोई भी तत्त्व महत्त्वपूर्ण बन जाता है। संरचनावादियों तथा मुख्यतः फर्दिनां द सोस्यूर एवं क्लॉद लेवी-स्त्रॉस ने लिखित शब्द की अपेक्षा वाचित शब्द या विमर्श (Spoken Word or Discourse) को वस्तु-रचयिता तत्त्व (Object Constituting Entity) के रूप में अधिक महत्त्व दिया। "भाषावैज्ञानिक वस्तु लिखित शब्द एवं वाचित शब्द के संयोजन द्वारा परिभाषित नहीं होती। केवल वाचित शब्द द्वारा ही इस वस्तु की रचना होती है।" (De Saussurein La Dissemination, Paris, 1972, पृष्ठ 95) "भाषा एवं लेखन दो अलग संकेत-तंत्र हैं ? लेखन के अस्तित्व की वैधता मात्र इसी में है कि वह भाषा को निरूपित करे।" (वही) प्लेटो ने लेखन के बारे में पहले ही कह दिया है यह या तो अनाथ है या संकर। केवल भाषण या विमर्श ही 'पिता लोगोस' की वैध एवं कुलीन संतान है।

जन विरचनावाद ने संरचनावाद को ध्वस्त किया, तब संरचनावाद कोई पुराना पड़ गया आंदोलन नहीं था। यदि सोस्यूर के लिए ध्वनिग्राम (Phoneme) या स्वर की आधारभूत इकाई यथार्थ है और लेखनग्राम (Grapheme) या लेखन की आधारभूत इकाई मात्र निरूपण है तो देरिदा ध्वनिग्राम (Phoneme) से भी पीछे 'अर्थ' तक जाना चाहते हैं :

"सारे अनुभव अर्थ के अनुभव हैं। जो कुछ भी चेतना को प्रतीत होता है। या जो कुछ भी चेतना के लिए है वह सामान्यतः अर्थ है। अर्थ दृश्यप्रपंच की दृश्यप्रपंचकता है।"

(Derrida, *Positions,* Univ. of Chicago Press, 1981, पेज 30 मूल *Positions,* Les Editions de Minuit, 1972)

देरिदा कहते हैं कि चेतना में आकारित शुद्ध अर्थ वाचित या लिखित किसी भी ऐसे संकेत से, जो इसे निरूपित करते हैं, न केवल स्वतंत्र बल्कि इनसे अलग भी है। इस अंतर को समाप्त नहीं किया जा सकता है। संकेत एक चीज है और जो संकेतित है वह दूसरी चीज। जो संकेतित है वह वास्तविक अर्थ है। संकेत

अर्थ का बाह्यकरण या संप्रेषण है। इसलिए देरिदा प्रयास करते हैं कि "हर उस चीज को विरचित कर दिया जाए जो वैज्ञानिकता क़ी धारणा एवं प्रतिमानों को धर्मविज्ञान सत्तामीमांसी-ईश्वरमीमांसा (Onto-theology), शब्दकेंद्रवाद तथा स्वरविज्ञानवाद (Phonologism) से जोड़ता हो।" (वही, पृष्ठ 35)

विरचनावाद के साथ फ्रांसीसी विचार एक बार फिर व्यक्तिनिष्ठ सत्य की ओर अपना ध्यान केंद्रित कर रहा है। इस विमर्श (Discourse) के साथ भाषा, तर्क एवं शब्द का महत्त्व कम हो जाता है। मिशेल फूको, रोलां बार्थ, जाक लाकां तथा अन्य नव-समालोचकों (Nouvelle Critique) की श्रेणी में आ गए। अब समस्या वही पुरानी अरस्तू-टॉमवादी है जो प्रतिज्ञप्ति एवं यथार्थ के संबंध की समस्या है। फूको की पुस्तकें *ले मो ए ले शोज* (Les Mots et Les Choses, 1996 अंग्रेजी अनुवाद– The Order of Things, Tavistock, 1970), द आर्कयोलॉजी ऑफ नॉलेज (The Archaeology of Knowledge, Tavistock, 1974, मूल– L'Archeologie du Savoir, 1972), हिस्त्वार द ला फॉली आ लाज क्लासीक (Histoire de la folie a l'age Classique, gallimard, ET Madness and Civilisation, Tavistock, 1967) तथा अन्य अनेक ने यही बात कही–भाषा तर्क एवं विमर्श से दूर जाना है।

"मैं यह भी स्वीकार कर सकता हूं कि जहां तक संभव हो वाचक कर्त्ता (Speaking Subject) संबंधी विवाद से बचना चाहिए। किंतु मैं यह अस्वीकार करता हूं कि ये सफलताएं किसी को यह अधिकार देती हैं कि वह विश्लेषण को उसी विमर्श पर लागू कर दे जिनके चलते विश्लेषण संभव हुआ है और उस विचारपथ पर ही प्रश्न उठा दे जिसमें आज हम बोल रहे हैं।" (फूको, Archaeology of Knowledge, पृष्ठ 202)

संरचनावाद वस्तुनिष्ठता प्राप्त करने का एक मिथ्या अनुसरण था। विमर्श से व्यक्तिनिष्ठता हटाने का यह एक प्रयास था। फूको संरचनावादी प्रवर्गों, जैसे भाषा, मिथक, साहित्य के कार्य, सपने, फिल्म आदि को त्याग देते हैं और इनके बदले नए प्रवर्गों की बात करते हैं। ये नए प्रवर्ग हैं–संघटन (Formation) निश्चयात्मकता (Positivities), ज्ञान (Knowledge), विमर्शीय प्रयोग (Discursive Practices)। *आर्कयोलॉजी* नामक पुस्तक का अंतिम वाक्य तीक्ष्ण है और संरचनावादियों के साथ इस पर सदा ही विवाद होता रहा है :

"विमर्श जीवन नहीं है, इसका समय आपका समय नहीं है, इसमें आप मृत्यु से समझौता नहीं करेंगे, हो सकता है कि आपने जो कुछ भी कहा है उसके बोझ तले आप ईश्वर की हत्या कर चुके हों, किंतु ऐसी कल्पना न करें कि आपने जो कुछ भी कहा है उससे आप किसी मनुष्य की जीवनावधि बढ़ा देंगे।" (पृ. 211)

उत्तरआधुनिकता में एक विचित्र स्थिति है। एक बार आप विमर्श को छोड़

दें, उसके बाद आपके पास क्या रह जाता है ? यदि भाषा एवं प्रतिज्ञप्ति सत्य नहीं है तो फिर अर्थ संकेतित करने के लिए आप किस संकेत का प्रयोग करते हैं ? कला एवं वास्तुकला में इस प्रश्न का उत्तर देना आसान लगता है। देखिए पोर्तोघेसी (Portoghesi) वास्तुकला पर क्या कहते हैं :

युक्लिड की ज्यामिति के निराकरण से उत्तरआधुनिकता में एक क्रमभंग आता है...आधुनिकता एवं उत्तरआधुनिकता में अंतर को निम्न विशेषताओं द्वारा समझा जा सकता है—उत्तरआधुनिक वास्तुकला में वह बंध समाप्त हो गया है जो आधुनिकता की परियोजना को संपूर्ण मानवता के सामाजिक एवं वैयक्तिक मुक्ति के आदर्श की उत्तरोत्तर उपलब्धि से जोड़ता है। उत्तरआधुनिक वास्तुकला का यह दुर्भाग्य है कि इसे आधुनिकता से प्राप्त स्थान में ही अनेक छोटे परिवर्तन करने पड़ते हैं और यह मानव निवासस्थान की विश्वव्यापी पुनर्रचना नहीं कर सकता है...

पोर्तोघेसी के अनुसार इस विचार का लुप्त हो जाना कि तार्किकता एवं स्वतंत्रता प्रगति कर रही है और तार्किकता नियामक (Normative) है, उत्तरआधुनिक वास्तुकला की वास्तविक एवं विशिष्ट शैली है। इस स्थिति में पुरानी शैली के विभिन्न तत्त्वों का मात्र निरुद्देश्य पुनर्संयोजन हो सकता है। क्या यह काव्य एवं साहित्य में भी लागू होता है ?

फूको ने पाश्चात्य विचार में भाषा एवं तार्किकता तथा विमर्श एवं टीका का महत्त्व कम कर दिया है। आधुनिकता ने यह परिकल्पना की कि भाषा सभी विचारों का मूल है। इस तरह भाषा सत्य की प्रकृति के बजाय भाषा की प्रकृति पर ही विचारमग्न हो गई। यदि यूरोपीय प्रबोधन ने विज्ञान एवं तार्किकता पर सर्वाधिक बल दिया तो उत्तरआधुनिक संस्कृति को किंचित कला एवं किंचित साहित्य से अपने आपको संतुष्ट करना चाहिए। ऐसा नहीं है कि आधुनिकता या उत्तरआधुनिकता में से कोई भी अनिरूप्य (Unpresentable) को निरूपित कर सकते हैं, किंतु हमारे पास और कोई उपाय नहीं है। या नहीं तो फिर हम जार्ज बाताई (George Bataille) का नित्शेवादी मार्ग चुन सकते हैं—अतियथार्थवादी इच्छाशक्ति जिसने समाज में शक्ति का विरोध करने वालों को भयावहता एवं शर्मनाक स्थिति को गले लगाने की दृढ़ता दी (Der Hei lige Eros, Frankfurt, 1982)।

मनुष्य का स्वभाव पहले से निश्चित नहीं है। नैतिकता अब संभव नहीं है। साहित्य केवल अनुभव की सीमाएं दिखा सकता है—यह ज्ञान नहीं देता है। वस्तुतः यह अज्ञेय है। ल्योतार ने इसे निम्न शब्दों में लिखा है :

"अंततः यह स्पष्ट हो जाना चाहिए कि यथार्थ उपलब्ध कराना हमारा काम नहीं है, बल्कि हमें अनिरूप्य किंतु मनोगम्य (Conceivable) के प्रति संकेत करना है।" ('Answering the Question : What is Post-Modernism ?' वही)

उत्तर-मार्क्सवाद, उत्तर-फ्रॉयडवाद की तरह उत्तर-आधुनिकता

एक तरह से यूरोप एवं अमरीका के लिए सन् 1968 एक विभाजक वर्ष था। इस वर्ष हर्बर्ट मार्क्यूज जैसे नव वामपंथीय विचारकों के नेतृत्व में छात्रों ने समाज के मुख्य अंगों पर इसलिए प्रहार किया कि वे उन्हें ध्वस्त कर उनकी पुनर्रचना कर सकें। यह कैलिफोर्निया एवं फ्रांस के उस छात्र विरोध का वर्ष था जो शुरू में तो बहुत तेजी से फैला किंतु उसके बाद तुरंत समाप्त हो गया। मार्क्यूज ने छात्रों को यह विश्वास दिला दिया था कि मानवता एक क्रांति के लिए तैयार है। और, चूंकि औद्योगिक मजदूरों की तरह छात्रों को अपना हित-साधन करने की कोई आवश्यकता नहीं है इसलिए उन्हें दूसरों की सहायता के साथ समाज पर हर संभव प्रहार करना चाहिए। समाज का ढांचा इतना कमजोर है कि छात्रों का एक धक्का इसे ध्वस्त कर देगा और तब पुरातन के राख से अपने-आप नूतन का निर्माण होगा। फ्रांस में डैनियल कोहून-बेंडिट एवं अन्य ने आंदोलन का नेतृत्व किया और छात्रों ने बलपूर्वक विश्वविद्यालयों पर कब्जा कर उन्हें चलाना शुरू कर दिया।

मुझे उन दिनों की उत्तेजना अच्छी तरह याद है। छात्रों ने विश्वविद्यालय पर कब्जा किया और इस प्रक्रिया में उन्होंने शब्द, यानी पैरोल (Parole) या प्रतिश्रुति पर कब्जा किया। कुछ लोग इसे मानव इतिहास की सर्वाधिक महत्त्वपूर्ण घटना की तरह बताने लगे—यहां तक कि फ्रांसीसी क्रांति के दौरान बास्तीय (Bastille) के कब्जे से भी अधिक महत्त्वपूर्ण। शब्द शक्ति था और अब यह युवा छात्रों के हाथों में था। शीघ्र ही सब कुछ ठीक होने जा रहा था क्योंकि छात्र केवल मानवता का कल्याण चाहते थे।

कितने दुःख की बात है कि दो वर्ष से भी कम समय में यह सपना बिखर गया।

फिर भी यह नई पीढ़ी के लिए बहुत बड़ा आघात था। बहुत लंबे समय तक वे फिर किसी क्रांतिकारी विचार को कार्यान्वित नहीं करेंगे। उस पैरोल से उनका विश्वास उठ गया जिस पर उन्होंने कब्जा किया था। शब्द में वैसी शक्ति नहीं थी जैसा उन्होंने समझा था। छात्र आंदोलन की इस पराजय से देरिदा के विरचनावाद का प्रारंभ होता है। कोह्न-बेंडिट ने किसी भी 'शब्द' को समाप्त नहीं किया था। स्वच्छंदतावाद अप्रिय हो गया था और मार्क्सवाद से कुछ भी नए की आशा नहीं बची थी। इन दोनों में से किसी से भी कुछ उत्तम की अपेक्षा नहीं की जा सकती थी। सौंदर्यबोध या कला/साहित्य को राजनीति से मिलाकर एक मुक्तिदायिनी सांस्कृतिक नीति की खोज ने उत्तरआधुनिक विचारकों को नए मार्ग पर डाल दिया। विद्वत्तापूर्ण तथा दार्शनिक या विचारों के लिए धरातल प्रस्तुत करनेवाली विचार की पद्धति अनुपयोगी साबित हो चुकी थी। हमें सदा सिद्धांत के संगत व्यवहार नहीं मिल सकता है। यदि हम किसी भी क्रिया की इच्छा रखते

हैं तो कभी-कभी सिद्धांत को ताक पर रखना पड़ सकता है। मार्क्सवादी विचारधारा भी पूर्णतावाद एवं भ्रष्टाचार से लद गई थी। कुछ नए की आवश्यकता थी। अपोलोनियन या तर्कपूर्ण-सामंजस्यपूर्ण विचार विफल हो चुका था, केवल डायोनिसियन ही चल सकता था। किंतु इसमें सिद्धांतवादी विचार के लिए समय नहीं होता है और यह कामुक ऊर्जा (Libidinal Energy) के प्रति आत्मसमर्पण के माध्यम से कार्य करता है।

इन सबों में फ्रॉयड का नया स्थान है। अब मैं अपनी बातों को बहुत संक्षेप में कहना चाहता हूं ताकि पाठक आराम कर सकें। सिगमंड फ्रॉयड ने मनुष्य के मानस की गहराइयों में जाकर देखा और पाया कि संस्कृति का प्रारंभ कामऊर्जा के दमन, यानी यथार्थ सिद्धांत (Reality Principle) द्वारा सुख सिद्धांत (Pleasure Principle) के दमन से होता है। जब हर्बर्ट मार्क्यूज ने छात्रों को समाज पर प्रहार करने को कहा तब वे एक सुधार की हुई फ्रॉयडवादी विचारधारा पर चल रहे थे। फ्रॉयड का विचार था कि यथार्थ सिद्धांत एवं सुख सिद्धांत का संघर्ष मानव स्वभाव में अन्तःस्थ है और इसलिए इस संघर्ष से जन्म लेनेवाली कोई भी संस्कृति निश्चित रूप से दमनकारी होगी। मार्क्यूज ने फ्रॉयड के इस विचार पर प्रश्न उठाया था। उनका विचार था कि उत्पाद बलों एवं उत्पाद संबंधों में हुए परिवर्तनों ने हमें नई सभ्यता के कगार पर ला खड़ा किया है। तकनीकी एवं सामाजिक-आर्थिक विकास इतना हो गया है कि अब कार्य इतना कठिन नहीं होना चाहिए कि इसके लिए यथार्थ सिद्धांत को कठोरतापूर्वक लागू करना आवश्यक हो। मशीन पर किए जानेवाले उबाऊ काम को छोड़कर कार्य अपने-आप में खेल की तरह आनंददायक एवं सहज बन सकता है। एक बार कार्य खेल बन जाता है, फिर कठोर तार्किक नियंत्रण वाले यथार्थ सिद्धांत में परिवर्तन संभव है।

उत्तरआधुनिकता को समझने के लिए मनोवैज्ञानिक प्रवर्गों एवं इनके सामाजिक-राजनीतिक निहितार्थ के संबंध को सदा ध्यान में रखना चाहिए। मानसिक (Cerebral) राजनीतिक अर्थव्यवस्था के बजाय उत्तरआधुनिकतावादी कामुक (Libidinal) राजनीतिक-अर्थव्यवस्था की खोज कर रहे हैं। आज के समाज में जब कामुकता को प्रभावशाली तार्किकता द्वारा नियंत्रित किया जाता है तब यथार्थ सिद्धांत का प्रयोग किसी व्यक्तिमात्र द्वारा अपनी कामुक प्रवृत्तियों के तर्कपूर्ण नियंत्रण के लिए नहीं होता है। वर्त्तमान समाज की सामाजिक-राजनीतिक-आर्थिक संरचना का हर संस्थान प्रवृत्तियों के अबाध खेल में शासन करने के लिए बना है। तार्किकता के प्रभावपूर्ण नियंत्रण के रूप में यथार्थ सिद्धांत आज के हर सामाजिक एवं राजनीतिक-आर्थिक संस्थान में महत्त्वहीन है।

मार्क्यूज ने छात्रों को एवं अन्य सुनने वालों को कहा कि यथार्थ सिद्धांत को प्रवृत्तियों पर नियंत्रण करनेवाली तार्किकता के रूप में देखना संभवतः एक भूल

है। पहले के समाजों में केवल उच्च वर्ग ही काम एवं श्रम के दमन से मुक्त था। मार्क्यूज की पुस्तक *एरोस एंड सिविलाइजेशन–ए फिलोसॉफिकल इन्क्वायरी इनटु फ्रॉयड* (Eros and Civilisation-A Philosophical Enquiry into Freud, New York, Vintage Books, 1955) के अनुसार अब यह संभावना कम-से-कम पश्चिमी समाज में सबके लिए खुली है। यदि लोगों की चेतना को प्रभुत्वपूर्ण तार्किकता की आदत से मुक्त कर दिया जाए तो यथार्थ सिद्धांत श्रमपूर्ण एवं प्रभुत्वपूर्ण तार्किकता के बदले स्वयं ही सुखवादी शृंगार (Eros) का एक फलनक (Function) बन जाएगा। फ्रॉयड का उल्टा, मार्क्यूज यह तर्क करते हैं कि अदमनकारी सभ्यता संभव भी है और इप्सित भी। उत्तरआधुनिकतावादी ऐसे ही समाज की खोज में लगे हैं।

हालांकि फ्रॉयड-मार्क्यूज संवाद उत्तरआधुनिकता को समझने के लिए बहुत महत्त्वपूर्ण है किंतु यहां हम समयाभाव में इसका विशद् विश्लेषण नहीं कर सकते हैं। हम इतना ही कह सकते हैं कि फ्रॉयड के लिए यथार्थ-विरोधी मानसिक सिद्धांत तार्किक मन से नहीं बल्कि अचेतन के माध्यम से कार्य करते हैं। सुखवादी सिद्धांत, जिसका तर्क एवं समाज ने दमन कर दिया है, फंतासी या कल्पना के माध्यम से बहिर्गमित होता है। फ्रॉयड का फंतासीनुमा विश्व बचपन में शुरू होता है और प्रौढ़ावस्था में भी दिवास्वप्न के रूप में चलता रहता है। फंतासी अचेतन की सबसे गहरी परतों में जन्म लेता है और कला, काव्य, साहित्य, मिथक, स्वप्न तथा मतिभ्रमों आदि में मानव रचनात्मकता के सर्वश्रेष्ठ उत्पादों की रचना करता है। फंतासी मनुष्य की उस मूल पूर्व-व्यक्तिवादी अस्तित्व की अवस्था से संबंध रखता है जब उस पर तार्किक यथार्थ सिद्धांत का प्रभुत्व नहीं स्थापित हुआ था। कल्पना किसी प्रजाति के उस खुशनुमा भूतकाल को संरक्षित रखती है जब कामतत्त्व (Id) अहम् (Ego) नहीं बना था और प्रकृति में पूर्ण एकता एवं सामंजस्य था। यह अदमनकारी संस्कृति का वह कामुक अर्थतंत्र (Libidinous Economy) है जिसकी उत्तरआधुनिकता को तलाश है।

उपसंहार

जॉर्ज बाताई (George Bataille) का 'पवित्र शृंगार' (Holy Eros) वह सब कुछ दे भी सकता है और नहीं भी दे सकता है जिसकी उत्तरआधुनिकता को तलाश है। यदि वे कामुकता (Libido) एवं इसकी ऊर्जा से एक ऐसी अदमनकारी संस्कृति बनाने में सफल हो जाते हैं जिसकी सभी को तलाश है तो यह बड़ी खुशी की बात होगी। किंतु यहां थोड़ा सावधान रहने की आवश्यकता है। हालांकि उत्तरआधुनिकता तार्किकता के अतिउपयोग पर प्रश्नचिह्न खड़ा करती है, फिर भी यह प्रबोधन युग की ही संतान है। और यह प्रबोधन के इस मूल विचार को मानती

है कि मनुष्य पूर्णतः स्वायत्त, उच्च एवं श्रेष्ठ है। वह अपने मानस एवं कामुकता के अलावा न तो किसी के प्रति उत्तरदायी है और न ही किसी पर आश्रित है। यह सदा ही अपने साधनों, जो चाहे तार्किकता हो या कामुकता या फिर तार्किक मानस या उर्वर कल्पना हो, के सहारे ही जीता है। इस अर्थ में उत्तरआधुनिकता आधुनिकता की संरचना में ही अवस्थित है।

उत्तरआधुनिकता से विभ्रांत भारतीय मानस को मैं जलवायु परिवर्तन की सलाह दूंगा। प्रबोधन युग की मानसिकता से निकलकर हमें जरा भ्रमण के लिए जाना चाहिए। हमें यथार्थ को देखने एवं अनुभव करने के अन्य मार्गों के बारे में जानना चाहिए। प्रारंभ के लिए मैं चीन के दर्शन, विशेषकर ताओवाद (Taoism) के अध्ययन की सलाह दूंगा। यथार्थ सिद्धांत एवं सुखवादी सिद्धांत के स्थान पर हमें यिन-यांग संपूरक विचार (Yin-yang Complementarity thinking) के बारे में जानना चाहिए। फिर यह सीख लेने के बाद कि विचार करने एवं अनुभव करने का पश्चिमी तरीका एकमात्र तरीका नहीं है, हमें अपनी समृद्ध परंपरा से सीखना चाहिए। विशेषकर हमें उस सांख्य-योग परंपरा से सीखना चाहिए जो बौद्धों, जैनों एवं हिंदुओं के विभाजन से पहले हो चुका था और इसलिए वह इन तीनों की समान रूप से थाती है। क्योंकि सांख्य-योग का विकास हमारी परंपरा के बौद्ध, जैन एवं हिंदू विभाजन से पहले हो चुका था। एक समालोचनात्मक दृष्टि रखते हुए हमें सभी कुछ के बारे में जानना चाहिए। प्रथम वेद को देखें और इन विचारों को देखें जैसे *"यज्ञो भुवनस्य नाभि"*। यहां यज्ञ को सभी कुछ के मूल की तरह समझा गया है। या फिर 'ऋत' को देखें जो सभी कुछ को एक साथ रखता है। फिर जैनों के यहां आकर देखें और अनेकतावाद पर विचार करें। अनेकतावाद हर प्रकार के हठधर्म, चाहे वह तार्किकता का ही हठधर्म क्यों न हो, से हमें बचाता है। फिर जैनों से ही अहिंसा के बारे में सीखें। अहिंसा वस्तुतः सर्वप्रथम जैनों की ही परंपरा में आती है। इस अहिंसा को ऊपर-ऊपर न समझकर हमें समझना चाहिए कि कैसे यह अहिंसा चेतना एवं अभिवृत्ति (Attitude) में जीवन के सभी रूपों एवं विचारों के प्रति परोपकार का रुख अपनाता है। यहां यह कहना चाहूंगा कि अनेकतावाद विचार, विश्वास एवं जीवन के विभिन्न रूपों के प्रति अहिंसा का मात्र एक पक्ष है। अब आप अपने को बुद्ध की चेतना में डुबोने के लिए तैयार हैं और अपने-आपको विश्वव्यापी करुणा/सहानुभूति तथा विपत्ति, व्यथा एवं कष्ट की समाप्ति के लिए समर्पित करने को तैयार हैं। इस समर्पण के साथ आप नागार्जुन के यथार्थ को देखने एवं समझने के प्रज्ञापारमिता या शून्य-प्रतीत्यसमुत्पन्न मार्ग से लाभ उठा सकते हैं। फिर यदि आपको लगे कि आपका तर्कशास्त्र अस्पष्ट होता जा रहा है तो दिङनाग एवं धर्मकीर्ति से कुछ सीखें। और फिर वाचस्पति मिश्र के तिक्त खण्डन-मण्डन (Polemics) से समाप्त करें। अब तक यदि आपको दर्शन

एवं तर्कशास्त्र से विरक्ति हो गई है तो महाभारत की एक प्रति के साथ कुछ महीने आराम करें।

इसके बाद आप एक ऐसी विशिष्ट स्थिति में होंगे जहां से आप पाश्चात्य विचारों को निर्लिप्तता के साथ तथा कभी-कभी मनोविनोद के साथ किंतु सदा ही सहानुभूति एवं करुणा (Compassion) के साथ देख सकेंगे।

फिर कहीं से अपने अंदर की आंखों से अनुभवातीत को देखें। और यदि इसके प्रति झुक सकते हैं तो झुकें। यदि नहीं तो कम-से-कम चिंतन-मनन करें और अचंभित हों। अनुभवातीत पूर्णतः कृपा एवं लालित्य (Grace) है—आप जितना सोच सकते हैं उससे अधिक कृपालु एवं लालित्यपूर्ण। धन्यवाद।

❑❑❑